公路施工技术与项目管理研究

蒋新闻　董航程　主编

吉林科学技术出版社

图书在版编目（CIP）数据

公路施工技术与项目管理研究 / 蒋新闻，董航程主编 . -- 长春：吉林科学技术出版社，2021.11 （2023.4重印）

ISBN 978-7-5578-9056-8

Ⅰ．①公… Ⅱ．①蒋… ②董… Ⅲ．①道路施工－工程技术②道路施工－项目管理 Ⅳ．① U415

中国版本图书馆 CIP 数据核字（2021）第 243672 号

公路施工技术与项目管理研究

GONGLU SHIGONG JISHU YU XIANGMU GUANLI YANJIU

主　　编	蒋新闻　董航程
出 版 人	宛　霞
责任编辑	穆思蒙
封面设计	李　宝
制　　版	宝莲洪图
幅面尺寸	185mm×260mm
开　　本	16
字　　数	330 千字
印　　张	14.75
版　　次	2021 年 11 月第 1 版
印　　次	2023 年 4 月第 2 次印刷
出　　版	吉林科学技术出版社
发　　行	吉林科学技术出版社
地　　址	长春净月高新区福祉大路 5788 号出版大厦 A 座
邮　　编	130118

发行部电话 / 传真　0431—81629529　　81629530　　81629531
　　　　　　　　　　81629532　　81629533　　81629534

储运部电话　0431—86059116

编辑部电话　0431—81629520

印　　刷	北京宝莲鸿图科技有限公司
书　　号	ISBN 978-7-5578-9056-8
定　　价	60.00 元

前　言

　　工程建设产品复杂多样，施工中需要投入大量人力、财力、物力、机具等，同时，需要根据施工对象的特点和规模、地质水文气候条件、图纸、合同及机械材料供应情况等，充分做好施工准备、施工技术工艺、施工方法方案等，以确保技术经济效果，避免出现事故，这就对工程建设施工管理技术人员提出了较高的要求。公路工程施工员是完成公路工程施工任务的最基层的技术和组织管理人员，是施工现场生产一线的组织者和管理者，要指挥、协调施工现场基层技术人员、劳务人员，参加加强关键施工技术知识的培训。

　　推行公路工程监理制度是我国公路基本建设管理体制改革的一项重要内容，是提高投资效益和施工管理水平的有效措施。随着国家高速公路的迅速发展，对公路工程监理技术人员的需求不断增加，培养一定数量的合格的公路工程监理人员已迫在眉睫。工程施工阶段监理的主要任务是，监理工程师必须从组织、技术、合同和经济的角度抓好"五控、两管、一协调"工作，即质量控制、安全控制、环境保护控制、费用控制、进度控制、合同管理、信息管理和组织协调。

　　随着我国建筑业的市场化程度的逐步提高，工程项目管理受到普遍重视，它的研究和应用得到了长足的发展，成为国内管理领域中的一大热点，引起项目参建方的高度重视。

　　公路工程项目管理的实务，注重实用性、可操作性，注重项目管理知识体系的完备性，力求将管理学基本原理、项目管理的基本理论与公路工程施工项目的特殊性相结合，使读者通过对本书的阅读，对公路工程施工项目管理的特殊性有较深入的认识，形成较为系统、全面、整体优化的管理理念，对公路工程施工项目管理中存在的问题找出较合理的解决措施。

　　本书主要介绍了公路施工准备、路面施工技术、路基施工技术等，注意结合我国公路工程建设的特点，着重阐述施工技术原理与方法。基于公路工程施工技术理论与实践并重的特点，本书在撰写时遵循理论联系实际的原则，以交通部最新颁布的有关工程技术标准、规范为依据，在内容上紧密结合工程实践，反映现代施工技术水平。本书内容翔实，涉及面广，融知识性、实践性于一体。

目　录

第一章 公路建设的基本概述

第一节 公路建设的特点与项目划分

一、公路建设的特点

公路工程是呈线形分布的一种人工构筑物，是通过勘测设计和施工，消耗大量人力、物力、财力、资源而完成的公路建设产品。与工业生产相同，公路建设同样是一系列的资源投入产出的过程，其施工（生产）的阶段性和连续性、施工（生产）组织的专门性和协作化也是公路施工和工业生产共同拥有的特征。但公路建设产品也有其不同于其他工业产品的特点，如整体庞大、不能移动、复杂多样等，这就导致了公路施工技术的特殊性，如周期长、流动性大等特点，从而给公路工程施工组织和施工管理带来很多不利影响。公路建设的特点包括两个方面：一是公路建筑产品的特点；二是公路工程施工的特点。

（一）公路建筑产品的主要特点

1.产品固定

公路工程构造物一旦开工建设应保留在设计的地点，不能移动，只能在建设的地方供长期使用。

2.产品多样

由于公路的使用目的、交通组成、技术等级、技术标准、自然条件以及使用功能不同，从而使公路产品的组成、结构、等级各不相同，复杂多样。

3.产品形体庞大

公路工程是带状结构物，其组成部分的形体庞大，需要占用大量的土地和空间，对环境、生态有一定的影响。

4.产品部分结构易损

公路工程构筑物露天使用，受行车因素和雪雨、台风、水流、不良地质等各种自然因素共同影响，尤其在当前车辆超限、超载比较严重的情况下，极易出现局部的损坏。

（二）公路施工的特点

1.造价高、投资大

公路工程建设项目投资一般是非常巨大的，其建设工程合同价基本上是几千万、上亿甚至几百亿，这是一般的建筑工程项目所不可比拟的。例如，重点工程项目——沈阳至北京的高速公路，全长 658 km，总投资近 200 亿元人民币；而贯穿祖国南北的交通大动脉—京珠（北京—珠海）高速公路，更是长达 2 400 km，整个工程总投资近千亿元。

2.点多、线长、面广

公路工程建设规模一般都比较大，从建设里程上来讲从几十千米到上百千米甚至几千千米的都有，涉及的施工区域可能不止一个省、市，尤其是国道干线的建设，一般都要跨越几个省市以上，施工范围是相当广的。因此，工程的建设是不可能只由一家施工企业单独来完成的，需要多家合作，分点、分段建设完成。

3.质量要求高，形成时间长

每条公路都是特有的、唯一的，一经建成，在短时间内将不会进行重复性的投资建设；同时，建设一条公路将会耗费大量的人力、物力和财力等。因此，在公路工程的建设时期，就要对建设产品提出较高的质量要求，要求建设、设计、施工、监理等单位密切配合，材料、动力、运输等各部门通力协作，以及地方各级政府部门和施工沿线各相关单位的大力支持，科学合理地利用资源，尽可能创造高质量的公路建筑产品。

4.户外作业环境复杂、不可控因素多

公路工程自身的特点要求施工建设采用全野外的作业方式，加上施工的路线一般都较长，达到几千米甚至上百千米，所以无论是其面临的气候、地质水文条件，还是社会经济环境，乃至风土人情都将是不同的。其中任何一项因素的变化都会影响公路工程建设的顺利进展。另外，对不同的施工项目，环境等影响因素又有所不同，不可控因素的增多也使得项目管理在施工中变得尤为重要。

（三）公路施工的经济技术特征

公路产品的上述特点，使其在施工生产过程中具有如下几点经济技术特征：

1.施工流动性大

公路建设线长、点多，工程数量分布不均匀，除部分预制件和需安装的设备外，构筑物在施工过程中和建成后都无法移动，产品具有固定性和严格的施工（生产）顺序，因而应组织各类工作人员和多种机械，围绕这一固定产品，在同一地点的不同时间或同一时间的不同地点开展施工活动，这就需要科学地解决在空间布置和时间安排上的矛盾。某路段或某工程施工完成后，施工队伍向新的施工现场转移，公路施工的流动性给施工企业的生产管理和安全管理都带来一些困难，如施工基地的建立，施工组织形式、施工方案的选择，施工运输距离的经济合理性等。

2. 施工协作性高

公路工程类型多，施工环节多，工序复杂。每项工程又具有不同的功能和不同的施工条件，每条道路不仅需要单独设计，而且要单独组织施工，也需要建设单位、设计单位、施工单位、监理单位的配合，还需要材料供应、动力、运输、人员管理、设备管理等各环节的协作，因此在施工过程中，应综合平衡和调度各种资源，使人尽其力、物尽其用。

3. 施工周期长

公路工程包括路基、路面、桥梁、涵洞、隧道、交通安全设施、防护工程、绿化工程等多项内容，产品形态庞大，产品固定又具有不可分割性，有严格的施工顺序，这使得公路工程施工周期长，在较长时期内占用较大的人力、物力和财力，直至施工周期结束，才能生产出产品。

4. 受外界影响、干扰比较大

公路工程施工基本上是露天作业，受外界自然条件和人为因素的干扰、影响比较大，如气温、晴雨、水文、地质、纵横向交通干扰等。由于公路部分结构的易损性，施工过程中也会造成部分结构的损坏，应不断及时维修和养护。

5. 建筑材料的复杂多样

公路工程材料尤其是路基、路面材料，用量十分庞大，多采取就地取材的方式，这就导致建筑材料的不确定性和材质的复杂多样性，给施工质量控制带来一定的困难。公路工程建设的这些特点，决定了公路施工活动中的特有规律，研究和遵循这些规律，科学地组织安排公路工程施工，对提高工程建设质量和工程建设资金的经济效益具有重要意义。

（四）公路建设项目的组成

公路建设项目可划分为：基本建设项目、单项工程、单位工程、分部工程和分项工程五个等级。

1. 基本建设项目

一个建设项目就是一个有总体设计，经济上实行独立核算，管理上有独立组织形式的建设单元，如某一条高速公路、某区域内立项的路网改建项目等。

2. 单项工程

是建设项目的组成部分。一个建设项目可以包括多个单项工程，也可以是一个单项工程。所谓单项工程是指具有独立的设计文件，竣工后可以单独发挥生产能力、经济效益或社会效益的工程，如某条公路上独立设计的大中桥、隧道等。

3. 单位工程

是单项工程的组成部分，指不能独立发挥生产能力，但具有独立施工条件的工程，如路基工程、路面工程、桥梁工程等。

4. 分部工程

是单位工程的组成部分，一般按工程的各个部位划分。

5. 分项工程

是分部工程的组成部分，是按照工程的不同结构、不同材料和不同施工方法划分的。

工程项目分级是为了更好地编制施工组织设计和概预算文件，更好地控制施工质量，更方便地评定工程质量。单位工程、分部工程和分项工程的划分应符合《公路工程质量检验评定标准》之规定。

二、公路工程项目划分

（一）工程项目划分程序

工程项目的划分是在施工准备阶段，由施工单位结合工程特点对工程按单位、分部和分项逐级进行划分，经建设单位负责人和总监理工程师批准，报质量监督部门备案后执行。多个合同段、多个施工单位的工程建设项目，应由建设单位和工程监理单位统一组织、协调项目的划分工作。施工单位对项目划分的及时性、准确性及合理性负责，建设单位和工程监理单位负责审核和批准，质量监督部门进行监督。

（二）土建部分工程项目划分

按照《公路工程质量检验评定标准》的规定，在施工准备阶段应根据建设任务、施工管理和质量检验评定的需要，将建设项目划分为单位工程、分部工程和分项工程。施工单位、工程监理单位和建设单位应按相同的工程项目划分进行工程质量的监控和管理。

1. 单位工程

在建设项目中，根据签订的合同，具有独立施工条件的工程。

2. 分部工程

在单位工程中，应按结构部位、路段长度及施工特点或施工任务划分为若干个分部工程。

3. 分项工程

在分部工程中，应按不同的施工方法、材料、工序及路段长度等划分为若干个分项工程。同一个分项工程中，根据施工工艺、施工进展和完成情况，可以分几段或几个阶段进行检查验收，然后进行汇总。

（三）机电部分工程项目划分

机电工程是整个公路工程的一部分，但其技术要求、施工工艺、试验检评方法等与公路工程的土建部分有较大区别，故将其作为一个独立的专业单位工程来设置。本着不同的专业应由不同的承包单位组织施工，以减少交叉、便于质量监控和管理的原则，划分了分部工程。

第二节 公路工程测量简述

　　我国的公路工程建设一般经过勘测设计、施工和运营管理几个阶段。工程测量是公路工程建设中的一项基础工作，在公路工程建设的不同阶段起着重要的作用。为选取一条最经济、最合理的路线，首先要进行路线勘测、绘制带状地形图，进行纸上定线和路线设计，并将设计好的路线平面位置、纵坡及路基边坡在地面上标定出来，以指导施工。当路线通过桥梁跨越河流时，应首先测定桥轴线的长度、桥位处的河床断面以及河流比降，测绘河流两岸地形图，为桥梁方案选择及结构设计提供必要的依据。当路线采用隧道穿越山岭时，应测定隧道进出口大比例尺地形图，为隧道洞口布置提供必要的数据。

　　公路工程施工阶段的测量工作主要包括：控制点的复测与加密、施工放样等。

一、控制点的复测与加密

　　平面控制点是公路施工过程中控制公路线形平面位置的重要依据，高程控制点是施工过程中控制公路路线高低的主要依据。平面控制点的任务是把设计图上的"公路线形"放样到实地，高程控制点的任务是把设计图上"公路路线的高程"放样到实地。

　　公路工程施工过程中，控制点对构造物定位精度至关重要，应妥善保护。施工单位进驻工地后，采用的平面控制点、高程控制点是设计单位在勘测阶段布设的，施工单位首先应对这些点位认真勘察核实。一般来说，从路线勘察设计到路基正式开工，间隔时间都比较长，这期间在路线勘察设计阶段布设的导线点、交点、转点、水准点都难免损坏丢失。为了保证公路路线符合设计文件的要求，防止构造物偏位过大，施工单位在施工前必须对设计单位提交的全部控制桩点进行复测。

　　施工复测的主要目的是检验原有控制桩点的准确性，而不是重新测设。所以，经过复测，凡是与原来的成果或点位的差异在允许的范围内时，一律以原有的成果为准，不作改动。对经过多次复测，证明原有成果有误或点位有较大变动时，应报有关单位，经审批后才能改动。

（一）平面控制测量

平面控制测量常用的方法有，全站仪导线测量和 GPS 测量等。

1. 全站仪导线测量

　　导线是由若干条直线连成的折线，每条直线称导线边，相邻两直线之间的水平角称作转折角。测定了转折角和导线边长之后，即可根据已知坐标方位角和已知坐标算出各导线点的坐标。按照测区的条件和需要，导线可以布置成下列几种形式：

（1）附合导线

导线起始于一个已知控制点，终止于另一个已知控制点。控制点上可以有一条边或几条边是已知坐标方位角的边，也可以是没有已知坐标方位角的边。

（2）闭合导线

由一个已知控制点出发，然后回到这一点，形成一个闭合多边形。在闭合导线的已知控制点上必须有一条边的坐标方位角是已知的。

（3）支导线

从一个已知控制点出发，既不附合到另一个控制点，也不回到原来的始点。由于支导线没有检核条件，故一般只用于地形测量的图根导线测量。导线测量工作分为外业和内业。

导线测量的外业工作：主要包括踏勘选点及建立标志、测边、测角等。布设导线时，应依据《公路勘测规范》（以下简称《规范》）要求，确定导线等级，并按照相应技术要求开展工作。选点时应注意以下几点：①相邻导线点间要通视。②导线点应选在土质坚硬、稳定的地方，便于保存点的标志和安置仪器。③导线点应选在地势较高、视野开阔的地方，便于进行碎部测量或加密以及施工放样。④导线各边的长度，应按《规范》的规定尽量接近于平均边长，且不同导线边长度不能相差过大。导线点的数量要足够，以便控制整个测区。⑤路线平面控制点的位置应沿路线布设，距路中心的位置宜大于 50 m 且小于 300 m，同时应便于测角、测距及地形测量和定线放样。⑥在桥梁和隧道处，应考虑桥隧布设控制网的要求，在大型构造物的两侧应分别布设一对以上平面控制点。

选好点后应直接在地上打入木桩。桩顶钉一小铁钉或画"+"作为点的标志。必要时在木桩周围灌注混凝土。如导线点需要长期保存，则应埋设混凝土柱或标石。埋桩后应统一进行编号。为了今后便于查找，应量出导线点至附近明显地物的距离，绘出草图，注明尺寸，称为点之记。

导线测量的内业工作：导线测量内业工作的目的是根据已知的起算数据和外业的观测数据，通过平差计算，计算出各导线点的平面坐标。根据导线等级及《规范》要求，确定内业计算采用简单平差法或严密平差法。在《规范》没有特别规定采用严密平差法时，单一闭合导线或附合导线内业计算可用简单平差法。导线简单平差的一般步骤如下：

计算角度闭合差 f_β，如果 f_β 小于容许值，按照下述原则分配角度闭合差：将 f_β 以相反的符号平均分配到各观测角中，即各角度的改正数为：

$$v_\beta = -\frac{f_\beta}{n}$$

用改正后的角度推算各边坐标方位角。

根据外业观测的边长及上一步中各边的坐标方位角，推算各边坐标增量，并计算坐标增量闭合差 f_x 和 f_{y}，按下式计算导线全长闭合差 f 及导线全长相对闭合差 K。

$$f_D = \sqrt{f_x^2 + f_y^2}$$

$$K = \frac{f_o}{\sum D} = \frac{1}{\sum D / f_o}$$

导线全长相对闭合差 K 不超限时，将坐标增量闭合差 f_x 和 f_c 反符号后，按与边长成正比的方法分配到各坐标增量上去，得到各纵、横坐标增量的改正值。

最后，根据各纵、横坐标增量的改正值和已知点坐标，计算出各待定点平面位置坐标。导线网形状较为复杂或者《规范》有要求时，内业数据处理采用严密平差法，严密平差法目前一般采用商业软件进行。

2.GPS 测量

GPS 系统确定地面点位的基本原理是根据空中卫星发射的信号，确定空间卫星的轨道参数，计算出锁定的卫星在空间的瞬时坐标。然后将卫星看作分布于空间的已知点，利用 GPS 地面接收机，接收从某几颗（4颗或4颗以上）卫星在空间运行轨道上同一瞬时发出的超高频无线电信号，再经过系统的处理，获得地面点至这几颗卫星的空间距离，用空间后方距离交会的方法，求得地面点的空间位置。由于空间卫星的时钟与地面接收机的时钟不可能同步，因此，需要观测4颗或4颗以上的卫星，才能确定4个变量的值，即X、Y、Z和时间t。GPS 系统采用高轨测距体制，以观测站至 GPS 卫星之间的距离作为基本观测量。为了获得距离观测量，主要采用以下两种方法：

伪距测量：根据接收机接收到的 GPS 卫星发射的测距 A/C 码和电文内容，通过信号从发射到到达用户接收机的传播时间，计算出卫星和接收机天线间的距离。但由于 GPS 卫星时钟与用户接收机时钟难以保持严格的同步，存在有时钟差，所以观测的卫星与接收机天线间的距离均受到卫星钟与用户接收机钟同步差的影响，并不是真实距离，因此习惯上称所测距离为"伪距"。

载波相位测量：测定 GPS 卫星载波信号在传播路径上的相位变化值，以确定信号传播的距离。采用伪距观测量定位速度最快，而采用载波相位观测量定位精度最高。通过对4颗或4颗以上的卫星同时进行伪距或相位的测量即可推算出接收机的三维坐标。

1.GPS 进行平面控制测量的特点

GPS 用来做平面控制测量时，一般采用静态定位模式。静态定位模式是将 GPS 接收机安置在基线端点上，观测中保持接收机固定不动，以便能通过重复观测取得足够的观测数据，以提高定位的精度。这种作业模式一般是采用两套或两套以上 GPS 接收设备，分别安置在一条或数条基线的端点上，同步观测4颗以上卫星。较之于常规方法，GPS 在布设控制网方面具有以下特点：①测量精度高：GPS 观测的精度要明显高于一般的常规测量手段。GPS 基线向量相对精度一般在10-9～10-5之间，这是普通测量方法很难达到的。②选点灵活，不需要造标，费用低：GPS 测量，不要求测站间相互通视，不需要建造觇标，作业成本低，大大降低了布网费用。③全天候作业：在任何时间、任何气候条件下，均可以进行 GPS 观测，大大方便了测量作业，有利于按时、高效地完成控制网的布设。④观测时间短：采用 GPS 布设一般等级的控制网时，在每个测站上的观测时间一般在 1～2 h；采用快速静态定位的方法，观测时间更短。⑤观测、处理自动化：采用 GPS 布设控制网，数据观测和处理过程均是高度自动化的。

2.GPS 静态作业的选点及布网

① GPS 网的布设形式和实施方案：GPS 静态网的布设形式通常有点连式、边连式和边点混合式三种形式。②静态外业操作流程：放置脚架，对中整平，安置好仪器；量取天线高；打开接收机电源，接收机跟踪多于 4 颗以上卫星时，卫星指示灯慢闪，打开数据记录灯，此时开始记录数据（注：一定要保证数据记录灯亮，否则没有记录数据）；认真填写外业记录表；结束测量时，先关闭数据记录灯，再关闭接收机电源。③内业数据处理：一般都是采用 GPS 接收机生产厂家配套软件进行，如 Trimble 公司的配套后处理软件 Trimble Geomatics Office，它是基于 Microsoft Windows 的多任务操作系统，可以进行 GPS 数据后处理以及 RTK 测量数据处理。它可以处理所有 Trimble GPS 的原始测量数据、其他品牌的 GPS 数据（RINEx）、传统光学测量仪器采集的数据以及激光测距仪的数据。

整个软件包由多个模块构成，包括：数据通信模块、星历预报模块、静态后处理模块、动态计算模块、坐标转换模块、网平差模块、RTK 测量数据处理模块、DTMlink 模块和 ROADlink 模块。

（二）高程控制测量

高程控制测量常用方法有水准测量和三角高程测量。

1. 水准测量

用水准测量法布设高程控制网时，应根据《规范》要求确定施测等级，并按照相关技术要求进行外业及内业计算工作。

2. 三角高程测量

山区或困难地区，可以采用三角高程测量的方法建立高程控制网，根据《规范》要求确定施测等级，并按照相关技术要求进行外业及内业计算工作。在三角高程路线的各边上，一般应进行往返测，又称对向观测（或称双向观测），即由 A 向 B 观测（称为直觇），又由 B 向 A 观测（称为反觇）。由 B 向 A 观测可消除地球曲率和大气折光的影响。

三角高程控制网一般是在平面网的基础上，布设成三角高程网或高程导线。为保证三角高程网的精度，应采用四等水准测量联测一定数量的水准点，作为高程起算数据。竖直角观测是三角高程测量的关键工作，为减少垂直折光变化的影响，应避免在大风或雨后初晴时观测，也不宜在日出后和日落前 2 小时内观测，在每条边上均应作对向观测。觇高程和仪器高用钢尺丈量两次，读至毫米。三角高程测量时，竖直角和边长测量的各项技术指标应满足《规范》要求。

二、施工放样

施工阶段测量的主要任务是，按照设计要求在实地准确地标定建筑物各部分的平面位置和高程，作为施工与安装的依据，该过程即为施工放样。施工放样分为平面位置放样和高程放样。平面位置放样，目前工程实际中主要采用点位放样，如全站仪坐标法、GPS-RℂK法等；高程放样，主要方法有水准测量、三角高程测量等。

（一）点位放样

工程建筑物的形状和大小常通过其特征点在实地表示出来，如矩形建筑的四个角点、线形建筑的转折点等。因此点位放样是建筑物放样的基础。放样点位时应有两个以上的控制点，且已知待定点坐标，通过距离和角度来放样待定点。

放样点位的常用方法有极坐标法、全站仪坐标法、交会法、直接坐标法（如 GPS-RℂK法）等，采用经纬仪、全站仪、钢尺和 GPS 接收机进行。

1.极坐标法

设 A、B 为已知点，P 为待放样点，其设计坐标为已知。在 A 上架经纬仪，放样一个角口，在放样出的方向上标定一个 P＇点，再从 A 出发沿 AP＇方向放样距离 S，即得待放样点 P 的位置。用某种标志在实地表示出 P 的位置。

极坐标法的两个放样元素 β 和 S，是由 A、B、P 三点的坐标反算求得：

$$\beta = \alpha_{AP} - \tan^{-1}\left(\frac{y_P - y_A}{x_P - x_A}\right) - \tan^{-1}\left(\frac{y_B - y_1}{x_B - x_A}\right)$$

$$S = \sqrt{(x_p - x_A)^2 + (y_B - y_A)^2}$$

2.全站仪坐标放样法

极坐标法放样，需要事先根据坐标计算放样元素，而放样元素的计算是要根据仪器架设位置而定的，有时现场仪器的架设位置会有变化，这就需要重新计算放样元素。而用全站仪坐标放样法，就不需要事先计算放样元素，只要提供坐标就行，而且操作十分方便。

全站仪架设在已知点 A 上，只要输入测站点 A、后视点 B 以及待放样点三点 P 的坐标，瞄准后视点定向，按下反算方位角键，则仪器自动将测站与后视的方位角设置在该方向上。然后按下放样键，仪器自动在屏幕上用左右箭头提示，应该将仪器往左或右旋转，这样就可使仪器到达设计的方向线上。接着通过测距离，仪器自动提示棱镜前后移动，直到放样出设计的距离，这样就能方便地完成点位的放样。

若需要放样下一个点位，只要重新输入或调用待放样点的坐标即可，按下放样键后，仪器会自动提示旋转的角度和移动的距离。

用全站仪放样点位，可事先输入气象元素即现场的温度和气压，仪器会自动进行气象正。因此，用全站仪放样点位既能保证精度，同时操作十分方便，无需做任何手工计算。

3. 距离交会法

需要先根据坐标计算放样元素 S1、S2，然后在现场分别以两已知点为圆心，用钢尺以相应的距离为半径作圆弧，两弧线的交点即为待定点的位置。当用钢尺丈量距离时，待定点到已知点的距离不宜超过一尺段之长。

4. 角度交会法（方向交会法）

在量距不方便的场合常用角度交会法放样，放样元素是两个交会角 β1、β2，它们可按已知点的坐标和待定点的设计坐标计算得到。现场放样时在两个已知点上架设两架经纬仪，分别放样相应的角度。两架经纬仪视线的交点即是待定点 P 的平面位置。

5. 直接坐标法（GPS-R℃K 法）

在公路工程测量领域里，测量工作者已不满足于只将 GPS 用作控制测量。特别是近几年来，高精度 GPS 实时动态定位技术 R℃K 发展迅速，由于它能够实时地提供在任意坐标系中的三维坐标数据，因而在公路中线测量中利用GPS-R℃K直接坐标放样已很普遍。

GPS-R℃K 是一种全天候、全方位的新型测量系统，是目前实时、准确地确定待测点位置的最佳方式。它需要一台基准站接收机和一台或多台流动站接收机以及用于数据传输的电台。R℃K 定位技术，是将基准站的相位观测数据及坐标信息通过数据链方式及时传送给动态用户，动态用户将收到的数据链连同自采集的相位观测数据进行实时差分处理，从而获得动态用户的实时三维位置。动态用户再将实时位置与设计值相比较，进而指导放样。

将基准站 GPS 接收机安置在参考点上，打开接收机，除了将设置的参数读入 GPS 接收机外，输入参考点的当地施工坐标和天线高，基准站 GPS 接收机通过转换参数将参考点的当地施工坐标转化为 WGS-84 坐标，同时连续接收所有可视 GPS 卫星信号，并通过数据发射电台将其测站坐标、观测值、卫星跟踪状态及接收机工作状态发送出去。流动站接收机在跟踪 GPS 卫星信号的同时，接收来自基准站的数据，进行处理后获得流动站的三维 WGS-84 坐标，再通过与基准站相同的坐标转换参数将 WGS-84 转换为当地施工坐标，并在流动站的手控器上实时显示。接收机可将实时位置与设计值相比较，以指导放样。

GPS-R℃K 定位技术具备其他测量仪器无法比拟的优点。采用一般仪器，如全站仪测量等，既要求通视，又费工费时，而且精度不均匀。R℃K 测量拥有彼此不通视条件下远距离传递三维坐标的优势，并且不会产生误差累积。应用 R℃K 直接坐标法能快速、高效率地完成测量放样任务。

（二）高程放样

1. 水准仪法放样

高程放样时，地面有水准点 A，其高程已知，设为 H_A；待定点 B 的设计高程为 H_B，要求在实地定出与该设计高程相应的水平线或待定点顶面。高程放样一般用水准仪。a 为水准点上水准尺的读数。待放样点上水准尺的读数 β 可由下式算得：

$$\beta = (H_A + a) - H_B \text{ false}$$

当待放样的高程 HB 高于仪器视线时（如放样地铁隧道管顶高程时），可以把尺底向上，即用"倒尺"法放样，这时：

$$\beta = H_B - (H_A + a) \text{ false}$$

当放样的高程点与水准点之间的高差很大时（如向深基坑或高楼传递高程时），可以用悬挂钢尺代替水准尺，以放样设计高程。悬挂钢尺时，零刻画端朝下，并在下端挂一个质量相当于钢尺鉴定时拉力的重锤，在地面上和坑内各放一次水准仪 P。设地面放仪器时对 A 点尺上的读数为 a_1，对钢尺的读数为 b_1；在坑内放仪器时对钢尺读数为 a_2，则对 B 点尺上的读数为 b_2。

由 $H_B - H_A = h_{AB} = (a_1 - b_1) + (a_2 - b_2)$ 得：

$$b_2 = a_2 + (a_1 - b_1) h_{AB}$$

用逐渐打入木桩或在木桩上画线的方法，使立在 B 点的水准尺上读数为 b_2，这样，就可以使 B 点的高程符合设计要求。当对高程放样精度要求较高时，宜在待放样高程处埋设高度可调整的标志。放样时调节螺杆可使标志顶端精确地升降，直到标志顶面高程达到设计高程时为止，然后旋紧螺母以限制螺杆的升降；为了更加牢固，往往还需采用点焊等方法使螺杆不能再升降。

2. 全站仪无仪器高作业法放样

对一些高低起伏较大的工程放样，如大型体育馆的网架、桥梁构件、厂房及机场屋架等，用水准仪放样就比较困难，这时可用全站仪无仪器高作业法直接放样高程。

三、横断面测量

路线横断面测量是测定各中桩处垂直于中线方向上的地面起伏情况，然后绘制成横断面图，供路基、边坡、特殊构造物的设计，土石方的计算和施工放样之用。横断面测量的宽度由路基宽度和地形情况确定，一般应在公路中线两侧各测 15 m ~ 50 m。进行横断面测量，首先要确定横断面的方向，然后在此方向上测定中线两侧地面坡度变化点的距离和高差，并绘制横断面图。

绘制横断面图的工作量较大，为提高工效、防止错误，多在现场边测边绘，这样既可当场出图，省略记录，又可及时核对，发现问题，及时纠正，以保证横断面图的质量。

横断面图的比例尺一般是 1：200 或 1：100，横断面图通常绘制在米格纸上，图幅为 350 ram×500 mm，每隔 1 cm 有一细线条，每隔 5 cm 有一粗线条，细线间一小格为 1 mm。

绘图时以一条纵向粗线为中线，以纵线、横线相交点为中桩位置，向左右两侧绘制。先标注中桩的桩号，再用铅笔根据水平距离和高差，将变坡点点在图纸上，然后用小三角板将这些点连接起来，就得到横断面的地面线。显然一幅图上可以绘制多个断面图，一般绘图顺序是从图纸左下方起，自下而上、由左向右，依次按桩号绘制。

根据"路基横断面图"可计算线路挖、填方数量。通常情况下，"路基横断面图"下方用 AW 表示挖方横断面面积，用 A℃ 表示横断面填方面积。只要把各相邻断面填、挖方体积计算出来，予以汇总就可求得施工标段的总方量。计算步骤如下：

第一，求相邻两横断面的平均面积 $(A_1 + A_2)/2$；

第二，求相邻两横断面的间距；

第三，计算土石方工程量，并累计。

由于施工段一般都较长，少则一两千米，多则几千米，每 25 m 一个横断面，每 1000 米四十多个横断面，虽然计算简单，但量大而繁。为了准确快速地运算，可将公式编写成程序用计算机计算。

四、地形图测绘

地形图能全面、客观地反映地面的地形地物情况，因此，被广泛应用于各种工程建设中。地形图的测绘方法现主要有全站仪数字化成图、摄影测量成图、遥感成图等。这里简单介绍全站仪数字化成图方法。

全站仪数字化测图主要包括：准备工作、数据获取、数据输入、数据处理、数据输出五个阶段。准备工作阶段包括：资料准备、控制测量、测图准备等。

1. 野外碎部点采集

一般用"解算法"进行碎部点测量采集，将所测点位三维坐标（×，℃，H）及其绘图信息储存在仪器内存或电子手簿中。同时还要记录测站参数、距离、水平角和竖直角的碎部点位置，信息以及编码、点号、连接点和连接线形四种信息，在采集碎部点时要及时绘制观测草图。

2. 数据传输

将仪器或电子手簿与计算机用数据通信线连接，把野外观测数据传输到计算机中，每次观测的数据要及时传输，避免数据丢失。

3. 数据处理

包括数据转换和数据计算。数据处理是对野外采集的数据进行预处理，检查可能出现的各种错误；把野外采集到的数据编码，使测量数据转化成绘图系统所需的编码格式。数据计算是针对地貌关系的，当测量数据输入计算机后，生成平面图形，建立图形文件，绘制等高线。

4.图形处理与成图输出

编辑、整理经数据处理后所生成的图形数据文件，对照外业草图，修改整饰新生成的地形图，补测、重测存在漏测或测错的地方。然后加注高程、注记等，进行图幅整饰，最后成图输出。

第二章　施工技术的概述与施工准备

第一节　公路施工的组成与发展概况

一、公路的分级与组成

（一）公路的分级

1.公路分级

交通部颁布的《公路工程技术标准》，将公路根据功能和适应的交通量分为五个等级，即高速公路、一级公路、二级公路、三级公路、四级公路。

（1）高速公路

专供汽车分向、分车道行驶，并应全部控制出入的多车道公路。

四车道高速公路应能适应将各种汽车折合成小客车的年平均日交通量25 000～55 000辆。

六车道高速公路应能适应将各种汽车折合成小客车的年平均日交通量45 000～80000辆。

八车道高速公路应能适应将各种汽车折合成小客车的年平均日交通量60 000～100 000辆。

（2）一级公路

供汽车分向、分车道行驶，并可根据需要控制出人的多车道公路。

四车道一级公路应能适应将各种汽车折合成小客车的年平均日交通量15 000～30 000辆。

六车道一级公路应能适应将各种汽车折合成小客车的年平均日交通量25 000～55 000辆。

（3）二级公路

供汽车行驶的双车道公路。

二级公路应能适应将各种汽车折合成小客车的年平均日交通量5 000～15 000辆。

（4）三级公路

主要供汽车行驶的双车道公路。

三级公路应能适应将各种车辆折合成小客车的年平均日交通量2 000～6 000辆。

（5）四级公路

主要供汽车行驶的双车道或单车道公路。

双车道四级公路应能适应将各种车辆折合成小客车的年平均日交通量2 000辆以下。

单车道四级公路应能适应将各种车辆折合成小客车的年平均日交通量 400 辆以下。

2. 公路分类

公路按其在公路网的地位与作用分为以下五类：

（1）国道

在国家公路网中，具有全国性政治、经济、国防意义，并经确定为国家干线的公路。

（2）省道

在省公路网中，具有全省性政治、经济、国防意义，并经确定为省级干线的公路。

（3）县道

具有全县性政治、经济意义，并经确定为县级的公路。

（4）乡道

主要为乡村生产、生活服务，并经确定为乡级的公路。

（5）专用公路

专为企业或其他单位提供运输服务的道路。

如专门或主要为工矿、林区、油田、农场、军事要地等与外部连接的公路。

（二）公路的组成

1. 路基工程

路基是按照道路的平面位置、纵面线形和一定的技术要求修筑的作为路面基础的岩土构造物。路基是路面的基础，又是公路的重要组成部分。按路基横断面形状的不同，通常可分为路堤、路堑和半填半挖路基三种形式。

2. 路面工程

路面是在路基之上用各种筑路材料铺筑的供汽车行驶的层状构造物，其作用是保证汽车能全天候地在道路上安全、迅速、舒适、经济地运行。路面结构一般由面层、基层、底基层与垫层组成。

面层是直接承受车轮荷载反复作用和自然因素长期影响的结构层。按面层所用材料的不同，可划分为柔性路面、刚性路面和半刚性路面三种。作为柔性路面的典型代表，沥青路面可由一到三层组成。三层式沥青路面的表面层应根据使用要求设置抗滑、耐磨、密实稳定的沥青层，中面层、下面层应根据公路等级、沥青层厚度、气候条件等选择适当的沥青结构层。

基层是设置在面层之下，并与面层一起将车轮荷载的反复作用传递到底基层、垫层、土基，起主要承重作用的层次。基层可分为柔性基层（沥青稳定碎石、沥青贯入式、级配碎石、级配砾石等）、半刚性基层（水泥稳定土或粒料、石灰或粉煤灰稳定土或粒料等）、刚性基层（碾压式水泥混凝土、贫混凝土等）、混合式基层（上部使用柔性基层、下部使用半刚性基层）等。对于高速公路、一级公路，应采用水泥稳定粒料、石灰粉煤灰（二灰）、稳定粒料、沥青碎石以及级配碎砾石等材料铺筑。高速公路、一级公路的底基层和二级及二级以下公路基层和底基层，除上述类型材料外，也可采用水泥稳定土、石灰稳定土、石灰粉煤灰稳定土、石灰工业废渣、填隙碎石等或其他适宜的当地材料铺筑。

垫层是设置在底基层与土基之间的结构层，起排水、隔水、防冻、防污等作用。各级公路当需要设置垫层时，一般可采用水稳性好的粗粒料或各种稳定性材料铺筑。

3. 桥涵工程

桥梁是为道路跨越河流、山谷或人工障碍物而建造的构造物；涵洞是为宣泄地面水流而设置的横穿公路的小型排水构造物。

（1）按桥梁总长和跨径的不同分类

可分为特大桥、大桥、中桥、小桥和涵洞。交通部颁布的《公路桥涵设计通用规范》给出了桥涵的分类。

（2）按桥梁受力体系分类

可分作梁式桥、拱式桥、刚架桥、吊桥四种基本体系，其中梁式桥以受弯为主，拱式桥以受压为主，吊桥以受拉为主。另外，由上述四大基本体系的相互组合，又派生出在受力上具有组合特征的组合体系桥型，如目前在我国广为流行的斜拉桥等。

4. 隧道

是为公路从地层内部或水下通过而修建的结构物。当公路需要翻越高山或穿过深水层时，为了改善平纵线形和缩短路线长度，经过技术、经济比选，可选用隧道方式。

5. 排水及防护工程

排水工程是为了排除地面水及地下水而设置的排水构造物。除桥涵外，还有边沟、截水沟、急流槽、盲沟、渗井和渡槽等路基排水构造物和路面排水构造物组成的道路排水系统；防护工程是为了加固路基边坡、确保路基稳定的结构物，如在路基边坡修建的填石边坡、砌石边坡、挡土墙、护脚和护面墙等构造物。

6. 交通工程设施

是针对高等级公路行车速度快、通过能力大、交通事故少、服务水平高的特点设置的，它包括安全设施、管理设施、服务设施、收费设施、供电设施等。

（1）安全设施

整个交通工程系统的最基本的部分，主要有标志、标线、视线诱导标、护栏、隔离栅、防眩设施和照明设施等。

（2）管理设施

控制、监视、通信、数据采集与处理设施。

（3）服务设施

服务区、加油站、公共汽车停靠站等。

（4）收费设施

收费站等。

（5）供电设施

这是为了使整个交通工程系统正常运行而设置的配套设施。

（6）环保设施

为减少公路交通环境污染而设计的声屏障、减噪路面、绿化工程及公路景观（自然景观及人文景观）。

二、公路施工的发展概况

（一）我国公路施工技术发展回顾

我国在公路施工技术上有着悠久的历史，据史料考证，早在公元前 2000 年，我国已修建有可供牛车、马车行驶的道路。在西周时期道路建设已初具规模，唐代是我国古代道路发展的鼎盛时期，形成了以城市为中心的四通八达的道路网，其间在道路结构、施工方法等方面做了许多创新。到了清代，对道路进行了功能分级，分为官马大路、大路、小路三个等级。其中仅官马大路已达 2 000 km 以上。

20 世纪初，在第一辆汽车输入我国后，通行汽车的公路就随之诞生了。1908 年建成了我国历史上的第一条公路，即广西的龙州至那堪公路。到新中国成立前，我国近代道路发展缓慢，并且屡遭破坏，40 多年间修建的公路不足 80 000 km，其中铺有高级、次高级路面的还不到 350 km。在这一时期，就施工技术而言，修建的多为天然泥土路、泥石路或泥结碎石路；就施工手段而言，主要是人工挑抬、石碾压实。虽然那时也引进了一些筑路机械，但由于配件和燃料供应困难，机械的利用率很低。到新中国成立初期，全国仅有推土机 200 余台，压路机还不足百台，拌合机刚过百台。

新中国成立以后，随着我国公路建设事业的蓬勃发展，公路施工技术水平也相应地得到了较快的提高。新中国成立后不久，全国从上到下成立了各级公路施工专业队伍，并颁布了相应的公路技术规范或规则，使公路施工及管理迅速走上了正轨。按照我国公布的高速公路网发展规划，2020 年基本建成国家高速公路网，届时我国高速公路通车总里程将达 35 万 km。

为适应高等级公路高标准和高质量的要求，我国公路施工技术也获得了前所未有的发展。这些发展与变化主要体现在以下几个方面：

第一，制定或修订公路工程技术规范，建立起了一整套符合我国国情的公路施工控制、检测及验收标准。

第二，机械化施工水平大大提高，各种先进的筑路机械广泛应用于公路工程的施工。全国各地组建了一批设备先进、种类齐全的公路机械化施工队伍，公路施工实现了由手工操作逐步向机械作业方式的转变。到目前，全国公路施工部门已拥有一大批国产和进口的技术先进、种类齐全、成龙配套的筑路机械、试验仪器和检测设备，大型筑路机械已达 30 余万台（套），固定资产原值已达 30 多亿元。

第三，新技术、新工艺、新材料得到广泛应用，进而取得了巨大的社会、经济效益。

第四，施工的控制及检测手段日臻完善，从而有力地保证了工程质量、加快了施工进度。

（二）公路施工技术的发展趋势

随着世界各国技术经济的进步、交通事业的发展和人们物质文化要求的提高，对公路建设也提出了更高的要求。这主要表现为：一是对公路功能的要求越来越高，如通行能力、承载能力及行车的安全性与舒适性等；二是对公路整体线形、路容、路况的要求越来越高，特别是山区公路及旅游区道路，其路线与周围环境的协调性成为重要的评价指标；三是对公路环保的要求越来越高，如对行车污染和噪声的限制等；四是对公路的施工速度、施工质量和管理水平要求越来越高，在施工中将普遍采用自动化机械设备进行快速而且优质的作业。

针对上述要求，公路施工必将向着机械化、自动化、生物化学化、标准化和工厂化方向发展。

（1）在公路施工方案的拟订和选择方面

将充分利用计算机及其他现代先进手段，综合考虑施工材料、机具、工期、造价等因素，进行方案比选与优化，以获取最大的社会经济效益。

（2）在施工工艺方面

土石方爆破、稳定土、旧有沥青及水泥混凝土再生、工业废料筑路及水泥、沥青、土壤外加剂等的工艺水平将有突破性进展。

（3）在施工机械方面

将研究使用一条龙的单机配套机械进行流水作业和多功能的联合施工机械；为实现施工机械自动化，还将使用电子装置、自控装置和激光技术，对施工现场进行遥控监测。

（4）在施工检测技术方面

将研究使用能自动连续量测动、静两种荷载作用下的路基、路面弯沉仪和曲率半径仪；研究使用冲击波、超声波测定强度和弹性模量；研究使用同位素方法测定密实度和厚度，以及研究使用计算机自动连续量测路面抗滑性能和平整度等。

（5）在施工作业方面

将大量使用预制结构，使人工构造物的施工实现标准化和工厂化。

（6）在特殊路基的处理方面

将充分应用生化技术，最大限度地利用当地材料。

（7）各种环保和交通工程设施

如声屏墙、减噪路面及绿化工程等的施工技术将提高到一个新的水平。

（8）施工技术的发展

施工技术的发展将更好地满足设计要求，设计与施工的结合将更加密切。

第二节 公路施工的方法与程序

一、公路施工的方法与特点

（一）施工的方法

高等级公路的施工方法主要有人工、简易机械化、机械化、水力机械化和爆破等。

1. 人工施工法

是使用手工工具进行公路施工的方法。这种施工方法效率低、劳动强度大，不仅要占用大量的劳动力，而且施工进度慢，工程质量也难以保证。但在山区低等级公路路基工程中，当机械无法进入施工现场或施工场地难以展开机械化作业时，就不可避免地要采用人工施工法。

2. 简易机械化施工法

是以人力为主，配以简易机械的公路施工方法。与人工施工法相比较，能适当地减轻劳动强度，而且可以加快施工进度、提高施工质量。在我国目前的施工生产条件下，特别是山区一般公路建设中，仍是一种值得推广的施工方法。

3. 机械化施工法

是使用配套机械，主机配以辅机，相互协调，共同形成主要工序的综合机械化作业的公路施工方法。机械化施工可以极大地提高劳动生产率，减轻劳动强度，显著地加快施工进度，提高工程质量，而且安全程度高。是加速公路工程建设和实现公路施工现代化的根本途径。

4. 爆破施工法

是通过爆破震松岩石、硬土或冻土，开挖路堑或采集石料的施工方法。这种方法是道路施工、特别是山区公路施工不可或缺的重要施工方法。

5. 水力机械化施工法

是利用水泵、水枪等水力机械，喷射出强力水流，冲散土层，并流运至指定地点沉积的施工方法。这种方法需要有充足的水源和电源，适于挖掘比较松散的土质和地下钻孔工程。施工方法的选择，应根据工程性质、工程数量、施工期限以及可能获得的人力和机械设备等条件综合考虑。为了适应我国公路建设标准高和速度快的要求，近年来许多施工单位都先后从国内外购置了大量现代化筑路机械与设备。在高等级公路施工中，基本实现了机械化或半机械化作业，迅速提高了施工质量和劳动效率，大大加快了公路工程建设的步伐。

（二）施工特点

作为一种特定的人工构造物，公路工程施工与工业生产比较，虽然公路施工同样是把一系列的资源投入产品（即工程）的生产过程中，其生产上的阶段性和连续性，组织上的专门化和协作化也与之基本相符。但是，公路施工与一般工业生产和其他土建工程施工（如房屋建筑）仍有所不同。

1. 公路工程属于线性工程

一般一条公路项目的建设路段少则几千米，多则数十千米、数百千米以上。路线跨越山川、河谷，路线所经路段难以完全避开不良地质地区，如滑坡、软基、冻土、高填、深挖等路段；在地形复杂的地段，难以避免地要修建大桥、特大桥、隧道、挡墙等结构物。这就使得公路项目建设看似简单，实际上却比一般土木工程项目复杂得多。由于公路路线所经路段地质特性的多变性，使得公路路基施工复杂、多变性凸显，结构物的施工也因地质条件的不确定性，经常导致设计变更、工期延长，使进度控制、质量控制、投资控制的难度大大增加。

2. 公路工程项目构成复杂

公路工程项目的单位工程包括：路基土石方工程、路面工程、桥梁工程、隧道工程、互通立交工程、沿线设施及交通工程、绿化工程等。各单位工程中的作业内容差异很大，如桥梁工程，随不同的桥型，施工技术差异很大。这也决定了公路工程项目施工的技术复杂性和管理的综合性。

3. 公路工程项目规模庞大

施工过程缓慢，工作面有限，决定了其较长的工期。高速公路的施工工期通常在 2 ~ 5 年。工期长意味着在工程建设中面临着更多的不确定因素，承担着更大的风险。

4. 公路工程项目建设投资大

高速公路造价一般为 2 000 ~ 4 000 万元 /km，有时甚至更高。工程建设需要的巨大资金能否及时到位，是保障工程按期完工的前提。资金投入对于投资活动的成功与否关系重大。同时，在工程建设中要求有高质量的工程管理，以确保项目的工期、投资和质量目标的实现。

二、公路施工的基本程序

施工程序是指施工单位从接受施工任务到工程竣工阶段必须遵守的工作程序，主要包括接受施工任务、签订工程承包合同、组织施工和竣工验收等。

（一）签订工程承包合同

1. 接受施工任务的方式

施工企业接受任务的方式主要有三种：

第一，上级主管单位统一布置任务，安排计划下达。

第二，经主管部门同意，自行对外接受任务。

第三，参加招投标，中标而获得任务。

2. 接受任务的要求

第一，查证核实工程项目是否列入国家计划。

第二，必须有批准的可行性研究、初步设计（或施工图设计）及工程概（预）算文件。

3. 接受任务的方式

第一，签订工程承包合同，对工程接受加以肯定。

第二，施工承包合同的内容主要包括：承包的依据、方式、工程范围、工程质量、施工工期、工程造价、技术物资供应、拨款结算方式、奖惩条款等。

（二）施工准备工作

施工准备工作是为拟建工程的施工建立必要的技术和物质条件，统筹安排施工力量和现场。施工准备工作也是施工企业搞好目标管理、推行技术经济承包的依据。要编制好施工组织设计，以保证工程建设的顺利进行。其作用是发挥企业优势，合理资源供应，加快施工速度，提高工程质量，降低工程成本。

（三）组织施工

1. 施工准备就绪后，向监理工程师提交开工报告，经同意即可开工。

2. 按施工顺序和施工组织设计中所拟定的施工方法进行施工。

3. 组织施工应具备的文件有：①设计文件。②施工规范和技术操作规程。③各种定额。④施工图预算。⑤施工组织设计。⑥公路工程质量检验评定标准和施工验收规范。

（四）竣工验收

1. 所有建设项目和单位工程都已按设计文件内容建成。

2. 以设计文件为依据，根据有关规定和评定质量等级进行工程验收。

第三节　施工的技术准备与组织准备

一、技术准备

（一）熟悉与审查设计文件并进行现场核对

组织有关人员学习设计文件，其目的是对设计文件、设计图及资料进行了解和研究，使施工人员明确设计者的设计意图和业主要求，熟悉设计图的细节，并对设计文件和设计图进行现场核对。其内容主要包括：

第一，设计图是否齐全，规定是否明确，与说明有无矛盾。

第二，路基平、纵、横断面，构造物总体布置和桥涵结构物形式等是否合理，相互之间是否有错误和矛盾。

第三，主要标高、尺寸、位置有无错误。

第四，设计文件所依据的水文、气象、土壤等资料是否准确、可靠、齐全。

第五，核对路线中线、主要控制点、水准点、三角点、基线等是否准确无误。

第六，路线或构造物与农田、水利、航道、公路、铁路、电信、管线及其他建筑物的互相干扰情况及其解决办法是否恰当，干扰可否避免。

第七，对地质不良地段采取的处理措施。

第八，主要材料、劳动力、机械台班等计算（含运距）是否准确。

第九，施工方法、料场分布、运输工具、道路条件等是否符合实际情况。

第十，结构物工程数量计算是否有误。

第十一，工程预算以及采用的定额是否合理。如现场核对时发现设计不合理或有错误之处，应做好详细记录并拟定修改意见，待设计技术交底时提交。

（二）补充调查资料

进行现场补充调查是为编制实施性施工组织设计收集资料。调查的内容主要有：

第一，工程地点的水文、地形、气候条件和地质情况。

第二，自采加工料场、当地材料、可供利用的房屋情况。

第三，当地劳动力资源、工业加工能力、运输条件和运输工具情况。

第四，施工场地的水源、电源以及生活物资供应情况。

第五，当地风俗习惯等。

（三）设计交桩和设计技术交底

工程在正式施工之前，应由勘测设计单位向施工单位进行交桩和设计技术交底。交桩应在现场进行，设计单位将路线测设时所设置的导线控制点和水准点及其他重要点位的交桩逐一移交给施工单位。施工单位在接受这些控制点后，要采取必要措施妥善地加固与保护。

设计技术交底一般由建设单位主持，设计、监理和施工单位参加。交底时设计单位应说明工程的设计依据、设计意图，并对某些特殊结构、新材料、新技术，以及施工中的难点和需注意的方面予以详细说明，提出设计要求。施工单位则将在研究设计文件中发现的问题及有关修改设计的意见提出，由设计单位对有关问题进行澄清和解释。对于合理的修改设计的意见，必要时可在统一认识的基础上，对所讨论的结果逐一记录，并形成会议纪要，由建设单位正式行文，参加单位共同会签，作为与设计文件同时使用的技术文件和指导施工的依据以及进行工程结算的依据。

（四）建立工地实验室

1.工地实验室的作用

公路工程施工过程中，必须进行各种材料试验，以便选用合适的材料及其材料性能参数，才能保证公路工程结构物的强度和耐久性，并有利于掌握各种材料的施工质量指标，保证结构物的施工质量。

随着公路技术等级的提高，相应的筑路材料试验任务增大，并要求试验结果具有更高的准确性和可靠性。高等级公路的线形更趋于平、直，使得路基工程的高填、深挖及经过不良地带的路段增加。由于高等级公路对路面的行车性能及耐久性能提出更高的要求，相应地要求路基更为稳定，路面材料应具有更高的力学性能、耐磨蚀性和气候稳定性等。公路工程事业的进步，促进了其施工技术水平的不断提高，同时也推动了公路工程新材料的研究应用，并且使材料性能试验及质量检验工作显得日益重要；另外，随着经济体制改革的深化，要求不断改善公路工程的投资效益，因而工程质量问题已从一般化的要求变成了衡量工程施工单位技术质量水平的标志。因此，从某种意义上说，一项工程的质量如何，已关系到该公路施工单位以后的业务前景。基于上述情况，加强质量管理和施工质量检验、建立并充分发挥工地实验室的作用，是施工单位必须做的一项十分重要的工作。

2. 工地实验室的主要工作内容

工地实验室是为施工现场提供直接服务的实验室，主要任务是配合路基、路面施工，对工地使用的各种原材料、加工材料及结构性材料的物理力学性能以及施工结构体的几何尺寸等进行检测。

3. 工地实验室的人员及设施

工地实验室的试验检测人员必须是施工单位试验检测机构的正式人员。工地实验室负责人应由施工单位试验检测机构负责人授权，从事试验检测工作 3 年以上，具有交通部试验检测工程师资格的人员担任；工地实验室部门负责人需具有省交通厅试验检测员及以上资格的人员担任；一般试验检测人员需具有省交通厅试验检测员及以上资格或交通系统试验检测培训证的人员担任。未取得交通系统试验检测资格或培训证的人员不得上岗。

施工单位试验检测人员数量按施工合同额进行配备，5 000 万元以下的至少 4 人；5 000 万元以上、1 亿元以下的至少 6 人；1 亿元以上、2 亿元以下的至少 8 人；2 亿元以上的至少 10 人。

工地实验室在工程项目完工之前，不准对人员和设备进行更换和调离。确实需要更换和调离的，应取得项目建设单位的书面批准。工地实验室面积应达到 300 ㎡，并按检测项目要求合理布局，满足工地试验要求；设备安置要合理，便于操作，并保持环境整洁卫生。

工地实验室应按照合同和工程实际需要配备合格的试验检测仪器设备。工地实验室试验检测仪器设备在使用前必须通过计量检定或校准。试验检测仪器设备应由专人负责日常保养、保管，做好使用记录、保养记录，主要试验检测仪器设备应建立设备档案，仪器设备的操作规程要张贴上墙。

（五）编制施工组织设计

施工组织设计是指工程项目在施工前，根据设计人员、业主和监理工程师的要求以及主客观条件，对工程项目施工的全过程所进行的一系列筹划和安排。公路施工组织设计是指导公路施工的基本技术经济文件，也是对施工实行科学管理的重要手段。编制施工组织设计的目的在于全面、合理、有计划地组织施工，从而具体实现设计意图，按质、按量、按期完成施工任务。实践证明，一个工程如果施工组织设计编制得好，并能得到认真的执行，施工就可以有条不紊地进行，否则将会出现盲目施工的混乱局面，造成不必要的损失。

1. 编制原则

第一，严格遵守合同签订的或上级下达的施工期限，保质保量按期完成施工任务。对工期较长的大型项目，可根据施工情况，分期分批进行安排。

第二，科学、合理地安排施工顺序。在保证质量的基础上，尽可能缩短工期，加快施工进度。

第二，采用先进的施工方法和施工技术，不断提高施工机械化、预制装配化程度，减轻劳动强度，提高劳动生产率。

第四，应用科学的计划方法确定最合理的施工组织方法，根据工程特点和工期要求，因地制宜地快速施工、平行作业。对于复杂的工程应通过网络计划确定最佳的施工组织方案。

第五，落实季节性施工的措施，科学安排施工计划，组织连续、均衡的施工。

第六，严格遵守施工规范、规程和制度，认真按照基本建设程序办事，根据批准的设计文件与工期要求安排进度。严格执行有关技术规范和规程，提出具体的质量、安全控制和管理措施，并在制度上加以保证，确保工程质量和作业安全。

2. 编制施工组织设计的程序

需要遵守一定的程序，根据合同要求和施工现场的具体条件，按照施工的客观规律，协调和处理好各个影响因素的关系，用科学的方法进行编制。

3. 施工组织设计的主要内容

第一，工程概述：包括简要说明工程项目、施工单位、业主、监理机构、设计单位、质检单位名称、合同开工日期和竣工日期、合同价；简要介绍项目的地理位置、地形地貌、水文、气候、交通运输、水电供应等情况；介绍施工组织机构设置及职能部门之间的关系；说明工程结构、规模、主要工程量；说明合同特殊要求等。

第二，施工技术方案：包括施工方法（特别是冬期和雨期以及技术复杂的特殊施工方法），施工程序（重点是施工顺序及工序之间的衔接），决定采用的新技术、新工艺、新材料和新设备，技术安全措施、质量保证措施等。

第三，施工进度计划：主要是对施工顺序、开始和结束时间、搭接关系进行综合安排，包括以实物工程量和投资额表示的工程的总进度计划和分年度计划以及所需用的工日数和机械台班数。

第四，施工总平面图布置：必须以平面布置图表示，并标明项目建设的位置，生产区、生活区、预制厂、材料场、爆破器材库等的位置。

第五，劳动力需要量和来源：包括总需要量和分工种、分年度的需要量。

第六，施工现场平面布置。

第七，施工机械、建筑材料，施工用水、用电的分年度需要量及供应方案。

第八，便道、防洪、排水和生产、生活用房屋等设施的建设及时间要求。

第九，施工准备工作进度表：包括各项准备工作的负责单位、完成时间及要求等。

施工组织设计用文、图、表三种形式表示，互相结合，互相补充。凡能用图表表示的，应尽量采用图表。因为图表便于"上墙"，能形象、准确、直观地说明问题，有利于指导现场施工。

4. 施工组织设计的编制步骤

（1）施工方案的制定

编制施工组织设计首先遇到的问题就是选择和制定施工方案，如果这个问题得不到解决，施工组织设计乃至以后的施工工作就不可能进行。所以，施工方案的优劣，在很大程度上决定了施工组织设计质量的好坏和施工任务能否圆满完成。

施工方案是指对项目施工所作的总体设想和安排。施工方案应包括：施工方法和施工机具的选择，施工段划分，施工顺序，新工艺、新技术、新机具、新材料、新管理方法的使用，有关该工程的科学试验项目安排等。选择和制定施工方案，首先要考虑其是否可行，同时还要做到技术先进、经济合理、施工安全，应全面权衡、通盘考虑。施工方法是施工方案的核心内容，它对工程的实施具有决定性的作用。确定施工方法应突出重点，凡是采用新技术、新工艺和对本工程质量起关键作用的项目以及工人在操作上还不够熟练的项目，应详细而具体，不仅要拟订进行这一项目的操作过程和方法，而且要提出质量要求以及达到这些要求的技术措施，并要预见可能发生的问题，提出预防和解决这些问题的办法。对于一般性工程和常规施工方法则可适当简化，但要提出工程中的特殊要求。

确定施工方法，应考虑工程项目的特点，结合现场一切有关的自然条件和施工单位拥有的施工经验和设备，吸收国内外同类工程成功的施工方法和先进技术，以达到施工快速、经济和优质的目的。

（2）施工进度计划的编制

施工进度计划是对施工顺序、开始和结束时间、搭接关系进行综合安排。施工进度计划是施工组织设计中最重要的组成部分，它必须配合施工方案的选择进行安排。它又是劳动力组织、机具调配、材料供应以及施工场地布置的主要依据，一切施工组织工作都是围绕施工进度计划来进行的。

编制施工进度计划的目的是要确定各个项目的施工顺序，开、竣工日期。一般以月为单位进行安排，从而据此计算人力、机具、材料等的分期（月）需要量，进行整个施工场地的布置和编制施工预算。

施工进度计划一般用图示法表现。进度计划的图形可以采用横道图、S形曲线、"香蕉"曲线、网络图等。通常采用横道图，它的形式简单、醒目，易绘制、易懂，还可以在施工过程中在同一图上描绘实际进度。与计划进度相比，当工程项目及工序比较简单，且它们之间的关系也不太复杂，其工序衔接及进度安排凭已有施工经验即可确定时，可以直接绘制横道图进度计划；当工程项目以及工序之间的相互关系比较复杂、各工序的衔接及进度安排有多种方案需进行比较时，则要用网络图求得最优先计划，再整理绘制成横道进度图。

（3）资源供应计划

资源供应计划包括劳动力供应计划、材料供应计划、施工机械和大型工具供应计划、预制品供应计划等。这些计划是根据施工进度计划编制的，是计划进度的保证性计划，是进行市场供应的依据。

（4）场外运输计划

将各种物资从产地或交货地点运到工地仓库、料场，称为场外运输。场外运输计划应解决的主要问题是正确选择运输方式及运输工具，以达到降低成本和加速工程进度的目的。

（六）施工现场规划和场地布置

1.施工现场规划和场地布置

施工现场和场地布置是施工组织设计的基本内容之一，它需要考虑的问题很多、很广泛，也很具体。它是一项实践性、综合性很强的工作，只有充分掌握了现场的地形、地物，熟悉了现场的周围环境和其他有关条件，并对本工程情况有了一个清楚与正确的认识之后，才能做到统筹规划，合理布局。

施工现场规划和场地布置情况应以场地平面布置图表示出来。在施工场地平面布置图内应表示出公路的平面位置、场地内需要修建的各项临时工程和露天料场、作业场的平面位置和占地面积以及场地内各种运输线路（包括由场外运送材料至工地的进出口线路）。

2.材料加工及机械修配场地的规划和布置

施工单位为满足本身的需要，有条件时应设置采石场、采砂场、混凝土构件预制场、金属加工厂、机械修配厂等。对于预制场，一般宜设在工地上，以减少构件的运输。对于砂石材料开采场，宜设在材料产地。如有两个或两个以上的产地可供选择时，选择的条件首先是材料品质要符合设计要求；其次是运输距离要近；再次是开采的难易程度、成材率的高低。预制场的选择要综合考虑，做出综合经济分析。对于材料加工场地，则设在原材料产地较为有利。

3.工地临时房屋的规划与布置

工地临时房屋主要包括施工人员居住用房、办公用房、食堂和其他生活福利设施用房以及实验室、动力站、工作棚和仓库等。这些临时房屋应建在施工期间不被占用、不被水淹、不受塌方影响的安全地带。现场办公用房应建在靠近工地，且受施工噪声影响小的地方；工人宿舍、文化生活用房，应避免设在低洼潮湿、有烟尘和有害健康的地方。此外，房屋之间还应按消防规定相互隔离，并配备灭火器。

4.工地仓库及料场布置

工地储存材料的设施，一般有露天料场、简易料棚和临时仓库等。易受大气侵蚀的材料,如水泥、铁件、工具、机械配件及容易散失的材料等,宜储存在临时仓库中;钢材、木材等宜设置简易料棚堆放;砂石、石灰等一般在露天料场中堆放。

仓库、料棚、料场的位置,应选择在运输及进出料都方便,而且尽量靠近用料最集中、地形较平坦的地点。设置临时仓库、料棚时,应根据储存材料的特点、进出料的便利程度以及合理的储备定额,来计算需要的面积。面积过大会增加临时工程费用,过小可能满足不了储备需要并且会增加管理费用。

5. 施工场内运输的规划

在工地范围内,从仓库、料场或预制场等地到施工点的料具、物资搬运,称为场内运输。场内运输方式应根据工地的地形、地物、材料在场内的运距、运量以及周围道路和环境等因素进行选择。如果材料供应运输与施工进度能密切配合,做到场外运输与场内运输一次完成,即由场外运来的材料直接运至施工使用地点,或场内外运输紧密衔接,材料运到场内后不存入仓库、料场,而由场内运输工具转运至使用地点,这是最经济的运输组织方法。这样可节省工地仓库、料场的面积,减少工地装卸费用。但这种场内外运输紧密结合的组织方法在工程实践中是很难做到的。大量的场内运输工作是不可避免的,必须做好施工场内运输规划。

(七)工地供电的规划

工地用电主要包括各种电动施工机械和设备的用电以及室内外照明的用电。公路工程施工离不开电,做好工地供电的组织计划,对保证施工的顺利进行至关重要。

工地用电应尽可能利用当地的电力供应,从当地电站、变电站或高压电网取得电能。在当地没有电源,或电力供应不能满足施工需要的情况下,则要在工地设置临时发电站。最好选用两个来源不同的电站供电,或配备小型临时发电装置,以免工作中偶然停电造成损失。同时,还要注意供电线路、电线截面、变电站的功率和数目等的配置,使它们可以互相调剂,不致因为线路发生局部故障而引起停电。

(八)工地供水的规划

公路工程施工离不开水,施工组织设计必须规划工地临时供水问题,确保工地用水和节省供水费用。

二、组织准备

施工企业通过投标方式获得工程施工任务后,应根据签订的施工合同的要求,迅速组建符合本工程实际的施工管理机构,组织施工队伍进场施工。同时,为保证工程按设计要求的质量、计划规定的进度和低于合同运价的成本,安全、顺利地完成施工任务,还应针对施工管理工作复杂、困难多的特点,建立一整套完善的施工管理制度,采用科学的管理方法,切实有效地开展工作。

施工组织准备工作的主要任务是:组建施工项目经理部;选配强有力的施工领导班子

和施工力量；强化施工队伍的技术培训。

（一）施工机构的组建和人员的配备

这里的施工机构是指为完成公路施工任务负责现场指挥、管理工作的组织机构。根据我国具体情况及以往的公路施工经验，施工机构一般由生产系统、职能部门和行政系统等组成。

（二）建立健全各项管理制度

1. 施工计划管理制度

是施工管理工作的中心环节，其他管理工作都要围绕计划管理来开展。计划管理包括编制计划、实施计划、检查和调整计划等环节。由于公路施工受自然条件的影响大，其他客观情况的变化也难以准确预测，这就要求施工计划必须经过充分调查研究后制订。同时在执行过程中应随时检查，发现问题及时采取措施解决，必要时还应对计划进行调整修改，使之符合新的客观情况，保证计划的实现。

2. 工程技术管理制度

是对施工技术进行一系列组织、指挥、调节和控制等活动的总称。其主要内容包括：施工工艺管理、工程质量管理、施工技术措施计划、技术革新和技术改造、安全生产技术措施、技术文件管理等。要搞好各项技术管理工作，关键是建立并严格执行各种技术管理制度，只有执行技术管理制度，才能很好地发挥技术管理作用，圆满地完成技术管理的任务。

3. 工程成本管理制度

是施工企业为降低工程成本而进行的各项管理工作的总称。工程成本管理与其他管理工作有着密切的联系，施工企业总的技术水平和经营管理水平的高低，均能直接或间接地反映在成本这个指标上。工程成本的降低，表明施工企业在施工过程中活劳动（支付劳动者的报酬）和物化劳动（生产资料）的节约。活劳动的节约说明劳动生产率的提高，物化劳动的节约说明机械设备利用率的提高和建筑材料消耗率的降低。因此，建立成本管理制度，加强对工程成本的管理，不断降低工程造价，具有十分重要的意义。

4. 施工安全管理制度

安全生产关系到人民群众生命和财产安全，关系到改革发展和社会稳定大局。加强施工安全、劳动保护对公路工程的质量、成本和工期有重要意义，也是企业管理的一项基本原则。其基本任务是：正确贯彻执行"以人为本"的思想和"安全第一、预防为主、综合治理"的方针；建立安全施工责任制，加强安全检查，开展安全教育，在保证安全施工的条件下，创优质工程。

第四节 物资准备与施工现场准备

一、物资准备

物资准备是指施工中必需的劳动手段和施工对象的准备。它是根据各种物资需要量计划，分别落实货源、组织运输和安排储备，以保证连续施工的需要。准备工作主要内容包括以下内容。

1. 建筑材料准备

首先根据工程量用预算的方法进行工、料、机分析，按批准的施工进度计划的使用要求、材料储备定额和消耗定额，分别按材料名称、规格、使用时间进行汇总，编制材料需要量计划。其次根据不同材料的供应情况，随时注意市场行情，及时组织货源，签订供货合同。主要包括：

第一，路基、路面工程所需的砂石料、石灰、水泥、工业废渣、沥青等材料的准备。

第二，沿线结构物所需的钢材、木材、砂石料和水泥等材料的准备。

2. 施工机具设备的准备

根据采用的施工方案和施工进度计划，确定施工机械的类型、数量和进场时间，确定施工机具的供应方法和进场后的存放地点和方式，提出施工机具需要量计划，以便及时组织机械进场，保证工程的顺利进行。

3. 周转材料准备

主要是指模板和架设工具。根据批准的施工进度计划和施工方案编制周转材料的需要计划，组织周转材料进场。

二、施工现场准备

（一）恢复定线测量

第一，承包人应检查工程原测设的所有永久性标桩，并将遗失的标桩在接管工地14天之内通知监理工程师，然后根据监理工程师提供的工程测设资料和测量标志，在28天之内将复测结果提交监理工程师。上述测量标志经检查批准后，承包人应自费进行施工测量和补充测量，并经监理工程师批准之后，在工地正确放样。

第二，通过复测，对持有异议的原地面标高，承包人应向监理工程师提交一份列出有误标高和相应的修正标高表。在监理工程师确定正确标高之前，对有争议的标高的原有地面不得扰动。

第三，在合同执行期间，承包人应将施工中所有的标桩，包括转角桩、曲线主点桩、桥涵结构物和隧道的起终点、控制点以及监理工程师认为对放样和检验有用的标桩等，进行加固保护，并对水准点、三角网点等树立易于识别的标志。承包人应对永久性测量标志进行保护，直至工程竣工验收后，完整地移交给监理工程师。

第四，承包人应根据批准的格式向监理工程师提供全部的测量标记资料，所有测量标记应涂上油漆，其颜色要得到监理工程师的同意，易于辨别。所有标桩保护和迁移的费用均由承包人承担，因施工而引起的标桩变动所发生的费用，业主将不予以支付。

第五，承包人应按照上述测量标志资料自费完成全部恢复定线、施工测量设计和施工放样。承包人应对施工测量、设计和施工放样工作的质量负责到底。

第六，各合同段衔接处的测量应在监理工程师的统一协调下由相邻两合同段的承包人共同进行，将测量结果协调统一在允许的误差范围内。

（二）建造临时设施

1.临时房屋设施

包括行政办公用房、宿舍、文化福利用房及作业棚等。临时房屋设施的需要量根据职工与家属的总人数和房屋指标确定。临时房屋修建的一般要求是，布置要紧凑，充分利用非耕地，尽量利用施工现场或附近已有的建筑物。必须修建的临时房屋，应以经济、实用为原则，合理选择形式（如装拆式移动式建筑）以便重复使用。

2.仓库

是为存放施工所需要的各种物资器材而设的。按物资的性质和存放量要求，其形式可以是露天、敞棚、房屋或库房。仓库物资储存量应根据施工条件通过计算确定，一方面应保证工程施工的需要，有足够的储量；另一方面又不宜储存过多，以免增加库房面积，造成积压浪费。其储存量可按下式估算：

$$P = \frac{akt}{t}$$

式中：

P——某物料储存量（℃或 m^3 ）；

a——该工程或施工段该材料总需要量（℃或 m^3 ）；

为了保证物料及时顺利地卸入库内和发放使用，仓库必须设计有足够的卸装长度。在保证安全的条件下，应设在交通方便的地方，并利用天然地形组织装卸工作。对于材料使用量很大的仓库，应尽量靠近使用地点。

3.临时交通便道

工程在正式施工前，必须解决好场内外的交通运输问题。在工地布设临时交通便道时应遵循下列原则：

第一，临时交通道路以最短距离通往主体工程施工场所，并连接主干道路，使内外交通便利。

第二，充分利用原有道路，对不满足使用要求的原有道路，应在充分利用的基础上进行改建，节约投资和施工准备时间。

第三，在本工程的施工与现有的道路、桥涵发生冲突和干扰之处，承包人都要在本工程施工之前完成改道施工或修建临时道路。临时道路应满足现有交通量的要求，路面宽度应不小于现有道路的宽度，且应加铺沥青面层。

第四，利用现有的乡村道路作为临时道路时，应将该乡村道路进行修整、加宽、加固及设置必要的交通标志，并经监理工程师验收合格后方可通行。

第五，工程施工期间，应配备人员对临时道路进行养护，以保证临时道路和结构物的正常通行。

第六，尽量避开洼地和河流，不建或少建临时桥梁。

4. 工地临时用电

施工现场用电，包括生产用电和生活用电。其中，生活用电主要是照明用电；生产用电包括各种生产设施用电、主体工程施工用电、其他临时设施用电。

第三章 路基施工准备

第一节 路基施工方法及施工准备工作

一、施工的重要性

路基是支承路面的土工构筑物。在挖方地段，路基是开挖天然地层形成的路堑；在填方地段，则是用压实的土石填筑而成的路堤。由于路基在使用过程中要承受由路面传递而来的行车荷载作用，并抵御各种环境因素的影响，因此要求路基必须具有足够的强度、良好的水稳定性和耐久性。所谓路基施工，就是以设计文件和施工技术规范为依据，以工程质量为中心，有组织、有计划地将设计图纸转化为工程实体的建筑活动。

路基施工的重要性，突出表现为对工程质量的高标准要求。强度高、稳定性和耐久性良好的路基将成为路面结构的良好支承体系，有利于提高路面整体强度和使用性能，延长路面使用寿命，同时，还可以降低路面工程造价和公路养护维修费用。反之，若路基工程质量低劣，将给路面和路基自身留下许多隐患，路面的使用品质和使用寿命会因此而降低，严重的路基或路面破坏甚至会中断交通，造成重大经济损失。尤其严重的是，路基自身存在的问题将后患无穷，难以根治，这会大大增加公路建成后的养护维修费用。由此可见，必须重视路基施工，切实保证路基工程质量，为提高公路建设的经济效益和社会效益提供切实的保障。

路基施工的重要性还在于工程质量受到多种因素的不利影响。虽然路基施工主要是开挖、运输、填筑、压实等比较简单的工序，但由于路基施工存在着条件变化大、工程数量大、施工难度大、施工方法多样等特点，对于保证路基工程质量有相当的难度。特别是地质不良的特殊路段及隐蔽工程较多的路基，在施工时常会遇到复杂的技术问题和各种突发性事故需要处理，可以说路基施工技术是简单中蕴含着复杂。在与人工构造物的关系方面，路基自身的施工既与排水、防护及加固等工程的施工相互制约，有时又与桥梁、隧道、路面等分项工程的施工相互交叉、相互影响。在其他如气候、交通条件等方面，由于公路施工为野外作业，工程质量受气候条件影响很大，雨季时土质路基往往无法施工；交通运输不便会使物资、设备和施工队伍调遣困难。所有这些因素的影响都必须加以克服，才能保证路基工程质量。

二、施工方法

路基一般为土石方工程。施工方法有人工施工、简易机械施工、机械化施工及爆破等。施工时应根据工程性质、岩土类别、工程量、施工期限、施工条件等选择一种或几种。

人工施工是传统的施工方法，施工时主要是工人用手工工具进行作业。这种方法劳动强度大、工效低、进度慢且工程质量难以得到保证，已不适应现代公路工程施工的要求，只能作为其他施工方法的辅助和补充。

简易机械施工是在人工施工的基础上，对施工过程中劳动强度大和技术要求相对较高的工序用机具或简易机械完成，以便加快工程进度、提高施工效率和工程质量。但这种施工方法工效有限，只能用于工程量较小、工期要求不严的路基或构造物施工，不适宜高速公路和一级公路路基的大规模施工。

机械化施工是通过合理选用施工机械，将各种机械科学地组织为有机的整体，优质、高效地进行路基施工的方法。若选用专业机械按路基施工要求对施工的各工序进行既分工又联合的作业，则为综合机械化施工。实现机械化施工是我国路基施工的发展方向，特别是对于工程量大、技术要求高、工期紧的高速公路和一级公路路基工程，必须采用机械化施工。组织机械化施工时，应使机械合理配套、科学组织，最大限度地发挥各种机械的效能。

爆破法施工是利用炸药爆破的巨大能量炸松土石或将其移到预定位置。这种施工方法主要用于石质路堑的开挖，特殊情况下也用于土质路堑开挖或清除淤泥。在施工时若采用机械钻孔、机械清运，也属于机械化施工之列。

三、施工准备工作

路基施工需要消耗大量的人工、物资、机械和时间等资源，是一项历时时间长、技术要求高的工作。施工准备是工程顺利实施的基础和保证。施工准备工作的好坏，直接影响到工程的进度质量和施工方的经济效益，因此必须高度重视，认真对待。路基施工前，必须根据工程的实际情况做好组织准备、物质准备和技术准备工作，使各项施工活动能正常进行。在施工过程中，所有的施工活动都必须严格按有关施工规范进行，以确保工程质量，最后得到质量优良的路基实体。

1.组织准备

开工前的组织准备工作包括，建立健全施工组织机构和组建劳动组织机构两方面。明确各自的施工任务，制定施工过程中必要的规章制度，确定工程应达到的目标等。组织准备是其他准备工作的开始。

（1）建立施工组织机构，我国与国际施工管理接轨，工程建设已全部按照《FIDIC》合同条件进行施工与建立。因此对一个施工单位来讲，主要是实行项目经理负责制，即项目经理全面负责的目标责任制。

（2）建立劳动组织体系，根据所承担的工程量的大小和工期要求，安排出总进度计划网络图，并进一步估算出全部工程用工工日数、平均日出工人数、施工高峰期日出工人数，以及技术工种、机械操作工作、普通工种等用工比例，选择能够适应其工程质量、工期进度要求的作业队伍，并与施工劳动作业单位签订《劳务合同》，实行合同管理。

考虑到所担负工程的具体情况，结合施工队伍施工特点、技术装备情况、技术熟练程度和施工能力，施工队伍应进行适当的培训，以满足工程施工的要求。

2. 物质准备

路基施工要消耗大量的人工、材料和机具，因此开工前应进行所需材料的购进、采集、加工、调运和储备等工作。同时还要检修或购置施工机械，做好施工人员的生活、后勤保障准备，正所谓"兵马未动，粮草先行"。劳动力、机械设备和材料的准备工作是路基施工组织计划的重要组成部分。

（1）机械设备准备。根据实施性施工组织计划，一次或分批配齐足够的施工机械和工具。机械设备要配套选择，充分发挥机械设备的性能，要保证机械设备的正常操作使用。施工设备的放置，应考虑到施工的要求。

（2）材料准备。路面用自采材料和外运材料，经检验和选择，按需要的规格和数量运到现场。堆放位置应根据实施性组织计划进行合理的设计。具体应做到以下几点：

①编好材料预算，提出材料的需用量计划及加工计划。

②根据施工平面图安排和落实材料的堆放及临时仓库设施。

③组织材料的分批进场。当场地狭小时，要考虑场地的多次周转使用，按时间、地点使用场地。

④组织材料的加工准备，尽可能地集中加工，如对水泥混凝土、沥青混合料的集中配料拌和等。通过对材料的集中加工，可以减少材料消耗，提高材料的利用率，保证材料质量，也可以减轻劳动强度，提高机械化和专业化水平，还可以减少临时设施的规模，节约施工临时用地，有利于实现文明施工。

（3）生活设施准备。工地人员的食宿位置、办公地点、房舍区域和生活必需设备的准备。

（4）安全防护准备。按照施工安全要求，切实做好防火、防爆工作，准备好各种安全防护和劳动防护用品，并要求全体人员严格遵守安全技术操作规程进行施工。安全工作要以预防为主，消除事故隐患。另外，不应把做好安全生产单纯看作技术性的工作，而必须从思想上、组织上、制度上、技术上采取相应的措施，综合治理才能奏效。

3. 技术准备

路基施工前的技术准备包括熟悉设计文件、制定施工组织计划、技术交底等工作。对于高速公路和一级公路或采用新技术、新工艺及新材料的其他等级公路，除做好上述准备工作外，还应在大规模施工前铺筑试验路，为正式施工提供技术指导。

（1）熟悉设计文件，组织技术人员领会设计文件的意图，熟悉设计文件中的各项技术指标，仔细考虑其技术经济的合理性和施工的可行性。对设计文件中有疑问、错误或设计不妥之处，应及时与建设业主、设计单位和工程监理联系，到实地现场调查了解，选择合理的解决方案。对于一些不确定因素如阴雨、交通干扰等，技术人员应心中有数，以便对相应的施工环节作充分的考虑。设计文件主要内容如下表 2-1。

表 2-1 设计文件

设计说明书	工程概要：		
	设计概要	平面设计：平面位置、曲线半径、超高、加宽、视距、路口	
		纵断面设计：控制标高、最大纵坡、最小纵坡、竖曲线半径	
		横断面设计：红线及车道宽度与分配、分隔带、路拱及横坡、挡墙	
		路面结构设计：土基干湿类型、变形及回弹模量、路面结构及厚度	
		排水系统设计：排水方式、断面尺寸、排水出口	
		交通工程设计：交通安全、管理及服务设施	
		立交及道路照明设计：设置理由、规模及形式	
		环境保护设计：公路对环境的影响及采取的措施	
工程数量表	路面工程：各结构层（面层与底层）的工程数量		
	路基工程：填挖及特殊路基数量、排水、防护及桥涵工程数量		
	土石方工程：主要列出不同运距土石方填挖数量级调配		
	交通工程：交通工程设施工程数量		
	杂项工程：便道、伐树、征地、拆迁、加固等工程数量		
公路分项分步施工图	定线关系测量成果图或道路路线示意图 道路平面设计图及征地地亩图		
	道路纵断面设计图 标准横断面设计图及路面结构设计图		
	交叉口设计图		
	附属结构物设计图：挡土墙、桥涵、护坡、护面设计图		
	其他附属工程设计图：排水沟等交通工程设计图		

（2）制定施工组织计划。制订路基施工的实施性施工组织计划，是路基施工前非常重要的技术准备工作。施工单位应根据设计文件、工程实际条件、工程量、施工难易程度以及设备、人员、材料供应情况和工期要求等认真编制。所编制的施工组织计划应针对工程实际，科学合理、易于操作，有利于保证工程质量和工程进度，做到"运筹"，使路基施工能连续、均衡地进行。在编制工程中，施工单位应对设计文件和设计交底全面熟悉、认真研究，组织有关人员进行现场核对和施工调查；若有必要，应按有关程序提出修改设计

意见并报请变更设计。根据设计文件中的施工组织设计和建设业主在承包合同中的具体要求，结合工程项目特点、具体施工条件及工程承包单位的情况，编制具体、可行的实施性组织计划，并报工程监理和建设业主批准。

（3）技术交底工程开工前，为了使参与施工的人员及工人了解所承担的工程任务的技术特点、施工方法、施工程序、质量标准、安全措施等，必须实施技术交底制度，认真做好交底工作。

技术交底不仅要针对技术干部，而且要把它交给所有从事施工的操作工人，从而提高他们自觉研究技术问题的积极性和主动性，为更好地完成施工任务和提高技术水平创造条件。

技术交底按技术责任制分工、分级进行。施工单位的技术总负责人，应将公路施工质量标准、施工方法、施工程序、进度要求、安全措施，各分部工程施工组织的分工和配合，主要施工机具的安排和调配等，连同整个工程的施工计划，向所属工程队长及全体技术人员进行交底。工程队技术负责人应将本队承担的工程项目，向所属班组长及全体技术人员进行交底。班组技术负责人应将本班组承担工程项目的施工方法、劳动组合、机具配备等，对全组工人进行交底。班组技术交底是技术交底制度的最重要环节，班组工人应在接受交底后进行讨论，目的是使参加施工实际操作的所有人员，充分了解自己施工中应掌握的正确方法和应尽的具体责任，并对改进施工劳动组织和操作方法，以及提高工程质量和保证施工安全等方面提出合理化建议。因为工人是对施工操作最熟悉、经验最丰富的实践者，他们的意见和建议往往能切中要害，能提出和解决工程师考虑不到的问题，对完善施工计划能起到良好的促进作用。

分级交底时，都应做好记录，将其作为检查施工技术执行情况和检查技术责任制的一项依据。

上述各项交底一般用口头方式进行，辅以图表，必要时可做示范操作或建立质量样板，以使上岗人员充分掌握要领。

第二节　路基施工放样及场地准备

一、施工测量

1. 导线的复测与固定

公路的中线及其沿线构造物的位置是由导线控制的，施工单位必须对设计单位提供的导线点坐标及其现场桩撅进行认真复测核对；若设计单位设置的导线点过稀而不便使用，或导线点落在施工操作范围之内而可能遭到损坏时，应对导线点进行加密或移位。

导线测量是平面控制测量，要有较高的精度。公路是带状建筑物，导线多从某个高级控制点（如国家平面控制点）出发，沿着公路旁侧布设，最后附合到另一个高级控制点上去。如图 2-1 所示，A、B、C、D 为高级控制点，D、小、Q…为导线点。这种形式的导线称为附合导线。加密的导线可从某个高级控制点或导线点支出，如图 2-1 所示的。

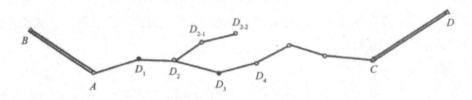

图 2-1　附合导线和支导线

导线点的位置应选在地势较高、视野开阔、方便安置仪器的地方，以利于以后恢复中线及构造物放样之用；相邻两导线点必须通视，才能量角、测距；导线点间距视地形地物情况和工程需要而定，一般以不超过 1km 为宜，且相邻边长应尽量不要相差悬殊。

2. 中线的复测与固定

路基开工前需要进行详细的中线测量工作，就是通过测设直线或曲线，将公路中心线的平面位置准确、具体地标定在地面上。中线测量的传统手段是用经纬仪定向，钢尺量距。

（1）将标定路线平面位置的各点在地面上重新钉出，在平曲线特征点、地面突变点、土石方成分变化点等处增钉加桩。

（2）如发现丈量错误或需要局部改线，应做断链处理，注明前后里程关系及长（或短）链距离。

（3）对高等级公路，应采用坐标法恢复主要控制桩。

（4）桩点丢失时，要及时补上。

①交点桩丢失时，可由前后的 ZC、CZ 点定出切线并延长切线，标出丢失的交点桩，并钉桩固定。

②转点桩丢失时，可用正倒镜延长直线，重新补设。

③曲线特征点桩丢失时，可对曲线重新测设补桩。

3. 固定控制点

路线的主要控制点，如交点、转点、曲线的起讫点，以及起控制作用的百米桩和加桩，应视当地的地形条件和地物情况，采取有效的方法加以固定。

4. 定桩

位于路基范围内的桩因施工无法保留时，应另用桩移钉于路基范围之外。

（1）直线段上的点，其移钉方向为垂直于路中线。

（2）曲线上的点，其移钉方向为垂直于该点的切线方向。

（3）当受地形条件限制时也可用其他方法将主要控制点移钉于路基范围之外，但在移钉的桩上及记录簿中均应注明桩号及移钉距离。

5. 加钉护桩

一般所需要固定的控制点桩为交叉点，沿两个大致互相垂直的方向，在每条方向线上，将桩点移到路基施工范围以外。可在相距一定距离处，钉上两个带钉木桩，桩上标出相应的桩号和量出的距离，同时绘草图，并记入记录簿内，以备查用。

恢复中线时应注意与独立施工的桥梁、隧道及相邻施工段的中线闭合，发现问题及时查明原因，并报监理工程师。

6. 路线高程复测与水准点的增设

中线恢复后，对沿线的水准点做复核性水准测量，以复核水准点一览表中各点的水准基点高程和中桩的地面高程。当相邻水准点相距太远时，为便于施工期间引用，可加设一些临时水准点。在如桥涵、挡土墙等较大构造物附近，以及高路堤、深路堑等集中土石方地段附近，应加设水准点。临时水准点的标高必须符合精度要求。

7. 横断面的检查与补测

中线横断面应详细检查与核对，发现疑问与错误时，必须进行复测。在恢复中线时新设的桩点，应进行横断面的补测。此外，应检查路基边坡设计是否恰当；与有关构造物如涵洞、挡土墙的设计是否配合相称；取土坑、弃土堆的位置是否合适。应当注意，凡是在恢复路线时发现原设计中的一切不正确之处，都应在图纸上明确地记录下来，并与复测的结果一起呈报监理工程师复核或审批。

8. 竣工测量

竣工后测量工程师安排监理测量组进行下列工作：

（1）检查承包人全线（已竣工路段）恢复定线和路线竣工验收测量工作，审批竣工测量报告，视情况组织部分路段复测。

（2）检查承包人全线（已竣工）桥涵及其他设施竣工验收的测量资料，按总监或驻地监理要求组织复核测量，审核批准测量报告。

（3）核实因变更设计引起工程数量变动所需的测量内容。

（4）检查、督办总监，高级驻地和现场监理人员要求的其他测量工作。

二、路基放样

1. 路基边桩的放样

路基边桩的放样就是将每一个横断面的路基两侧的边坡线与地面的交点，用木桩标定在实地上作为路基施工的依据。常用的有以下几种方法：

图解法：即直接在路基横断面图上按比例量取中桩至边桩的距离。然后到实地用皮尺测定其位置。在填挖方不大时常用此法。

解析法：即通过计算求出路基中桩至边桩的距离，分在平坦地面和在倾斜地面两种。

2.路基边坡的放样

测设出边桩后，为了保证填、挖边坡达到设计要求，还应把设计边坡在实地标定出来，以便于施工。

3.施工前的复查与试验

路基施工前，施工技术人员应对路基施工范围内的地质、地形、水文情况进行详细调查。根据设计文件提供的资料，除对取自挖方、借土场、料场的路堤填料进行复查和取样试验外，还应进行环境保护分析并提出报告，经批准后方可使用。

4.场地准备

施工场地的准备，一般由建设单位（业主）来提供，施工单位进行场地准备，或根据合同文件情况由建设单位配合施工单位来准备。路基施工前应先办好有关土地的征用、占用手续，依法使用土地。路基范围内的既有建筑物、道路、沟渠、通信及电力设施等，施工单位应协同有关部门先拆除或迁建。对路基附近的危险建筑物应进行适当加固，对文物古迹应妥善保护。

（1）用地划界及拆迁建筑物施工前，根据实际情况确定用地范围，进行公路用地测量，并绘制用地平面图及用地划界表，送交有关单位办理拆迁及占用土地手续。施工前对路基范围内的所有地物均应妥善处理。路基施工范围内的所有建筑物、设施等，均应会同有关部门事先拆迁或改造。因路基施工，影响沿线附近建筑物的稳定时，应予以适当加固。

（2）砍伐树木在路基施工范围内。对妨碍视线、影响行车的树木、灌木丛，均应在施工前进行砍伐或移植清理。砍伐后的树木，应堆放在不妨碍施工和不影响农业生产的地方。

高速公路、一级公路及填土高度小的其他公路，应将路基范围内的树根全部挖除；填土高度在1m以上的其他公路，允许保留树根；采用机械施工的路堑及取土坑等，均应将树根全部挖除。

（3）场地排水。场地排水是指疏干、排除场地上所积地面水，保持场地干燥，为施工提供正常条件。通常是根据现场情况，设置纵横排水沟，形成排水系统，将水引入附近河渠、低洼处排除。为节省工程量，避免返工浪费，所开挖的排水沟应按所设计的路基排水系统布置。

在受地面积水或地下水影响的土质不良的地段施工时，为了保证工程质量，减少土方挖掘、运送和夯实的困难，施工前也应切实做好场地排水工作并安全有效。

第三节 试验路段铺筑

1.试验路段的目的

高速公路和一级公路、特殊地区公路或采用新技术、新工艺、新材料的路基，在正式施工前，应采用不同的施工方案和施工方法，铺筑试验路并进行相关试验分析，从中选出最佳施工方案和施工方法，以指导大面积路基施工。所铺筑的试验路应具有代表性，试验路长度不小于100m，施工机械和工艺过程要与以后全面施工时相同。根据调查编写试验路段的开工报告报批（附拟定的施工组织设计方案、施工工艺等）。

2.试验路段施工的内容

通过试验路铺筑可确定不同压实各种填料的最佳含水率、适宜的松铺厚度、相应的碾压遍数、最佳机械配置和施工组织方法等。通过填料试验，检验路堤填筑材料是否符合要求，并完成检测报告等。通过压实试验，确定压实工艺主要参数，包括机械组合、压实机械规格、松铺厚度、碾压遍数、碾压速度、最佳含水量及碾压时含水量允许偏差等。通过试验段填筑，确定过程质量控制方法和指标、质量评价指标和标准以及优化后的施工组织方案和工艺，并对试验作好原始记录和过程记录，对施工设计图提出修改建议等。根据试验路段施工所得到的成果进行具体的编制试验路段的总结报告报批（附路基施工组织设计方案、施工工艺等）。

试验路段总报告审批后再进行全线路基单位工程的开工报告报批，接着编制路基分部工程、分项工程的开工报告报批。

第四节　安全文明施工及环保措施

一、工程项目的安全与环境管理

基本建设是现代化大生产的一项工程，从计划建设到建成投产，要经过许多阶段和环节，有其客观规律性。基本建设工程一般可划分为：建设项目、单项工程、单位工程、分部工程、分项工程五级。

1.工程项目施工的安全管理

加强现场管理，做好工程的保卫、防盗工作，搞好永久工程和临时工程安全，防止发生安全事故。在每一个工程项目中，制订安全生产的组织措施，并制订严密的安全生产规程，留有足够的安全生产费用，购置安全生产的设备和器件，保证施工生产现场的紧急事故处理的开支。

2.安全生产教育和预防措施

加强安全生产教育和预防措施，为施工人员办理保险，并制订以下预防措施，以保证员工的安全健康。

（1）对于施工现场及其周围的高压电线、变压器等有醒目的安全标志，对开挖地段又处于交通要道处，派专人看守，或有明显的标志，防止过往行人或车辆不注意发生事故。

（2）对于基础工程或土方挖施工，要注意预防塌方发生，及时采取防护措施。

（3）结构工程施工中，高空或河上作业，应绑好安全网，带好安全帽，系好安全带，防止落人落物；对架板等设计，注意起吊的安全与平稳。

（4）对材料和设备储存的库房或堆放点、施工人员生活区，要特别注意防火安全，配备足够数量的消灭器具、消防水管和消防栓等，以备急需。

（5）项目经理亲自抓安全生产和安全教育，定期召开安全生产会议，检查安全生产规章执行落实情况，建立安全生产奖罚制度，促使人人重视安全，安全生产有奖，使安全生产教育落到实处，得到好的成绩。

3. 工程中的环境保护管理

加强工程中的环境保护管理，促使安全生产，随时清除施工场地不必要的障碍物。设备、材料及各类存储物品安全堆放，紧紧有条，既能保持施工现场环境的清洁整齐，又对安全生产有利。

自觉遵守有关机构对卫生及劳动保护的要求，及时清理工地上的废物、垃圾、水泥袋、废弃的模板等，在全部工程竣工移交之前，将任何场地或地表面恢复原状。减少由于不合格环境规定而导致的罚款和经济损失，创造良好的文明施工环境。

二、保证安全的主要措施

为杜绝重大事故和人身伤亡事故的发生，把一般事故降低到最低限度，确保施工的顺利进展，特制订安全措施如下：

（1）建立安全保证体系，项目部和各施工队设专职安全员，专职安全员属质检科，在项目经理和副经理的领导下，履行保证安全的一切工作。

（2）利用各种宣传工具，采用多种教育形式，使职工树立安全统一的思想，不断强化安全意识，建立安全保证体系，使安全管理制度化、教育经常化。

（3）各级领导在下达生产任务时，必须同时下达安全技术措施检查工作，必须总结安全生产情况，提出安全生产要求，把安全生产贯彻到施工的全过程中去。

（4）认真执行定期安全教育、安全讲话、安全检查制度，设立安全监督岗，积极发挥群众安全人员的作用，对发现事故隐患和危及工程人身安全的事项，要及时处理，作出记录，及时改正，落实到人。

（5）施工中临时结构必须向员工进行安全技术交底。对临时结构需进行安全设计和技术鉴定，合格后方可使用。

（6）石方开挖，必须严格按施工规范进行，炸药、运输、保管都必须严格遵守国家和地方政府制订的安全法规。爆破施工要严密组织，严格控制药量，确定爆破危险区，采用有效措施，防止人、畜、建筑物和其他公共设施受到危害或损坏，确保安全施工。

（7）架板、起重、高空作业的技术工人，上岗前要进行身体检查和技术考核，合格后方可操作。高空作业必须按安全规范设置安全网，拴好安全绳，戴好安全帽，并按规定配戴防护用品。

（8）工地修建的临时房、架设照明线路、库房，都必须符合防火、防电、防爆炸的要求，配置足够的消防设施及安全避雷设备。

三、安全管理制度

1. 安全管理

（1）建立健全各级各部门的安全生产责任制，责任落实到人。各项经济承包有明确的安全指标和包括奖惩办法在内的保证措施，有劳务使用和机械租用安全生产协议书。

（2）应掌握本工种操作技能，熟悉本工种安全技术操作规程。

（3）施工组织设计应有针对性的安全技术措施，经技术负责人审查批准。

（4）进行全面的针对性的安全技术交底，受交底者履行签字手续。

（5）建立定期安全检查制度。有时间、有要求，明确重点部位、危险岗位。安全检查有记录。对查出的隐患应及时整改，做到定人、定时间、定措施。

（6）班组在班前须进行上岗交底、上岗检查、上岗记录的"三上岗"和每周一次的"一讲评"安全活动。对班组的安全活动，要有考核措施。

（7）遵章守纪、佩戴标记。

2. 施工用电

2.1 支线架设

（1）配电箱的电缆线应有套管，电线进出不混乱，不容许电箱上进线加滴水弯。

（2）支线绝缘好，无老化、破损和漏电。

（3）支线应沿墙或电杆架空敷设，并用绝缘子固定。

（4）过道电线可采用硬质护套管理并作标记。

（5）室外支线应用橡皮线架空，接头不受拉力并符合绝缘要求。

2.2 现场照明

（1）一般现场采用 220V 电压。危险、潮湿场所和手持照明灯具应采用符合要求的安全电压。

（2）照明导线应有绝缘子固定。严禁使用花线或塑料胶质线。导线不得随地拖拉或绑在脚手架上。

（3）照明灯具的金属外壳必须接地或接零。单相回路内的照明开关箱必须装设漏电保护器。

（4）室外照明灯具距地面不得低于 3m；室内距地面不得低于 2.4m。

2.3 架空线

（1）架空线必须设在专用电杆上，严禁架设在树或脚手架上。

（2）架空线应装设横担和绝缘子，其规格、线间距离、档距等应符合架空线路要求，其电板线离地 2.5m 以上应加绝缘子。

（3）架空线一般应离地 4m 以上，机动车道为 6m 以上。

2.4 大梁吊装施工

（1）三保险（吊钩、绳筒、断绳）、五限位（吊钩高度、变幅、前后行走、起重刀矩、驾驶室升降）必须齐全、灵敏、可靠。

（2）操作人员、指挥人员必须持有效证件上岗。

（3）严格按超重机使用说明安装、调试。

（4）验算大梁实际重量和吊车最不利情况的最小荷载。

（5）吊装之前必须经过荷重试吊合格后，方可正式使用，并按统一手势信号，在统一指挥下进行作业。

（6）大梁达到设计吊装强度后才能予以吊装，并且按照设计吊点安装吊钩。

（7）大梁安装就位之后，立即进行有效的支撑和连接。

2.5 各类路基土方施工机械安全措施

（1）项目部机务科对工地所有机械统一定期进行安全检查，发现问题及时解决，消除不安全的因素。

（2）各种机械设备均要制订安全技术操作规程，并认真检查落实情况。

（3）机动车严禁无证驾驶：非机动机械需持操作证操作机械。

（4）定期检查机械设备的安全保护装置和安全批示装置，以确保以上两种装置的齐全、灵敏、可靠。

（5）机械操作人员必须听从施工人员的正确指挥，精心操作。但对施工人员违反操作规程和可能引起危险事故的指挥，操作人员有权拒绝执行，并及时向工地负责人反映。

2.6 安全管理网络

安全管理网络由项目经理牵头负责，由项目副经理、总工程师、主任经济师三条线分管共抓。项目副经理分管安全工程师和材料、机务部，具体进行安全措施的制订落实；总工程师分管工程部、质检部，从技术方案角度来落实安全生产措施；主任经济师分管财务部，主要考虑安全生产措施的预结算和资金。项目经理通过安全工程还要建立专职安全员和分包安全员责任制度，并由他们抓好班组长和兼职安全员，将安全生产落实到人，保证项目的顺利实施。

第四章　土质路基施工

第一节　路基施工方法

1.人工及简易机械化方法

人力施工是传统方法，使用手工工具、劳动强度大、功效低、进度慢、工程质量亦难以保证，但限于具体条件，短期内还必然存在并适用于地方道路和某些辅助性工作；简易机械施工是在人工施工的基础上，对施工过程中劳动强度大和技术要求相对较高的工序用机具或简易机械完成，以便加快工程进度、提高施工效率和工程质量。但这种施工方法工效有限，只能用于工程量小、工期要求不严的路基或构造物施工，特别不适宜高速公路和一级公路路基的大规模施工。

2.综合机械化方法

为了加快施工进度，提高劳动生产率，实现高标准高质量施工，对于劳动强度大和技术要求高的工序，应配以数量充足、配套齐全的施工机械。机械化和综合机械化施工是保证高等级公路施工质量和施工进度的重要条件，对于路基土石方工程来说，更具有迫切性。在施工过程中，涉及运输、填筑、摊平、压实等工序，这些都需机械设备作业，任何一环节出现问题，都将影响到施工作业的整体。实现机械化施工是我国路基施工的发展方向。因此，综合机械化方法成为实现路基施工现代化的重要途径。

3.水力机械化方法

水力机械化方法是机械化方法的一种。通过利用水泵、水枪等水力机械，喷射强力水流，冲散土层并流运至指定地点沉积。这种方法需要充足的电能和水源，可挖掘比较松散的土质及地下钻孔，对于砂砾填筑路堤或基坑回填，可起到密实作用（称为水夯法）。

4.爆破方法

对于石质路基开挖可采用爆破方法施工。另外，爆破方法还可用于冻土、泥沼等特殊路基施工，以及清除路面、开石取料与石料加工等作业。

选择施工方法，应根据工程性质、工程数量、施工期限以及可能获得的人力和机械设备等条件来考虑。在我国，目前已拥有大量的筑路机械，特别是近年来根据高等级公路发展的需要，各地都先后从国外引进了成套的现代化筑路设备，在一批高等级公路的施工中，基本实现了机械化或是半机械化施工作业。因此，必须十分注意提高机械施工技术与管理水平，充分发挥机械设备的作用，提高劳动生产率，使我国公路建设事业早日全面实现施工现代化。

第二节　土质路堤填筑

一、填料选择

路堤通常是利用沿线就近土石作为填筑材料。选择填料时应尽可能优先选择当地强度高、稳定性好并利于施工的土石作路堤填料。一般情况下，碎石、卵石、砾石、粗砂等具有良好的透水性，且强度高、稳定性好，因此可优先采用；亚砂土、亚黏土等经压实后也具有足够的强度，故也可采用；重黏土、黏性土、捣碎后的植物土等由于透水性差，作路堤填料时应慎重采用；粉性土水稳性差，不宜作路堤填料；泥炭、淤泥、沼泽土、冻结土、含残余树根和易于腐烂物质的土不宜用作填筑路堤；含盐量超过规定的强盐渍土和过盐渍土不能用作高等级公路路基填料；膨胀土除非表层用非膨胀土封闭，一般也不宜用作高等级公路路基填料。液限大于 50%、塑性指数大于 26、含水量不适宜直接压实的细粒土，不得直接作为路基填料，需要使用时，必须采取措施进行处理土质。路基取土与填筑必须有条不紊，有计划有步骤地进行操作，这不仅是文明施工的需要，而且是选土和合理利用填土的保证。不同性质的路基用土，除按规定予以废弃和适当处治外，一般不允许任意混填。经野外取土试验，符合表 4-1 的规定时才能使用，二级和二级以下的公路做高级路面时，应符合高速公路及一级公路的规定。表中所列强度按《公路土工试验规程》规定方法确定。

表 4-1　路基填方材料最小强度和最大粒径表

项目分类（路面底面以下深度）		填料最小强度（CBR）（%）		粒料最大粒径（cm）
高速公路及一级公路		二级及二级以下 公路		
路	上路床（0~30cm）	8.0	6.0	10
	下路床（30~80cm）	5.0	4.0	10
	上路堤（80~150cm）	4.0	3.0	15
堤	下路堤（>150cm）	3.0	2.0	15
零填及路堑路床（0~30cm）		8.0	6.0	10

一般的土和石都可以用作路堤的填料。用卵石、碎石、砾石、粗砂等透水性良好的填料，只要分层填筑、分层压实，可不控制含水量；用黏性土等透水性不良的填料，应在接近最佳的含水量情况下分层填筑与压实。

　　工业废碴是较好的填料。高炉矿碴或钢碴至少应放置一年以上，必要时应予破碎。粉煤灰属于轻质筑路材料，当路堤修筑在软弱地基或滑坡体上时，采用轻质填料有利于路堤的稳定。有些矿碴使用前应检验有害物质含量，以免污染环境。

　　应当指出，有多种料源可供选择时，应优先选用那些挖取方便、压实容易、强度高、水稳性好的土料。路堤受水浸淹部分，应尽量选用水稳性好的填料。

二、基底处理

　　为使填筑在天然地面上的路堤与原地面紧密结合，以保证填筑后的路堤不致于产生沿基底的滑动和过大变形，填筑路堤前，应根据基底的土质、水文、坡度、植被和填土高度采取一定措施对基底进行处理。

三、填筑方式及机械配置

　　（1）分层平铺

　　分层平铺是一种将不同性质的土有规则地分层填筑和压实的填筑方法，该法易于达到规定的压实度，易于保证质量，是填筑路堤的基本方法。分层平铺又分为水平分层填筑法和纵向分层填筑法。水平分层填筑法填筑时按照横断面全宽分成水平层次，逐层向上填筑。如原地面不平，应由最低处分层填起，每填一层，经压实合格后再填上一层。此法施工操作方便、安全、压实质量容易保证。纵向分层填筑法适用于推土机或铲运机从路堑取土填筑运距较短的路堤，依纵坡方向分层、逐层推土填筑。原地面纵坡小于 20° 的地段可用此法施工。

　　分层平铺应遵守以下规定：

　　①用不同性质土填筑路堤时，应分层填筑，层数应尽量减少，每种填料总厚不小于0.5m，不得混杂乱填，在纵向使用不同土质填筑相邻路堤。为防止发生不均匀变形应将交接处做成斜面，将透水性差的土填在斜面下部；

　　②用透水性较小的土填路堤下层时，应做成 4% 的双向横坡；如用以填筑上层时，不应覆盖在透水性较大的土所填筑的下层边坡上；

　　③凡不因潮湿及冻融而变更其体积的优良土应填在上层，强度较小的土应填在下层；

　　④河滩路堤填土应在整个宽度上连同护道在内一并分层填筑，受水浸淹部分的填料，选用水稳定性好的土料；

　　⑤桥涵、挡土墙及其他构造物的回填土，以采用砂砾或砂性土为宜，并应适时分层回填压实。

　　（2）竖向填筑

　　竖向填筑指沿道路中心线方向逐步向前深填。路线跨越深谷或池塘时，地面高差大，填土面积小，难以水平分层卸土，以及陡坡地段上半填半挖路基，局部路段横坡较陡或难以分层填筑等情况，可采用竖向填筑方式。竖向填筑的质量在于密实程度，为此宜采用必要的技术措施。如选用振动式或锤式夯击机，选用沉陷量较小及粒径较均匀的砂石填料；路堤全宽一次成型；暂不修建较高级的路面，容许短期内自然沉落。

（3）混合填筑

混合填筑指路堤下层采用竖向填筑法而上层采用水平分层填筑法，因而其上部经分层碾压容易达到足够的压实度，必要时可考虑参照地基加固的注入、扩孔或强夯等措施，以保证填土具有足够的密实度。

土质路堤填筑所使用的机械设备有平土机、推土机、铲运机等机具。

2. 桥涵等构造物处的填筑

桥台台背、涵洞两侧及涵顶、挡土墙墙背的填筑在这些构造物基本完成后进行。由于场地狭窄，又要保证不损坏构造物，填筑压实比较困难，而且容易积水。如果填筑不良，完工后填土与构造物连接部分出现沉降差，就会发生跳车，影响行车的速度、舒适与安全，甚至影响构造物的稳定；养护期间要经常修补路面，也会导致堵塞交通。所以要注意选好填料和认真施工。

（1）填料

在下列范围内一般应选用渗水性土填筑：台背顺路线方向，上部距翼墙尾端不少于台高加 2m，下部距基础内缘不少于 2m；拱桥台背不少于台高的 3 ~ 4 倍；涵洞两侧不少于孔径的 2 倍；挡土墙墙背回填部分。如果台背采用渗水土有困难时，在冰冻地区自路堤顶面起 2.5m 以下，非冰冻地区高水位以下，可用与路堤相同的填料填筑。特别要注意，不要将构造物基础挖出来的劣质土混入填料中。

（2）填筑

桥台背后填土应与锥坡填土同时进行，涵洞、管道缺口填土，应在两侧对称均匀回填；涵顶填土的松铺厚度小于 50cm 时，不得通过重型车辆或施工机械；靠近构造物 100cm 范围内不得有大型机械行驶或作业。

（3）排水

桥涵等结构物处填土，在施工中要竭力防止雨水流入；对已有积水应挖沟或用水泵将其排除。对于地下渗水，可设盲沟引出。当不得不用非渗水土填筑时，应在其上设置横向盲沟或用黏土等不透水材料封顶。挡土墙墙背应做好反滤层，使水能顺利地从泄水孔流出去。

（4）压实

应在接近最佳含水量状态下分层填筑，分层压实。每层松铺厚度不宜超过 20cm，密实度应达到设计要求。如设计无专门规定，则按路基压实度标准执行。用非渗水土填筑时，必须加强压实措施，或对填土性能进行改善处理（如掺生石灰），以提高强度和减少雨水的渗入。

为了保证填土压实质量，在比较宽阔部位应该尽量使用大型压实机械，只是在临近构造物边缘及涵顶 50 cm 内，才采用小型夯压机械，分薄层认真夯压密实。夯压遍数应通过试验确定，以达到压实度要求为准。

四、填土压实与质量控制

在公路路基修筑过程中，常常会遇到天然土层强度较低，经汽车荷载作用则产生较大沉陷而影响工程质量的现象。尤其是取土填筑路基时，由于原有结构状态被施工挖运破坏，致使其结构松散、强度降低、水稳性差。土在压实过程中，因土粒受到瞬时荷重或振动力的作用，使土粒调整位置重新组合，彼此挤紧，较小颗粒被挤入较大颗粒间的空隙中。颗粒位置转移稳定，空隙缩小，土的单位重量提高，形成密实整体，从而致使强度增加，稳定性提高。为了使路基具有足够的强度与稳定性，必须予以压实，以提高其密实程度。所以路基的压实工作是路基施工过程中一个重要工序，亦是提高路基强度与稳定性的根本技术措施之一。大量试验和工程实践还证明：土基压实后，路基的塑性变性、渗透系数、毛细水作用及隔温性能等，均有明显改善。因此，压实是改善土工程性质的一种经济合理的措施。

1. 影响压实效果的主要因素

根据试验研究可知，土的压实过程和结果受到多种因素的影响。对具有塑性的细粒土，影响压实效果的因素有内因和外因两方面：内因主要是土质和含水量，外因主要是压实功能、压实机具和压实方法等。掌握这些因素的规律，对深入了解土的压实原理和指导压实工作，都有重要的意义。

（1）含水量对压实效果的影响

土中含水量对压实效果的影响比较显著。当含水量较小时，由于粒间引力（可能还包括了毛细管压力）使土保持着比较疏松的状态或凝聚结构，土中孔隙大都互相连通，水少而气多，在一定的外部压实功能作用下，虽然土孔隙中气体易被排出，密度可以增大，但由于水膜润滑作用不明显以及外部功能也不足以克服粒间引力，土粒相对移动不容易，因其压实效果比较差；含水量逐渐增大时，水膜变厚，引力缩小，水膜又起着润滑作用，外部压实功能比较容易使土粒移动，压实效果渐佳；土中含水量过大时，孔隙中出现了自由水，压实功能不可能使气体排出，压实功能的一部分被自由水所抵消，减小了有效压力，压实效果反而降低。

然而，含水量较小时，土粒间引力较大，虽然干容重（干密度）较小，但其强度可能比最佳含水量时还要高。可是此时因密实度较低、孔隙多，一经饱水，其强度会急剧下降。因此这又得出一个结论：在最佳含水量情况下压实的土水稳性最好。

最佳含水量和最大干容重是两个十分重要的指标，对路基设计与施工很有用处。试验表明，一般塑性土的最佳含水量（按轻型击实标准）大致相当于该种土液限含水量的 0.58 ~ 0.62 倍，平均约 0.6 倍。

（2）土质对压实效果的影响

不同的土质，其压实效果不同。不同的土质具有不同的最佳含水量及最大干密度。分散性（液限、黏性）较高的土，其最佳含水量较高而最大干密度较低。这是由于土粒愈细，比面积愈大，土粒表面的水膜愈多，加之黏土中含有亲水性较高的胶体物质所致。对砂土，由于其颗粒粗并且呈松散状，水分易于散失，故最佳含水量对其没有更多的实际意义。

（3）压实功能对压实效果的影响

压实功能是指压实机具重量、辗压次数、作用时间等。压实功能是影响压实效果的又一重要因素。

通常对同一种土，随着压实功能的增大，最佳含水量会随之减小而最大干密度随之增加。当含水量一定时，压实功能越大则密实度越高。因此，增大压实功能是提高土基密实度的又一种方法。但压实功能增大到一定程度后，土的密度增长就不明显了，这表明，对于某一种土来说，如果超过某一限度，再采用增加压实功能的办法来提高土的密实度就不经济了。因此最经济的办法是严格控制工地现场含水量，使辗压在接近最佳含水量时进行，这样便能容易地达到规定的压实度。

（4）压实机具和压实方法对压实效果的影响

不同的压实机具，其压力作用深度不同，因而压实效果也不同。通常夯击式作用深度最大，振动式次之，静力辗压式最浅。根据这一特性即可确定各种机具的最佳压实厚度。然而，一种机具的作用深度，在压实过程中并不是固定不变的。例如光面碾，开始辗压时，因土体松软，压力传递较深，但随着辗压次数的增加，土的强度相应提高，其作用深度就逐渐减小。

不同压实厚度其压实效果也不同。通常情况下，夯击不宜超过20cm，8～12℃光面碾不宜超过20～30cm。

压实作用时间愈长，土密实度愈高，但随时间进一步加长，其密实度的增长幅度会逐渐减小。故压实时，要求压实机具以较低速度行驶，以便达到预期的压实效果。

2.路基压实标准

通常采用干密度表征土的密实程度。在路基施工中，用压实度表征土基密实程度的指标。

不同道路等级及路床不同深度，其压实度要求不同。道路等级愈高压实度要求也愈高，路基上部压实度比路基下部高。路基压实过程中只有达到规定的压实度，才能保证路基的强度和稳定性。

压实度是以室内标准击实试验所得最大干密度为标准的。同一压实度时如采用不同击实标准，其实际密实度是大不一样的。目前标准击实试验有轻型击实试验和重型击实试验两种。已经证明，对同一土体，重型击实比轻型击实可获得更高的最大干密度和相对较低的最佳含水量。随着高等级公路的发展，对公路路基质量的要求越来越高，因此，对高等级公路和城市重要干道，采用重型击实标准来控制压实度，对于确保路基路面质量，提高道路使用品质具有非常重要的意义。

3. 压实方法及机械

压实土层的密实度随深度递减，表面 5cm 的密实度最高。填土分层的压实厚度和压实遍数与压实机械类型、土的种类和压实度要求有关，应通过试验路来确定。同样质量的振动压路机要比光轮静碾压路机的压实有效深度大 1.5-2.5 倍。如果压实遍数超过 10 遍仍达不到压实度要求，则继续增加遍数的效果很小，不如减小压实层厚。

碾压时，横向接头的轮迹应有一部分重叠，对振动压路机一般重叠 40 ~ 50cm，对三轮压路机一般重叠 1/2 后轮宽；前后相邻两区段亦宜纵向重叠 1 ~ 1.5m。应做到无漏压、无死角和确保碾压均匀。

压路机行驶速度过慢则影响生产率，行驶过快则对土的接触时间过短，压实效果较差。一般光轮静碾压路机的最佳速度为 2 ~ 5km/h，振动压路机为 3 ~ 6km/h。所以各种压路机械的最大速度不宜超过 4km/h。对压实度要求高，以及铺土层较厚时，行驶速度更要慢些。碾压开始宜用慢速，随着土层的逐步密实，速度逐步提高。压实时的单位压力不应超过土的强度极限，否则土体将会遭到破坏。开始时土体较疏松，强度低，故宜先轻压，随着土体密度的增加，再逐步提高压强。所以，推运摊铺土料时，应力求机械车辆均匀分布行驶在整个路堤宽度内，以便填土得到均匀预压。否则要采用轻型光轮压路机（6 ~ 8℃）进行预压。正式碾压时，若为振动压路机，第一遍应静压，然后由弱振至强振。

碾压时，在直线路段和大半径曲线路段，应先压边缘，后压中间；小半径曲线地段因有较大的超高，碾压顺序宜先低（内侧）后高（外侧）。路堤边缘往往压实不到，仍处于松散状态，雨后容易滑坍，故两侧可采取多填宽度 40 ~ 50cm，压实工作完成后再按设计宽度和坡度予以刷齐整平。也可以采用卷扬机牵引的小型振动压路机从坡脚向上碾压，或采用人工拍实。坡度不陡于 1 : 1.75 时，可用履带式推土机从下向上压实。

不同的填料和场地条件要选择不同的压实机械。常用的压实设备有光面碾、羊足碾、轮胎碾、振动碾、夯实机等，技术性能可查阅相对应的机械设备。

4. 压实质量控制与检查

土的压实应在接近最佳含水量的情况下进行。天然土通常接近最佳含水量，因此填铺后应随即碾压。含水量过大时，应将土摊开晾晒至要求的含水量时再整平压实。

填土接近最佳含水量的容许范围，与土的种类和压实度要求有关。在一定的压实度要求情况下，砂类土比细粒土的范围大；在同一种土类的情况下，压实度要求低的比要求高的范围大。范围的具体值可从该种土的击实试验曲线上查得，即在该曲线图的纵坐标上按要求的干密度处画一横线，此线与曲线相交的两点所对应的含水量值就是它的范围。

天然土过干需要加水时，可在前一天于取土地点浇洒，使水均匀渗入土中；也可将土运至路堤再用水浇洒，并拌和均匀。

第三节　土质路堑开挖

一、开挖方式的确定

路堑施工就是按设计要求进行挖掘，并将挖掘出来的土方运到路堤地段作填料，或者运往弃土地点。它虽然不像路堤填筑那样有填料的选择和分层压实等问题，但是，路堑是由天然地层构成的，天然地层在生成和演变的长期过程中，一般具有复杂的地质结构。处于地壳表层的路堑边坡，开挖暴露于大气中，受到各种自然和人为因素的影响，比路堤边坡更容易发生变形和损坏。路堑边坡的稳定与施工方法有着密切的关系。例如，施工开挖边坡过陡，弃土堆距坡顶太近，施工中排水不良，支挡工程未及时做好，都会引起边坡失稳，发生坍滑。

路堑开挖方式应根据路堑的深度和纵向长度，以及地形、土质、土方调配情况和开挖机械设备条件等因素确定，以加快施工进度和提高工作效率。路堑开挖可根据具体情况采用横挖法、纵挖法或混合式开挖法。

1. 横挖法

从路堑的一端或两端按横断面全宽逐渐向前开挖，称为横挖法。这种开挖方法适用于较短的路堑。

路堑深度不大时，可以一次挖到设计标高，称单层横挖法；路堑深度较大时，可分成几个台阶进行开挖，称分层横挖法，各层要有独立的出土道和临时排水设施。用人力按分层横挖法开挖路堑时，每层深度视工作与安全而定，一般宜为 1.5 ~ 2.0m，无论自两端一次横挖到路基标高或分台阶横挖，均应设单独的运土通道及临时排水沟。分层横挖使得工作面纵向拉开，多层多向出土，可以容纳较多的施工机械，加快了开挖速度。若用挖掘机配合自卸汽车进行，台阶高度可采用 3 ~ 4m。

2. 纵挖法

沿路堑纵向将高度分成不大的层次依次开挖。纵挖法适用于较长的路堑。

如果路堑的宽度及深度都不大，可以按横断面全宽纵向分层挖掘，称为分层纵挖法；如果路堑的宽度及深度都比较大，可沿纵向分层，每层先挖出一条通道，然后开挖两旁，称为通道纵挖法。通道可作为机械通行或出口路线，以加快施工速度。分段纵挖法是沿路堑纵向选择一个或几个适宜处，将较薄一侧路堑横向挖穿，使路堑分成两段或数段，各段再进行纵向开挖的方法。分段纵挖法适用于路堑较长、运距较远的路堑。

3. 混合式开挖法

混合式开挖法是将横挖法、通道纵挖法混合使用，先沿路堑纵向开挖通道，然后沿横向开挖横向通道，再双通道沿纵横向同时掘进，每一坡面应设一个施工小组或一台机械作业。

第四节　土方机械化施工

一、土方施工机械及其作业方式

路堑土方应按工程的具体情况，选备适宜的挖掘机械、装运机械、平整机械和压实机械，最大限度地发挥机械的效能。路基工程准备工作到整修工作，作业项目很多，选用机械要从技术和经济两个方面并结合本单位、本工点的具体情况来考虑。路基土方工程适用的机械随土质、运距、土方量和场地大小等因素而定。应当选用在技术性能上最适合于该项作业的机械。但每一种机械常可完成几种作业，因此，现场缺乏某种机械时，经常采用以下土方机械的作业方法。

1. 推土机作业

推土机作业由切土、运土、卸土、倒退（或折返）、回空等过程组成一个循环。影响作业效率的主要因素是切土和运土两个环节。因此，以最短的时间和距离切满土，尽可能减少土在推运中的散失，是衡量推土机作业方式优劣的依据。基本作业方式有下坡推土、并列推土、拉槽推土、接力推土、波浪式推土五种。

2. 铲运机作业

铲运机能够独立完成土方的铲装、运输、铺填、整平和预压等项作业，而且具有相当的机动灵活性，主要用于运输距离大、土方量集中的铲运工作。

铲运机的作业由铲装、运送、卸铺、回程四个过程组成一个循环。欲提高铲运机效率，应尽量在最短的距离和时间内装满铲斗，在运送和回空中应尽量提高速度。铲运机有以下几种铲土方法：一般铲土、波浪式铲土、跨铲铲土、下坡铲土、顶推铲土。

3. 挖掘机作业

挖掘机有正铲挖掘机、反铲挖掘机、拉铲挖掘机之分。正铲挖掘机的基本作业方式有侧向开挖、正向开挖；反铲挖掘机的基本作业方式有沟端开挖、沟侧开挖；拉铲挖掘机的基本作业方式有沟侧开挖、沟端开挖。

4. 装载机作业

装载机是一种工作效率较高的铲土运输机械，它兼有推土机和挖掘机两者的工作能力，可以进行铲掘、推运、整平、装载和牵引等多种作业。其优点是适应性强，作业效率高，操纵简便，是一种发展较快的循环作业式机械。装载机与运输车辆配合，可采用如下作业方式："I"字形作业、"V"字形作业、"L"字形作业。

5.平地机作业

平地机是一种铲土、运土、卸土同时进行的连续作业机械。主要工作装置是一把刮刀，它可以调整四种作业动作，即刮刀平面回转、刮刀左右端升降、刮刀左右引伸和刮刀机外倾斜，来完成刮刀刀角铲土侧移、刮刀刮土侧移、刮刀刮土直移和机身外刮土等作业。

二、施工机械选择

各种土方机械，按其性能，可以完成路基土方的部分或全部工作。选择机械种类和操作方案，是组织施工的第一步，为能发挥机械的使用效率，必须根据工程性质、施工条件、机械性能及需要与可能，择优选用。

根据以往工程实践经验的总结，几种常用的土方机械适用范围；按施工条件选择土方机械时，则可参考表4-2。

表4-2　常用土方机械适用范围

机械名称	适用的作业项目		
	施工准备工作	基本土方作业	施工辅助作业
推土机	1. 修筑临时道路； 2. 推倒树木，拔除树根； 3. 铲草皮，除积雪及建筑碎屑； 4. 推缓陡坡地形，整平场地； 5. 翻挖回填井、坑、陷穴、坟	1. 高度3m以内的路堤和路堑土方； 2. 运距100m以内土的挖、填与压实； 3. 傍山坡挖填结合路基土方	1. 路基缺口土方的回填； 2. 路基粗平，取弃土方的整平； 3. 填土压实，斜坡上挖台阶； 4. 配合挖掘机与铲运机松土、运土
铲运机	1. 铲运草皮 2. 移运孤石	运距600~700m以内的挖土、运土、铺平与压实（高度不限）	1. 路基粗平 2. 借土坑与弃土堆整平
自动平地机	除草、除雪、松土	修筑高0.75m以内路堤与深0.6m以内路堑，以及填挖结合路基的挖、运、填土	开挖排水沟、平整路基，修整边坡
松土机	翻松旧路面、清除树根与废土层、翻松硬土		1. 硬质土的翻松 2. 破碎0.5m内的冻土层
挖掘机		1. 半径7m以内的挖土与卸土； 2. 装土供汽车远运	1. 挖沟槽与基坑 2. 水下捞土（反向铲土等）

路基形式及施工方法	填挖高度（m）	土方移运水平直距（m）	主要施工机械名称	辅助机械	机械施工运距（m）	最小工作地段长度（m）
（一）路堤路侧取土	<0.75	<15	自动平土机			300~500
路侧取土	<3.00	<40	80马力推土机	10~60	10~40	—
路侧取土	<3.00	<60	100-140马力推土机		—	

机械名称	适用的作业项目					
	施工准备工作		基本土方作业		施工辅助作业	
路侧取土	<6.00	20～100	6㎡拖式铲运机	>1	80～250	50～80
路侧取土	>6.00	50～200	6m3 拖式铲运机	厂推	250～500	80～100
远运取土	不限	<50	611?拖式铲运机	土机	<700	>50～80
远运取土	不限	500～700	9～W拖式铲运机	<1000	>50～80	
远运取土	不限	>500	9m,自动铲运机		>500	>50～80
远运取土	不限	>500	自卸汽车运土		>500	（5000m³）
（-）路堑路侧弃土	<0.60	<15	自动平土机			300～500
路侧弃土	<3.00	<40	80马力推土机	8	10～40	—
路侧下坡弃土	<4.00	<70	100—140马力推土机 ■>	1马	10～70	
路侧弃土	<6.00	30～100	6㎡拖式铲运机	r力推土	100～300	50～80
路侧弃土	<15.0	50～200	6㎡拖式铲运机	300～600	>100	
路侧弃土	>15.0	>100	9～12m,拖式铲运机	机	<1000	>200
纵向利用	不限	20～70	80马力推土机		20～70	—
纵向利用	不限	<100	100—140马力推土机		<100	
纵向利用	不限	40～600	6m,拖式铲运机		80～700	>100
纵向利用	不限	<800	9～12m,拖式铲运机		<1000	>100
纵向利用	不限	>500	9m,自动铲运机		>500	>100
纵向利用	不限	>500	自卸汽车运土		>500	（5000m³）
（三）半填半挖						
横向利用	不限	<60	80—140马力斜角推土机	1	10～60	—

第五节 路基修整、检查验收与维修

一、路基修整

路基修整应在路基工程陆续完毕,所有排水构造物已经完成并在回填之后进行。承包人应恢复各项标桩,按设计图纸要求检查路基的中线位置、宽度、纵坡、横坡、边坡及相应的标高等。根据检查结果,编制出整修计划。整修工作应在检查结果及整修计划经监理工程师核查与批准后方能动工。土质路基应用人工或机械刮土或补土的方法整修成型。深路堑边坡整修应按设计要求的坡度，自上而下进行刷坡，不得在边坡上以土贴补。在整修需加固的坡面时，应预留加固位置。当填土不足或边坡受雨水冲刷形成小冲沟时，应将原边坡挖成台阶，分层填补，仔细夯实。如填补的厚度很小（100～200mm），而又是非边坡加固地段时，可用种草整修的方法以种植土来填补。土质路基表面做到设计标高后应采用平地机或推土机刮平，铲下的土不足以填补凹陷时，应采用与路基表面相同的土填平夯实。石质路基表面应用石屑嵌缝紧密、平整，不得有坑槽和松石。修整的路基表层厚150mm以内，松散的或半埋的尺寸大于100mm的石块，应从路基表面层移走，并按规定填平压实。边沟的整修应挂线进行。对各种水沟的纵坡（包括取土坑纵坡）应用仪器检测，修整到符合图纸及规范要求。各种水沟的纵坡，应按图纸及规范要求办理，不得随意用土填补。填土路基两侧超填的宽度应予以切除，如遇边坡缺土时，必须挖成台阶，分层填补夯实。在路面铺筑完成后或铺筑时，应立即填筑土路肩，同时按设计要求进行加固。路基整修完毕后，堆于路基范围内的废弃土料应予以清除。路基工程完工后路面未施工前及公路工程初验后至终验前，路基如有损毁，承包人应负责维修，并保证路基排水设施完好，及时清除排水设施中的淤积物、杂草等。对中途停工较长时间和暂时不做路面的路基，亦应做好排水设施，复工前应对路基各分项工程予以修整。路基工程完成后，每当大雨、连日暴雨或积雪融化后，应控制施工机械车辆在土质路基上通行。若不可避免时，应将碾压的坑槽中的积水及时排干，整平坑槽，对修复部分重新压实。

二、检查验收与质量标准

土质路基验收标准如下：填土经压实后，不得有松散、软弹、翻浆及表面不平整现象；凡有影响路基质量及设计要求换土的路段，必须选点抽查，挖坑检验。坑深至0.8m，如发现不合格，必须重新处理；各类沟槽的回填土不得含污泥、腐植土及其他有害物质；土质路基的压实度必须满足规范要求。检验频率：每摊铺层每1000㎡为一组，每组至少为三点，必要时可根据需要加密。检验方法可用环刀法或灌砂法。

第五章 石质路基施

第一节 填石路堤施工

一、路堤基底及填料的处理

路堤基底是指路堤填料与原地面的接触部分。为使两者结合紧密，避免路堤沿基底发生滑动，防止因草皮、垃圾、树根腐烂而引起路堤的沉陷，需要根据基底的土质、水文、坡度和植被情况，填筑高度采取相应的处理措施。对于一些特殊地基，如软土、冻土、盐渍土、膨胀土等处理时，情况和技术均比较复杂，在"特殊路基的施工"中专门介绍。

（一）路堤基底的处理

路堤基底的处理是保证路堤稳定、坚固极为重要的措施。在路堤填筑前应进行基底处理，这样才能使填土与原来的表土密切结合，使初期填土作业顺利进行，能使地基保持稳定，增加地基的承载能力；也能防止因草皮、树根腐烂而引起的路堤沉陷。对于一般的路堤基底处理，除了按有关规定进行场地清理外，还应按下列规定执行。

（1）伐树除根及表土处理。在路堤填筑时，如果不清除结合面上的草木树根等有害于路堤稳定的杂物，在路堤修筑成型后，一旦杂物发生腐烂变质，地基将发生松软和不均匀沉陷等质量问题。为了防止这种情况的出现，就必须在填土之前做好伐树、除根和表层土壤处理工作。特别是当路基填筑高度小于 1.0 m 时，应注意将路基范围内的树根、草丛全部挖除。伐树、除根和清草作业，可采用人工方法或机械方法作业。

如果基底的表层土是腐殖土，应将其表层土清除换填，厚度可根据实际情况而定，一般应不小于 30 cm，并予以分层充分压实，压实度应符合规定要求。如发现草碳层、鼠洞、裂缝、溶洞等，必须采取一定措施将其处理好，以防止路堤填筑后而发生塌陷。

（2）耕地和水田的处理。当修筑的路堤通过耕地时，在正式填筑之前，必须先对耕地填平压实，如其中有机质含量和其他杂质较多时，碾压时因弹性过大，不容易被压实，应当换填干土。对于稻田，其表面往往有一层松软薄层，如果直接在其上面填土，不但机械通行性很差，而且填土也不能充分压实。

如果路堤填土厚度较大，第一层要填层 0.5 ～ 1.0 m 厚，施工机械才能通过，以后可以按规定厚度铺填，能够充分压实时可不必进行其他处理。如果填土厚度较小时，第一层则不能填得太厚，否则填土无法得以碾压密实，这需要在基底挖沟排水，使填土保持干燥，再进行填方压实作业。如果水田的水位过高，不能再采取开挖排水沟解决排水问题，而应在原表土和填土之间加砂垫层式其他水稳材料，以利于水的排出。

如果填土基底有小池塘或泉眼，就应设置暗排水设施，或者用耐水性的材料或碎石充填压实到原水位的高度以上，在填土后进行有效排水，防止侵入填土之中。

（3）坡面基底的处理。填方路堤的基底若为坡面地，在填料自重荷载作用下，粒料极易失稳而沿坡面发生滑移。因此，在路堤正式填筑前，必须注意对基底坡面处理后才可进行填筑。施工经验表明：当坡度较小，在（1∶10）~（1∶15）之间时，只需清除坡面上的树根、杂草等杂物后，将翻松的表层压实后即可保证坡面的稳定。但当坡度较大，在（1∶15）~（1∶12.5）之间时，应将坡面做成台阶形，一般宽度不宜小于 2.0 m，高度最小为 1.0 m，而且台阶顶面应做成向堤向倾斜 3% ~ 5% 的坡度。如果基底坡面超过 1∶12.5 时，则应采用修护墙、护脚等措施进行特殊处理。

（4）路堤修筑范围内，原地面的坑、洞、基穴等，应用原地的土或砂性土进行回填，并按设计要求进行压实。

（二）路堤填料的选择和处理

用于路堤填筑的土料，原则上应当就地取材或利用路堑挖方的土壤。但对填筑材料总的要求是：具有良好的级配和一定的黏结能力，在一定的压实功能下易于压实稳定，基本上不受水浸软化和冻害影响等。淤泥、腐殖质含量高等稳定性较差的土，一般不宜作为路堤填土，必须采用时，应根据现行公路技术规范，有限制地选用。

对于透水性良好的石块、碎（砾）石土、粗砂、中砂和湿度未超过所设计规定极限值的亚砂土、轻黏土和黏土等，均可用于填筑路堤。

在特殊情况下，受工程作业现场条件的限制，在路堤填筑工地附近可能没有合适的填土材料，而从远处运输又不经济，这时通常是对附近不符合施工规范要求的土料进行适当处理后，再作为填土使用。其处理的方法有进行含水量调节和化学稳定处理。

1. 进行含水量调节

在一般情况下，如料场土料的自然含水量接近其最佳含水量时，只要对挖出的土料及时装卸上堤，及时摊平碾压即可。如果土料中含水量过高，应加以翻晒，最好利用松土机或圆盘耙搂翻，以增大暴晒面积，加快水分的蒸发。另外，也可在取土场工作面下挖沟，使地下水位降低，从而改变土料含水量，这也是一种有效调节含水量的方法。

如果土料中的含水量过低，可在材料上进行人工洒水，洒水量可根据自然含水量和最佳含水量之差求得。在实际工作中，土料的人工湿润可在取土场上进行。由于取土场的场地宽阔，工作方便，易于控制，即使洒水过度也不会影响堤上的土体。

在路堤施工时，也常采用洒水车直接在表面喷洒的方法，但应配备圆盘耙等机具对土料进行翻拌，使其润湿均匀。在进行洒水前，应根据土料的种类预计其润湿时间，但不能洒水后立即进行碾压。

2.化学稳定处理

化学稳定处理即利用石灰或水泥作为稳定剂，对土壤的性质进行改良，达到填土要求。这种方法对含水量大、塑性高的材料，或强度不足的其他材料，都有较好的效果。化学稳定性处理的施工方法，是将土和石灰、水泥等材料按一定比例混合、拌和均匀后铺平压实。

一般采用路拌式稳定土拌和机（灰土拌和机）和平地机等进行作业，也可由设于专门场地的厂拌设备制备。

二、路堤填料的填筑方法

路堤填筑是把填料用一定的方式运送上堤进行铺平、碾压密实的过程。路堤填筑必须考虑不同的土质，从原地面逐层填起，并分层进行压实，每层的厚度随压实方法而定。路堤填筑方式一般有水平分层填筑、纵坡分层填筑、横向全高填筑和联合填筑施工法四种。

（一）水平分层填筑

水平分层填筑，即填筑时按照横断面全宽分成水平层次，逐层向上填筑。如果原地面不平，应从最低处分层填起，每填筑一层后，经压实合格后再填筑上一层。水平分层填筑法施工操作方便、安全，压实质量容易保证。

（二）纵坡分层填筑

纵坡分层填筑宜用推土机从路堑取土填筑距离较短的路堤，填方侧应按要求开挖土质台阶后，依纵坡方向分层，逐层向上填筑碾压密实。原地面纵坡小于20°的地段可采用这种方法施工。

（三）横向全高填筑

横向全高填筑即从路基一端或两端按横断面的全部高度，逐步推进填筑，这种填筑方法仅用于无法自下而上填土的深谷、陡坡、断岩或泥沼地区，运土机械无法进场的路堤。但此法对所填筑土料不仅不易压实，并且还有沉陷不均匀的缺点。为此，应采用必要的技术措施，如选用高效能的压实机械；采用沉陷量较小的砂性土或废石方作为填料。

（四）联合填筑

采用混合填筑法，即路堤下部全高填筑，路堤上部水平分层填筑，使上部填料经分层压实获得需要的压实度。混合填筑法适应于因地形限制或填筑堤身较高的情况，不宜采用水平分层法和横向填筑法自始至终进行填筑的情况。

（五）路堤填筑应遵循的原则

当需要加宽路堤时，所用填土应与原路堤用土尽量接近或为透水性好的土，并将原边坡挖成向内倾斜的台阶状，分层进行填筑，并碾压到规定的密实度。严禁将薄层新填土贴在原边坡的表面。

高速公路和一级公路，横坡陡峻地段的半填半挖路基，必须在山坡上从填方坡脚向上挖成内倾斜的台阶，台阶的宽度不应小于 1 m。其中挖方一侧，在行车范围之内的宽度不足一个行车宽度时，应挖够一个行车道的宽度，其上路床深度范围之内的原地面土应予以挖除换填，并按上路床填方的要求施工。

对于不同性质的土进行混合填筑时，应视土的透水能力的大小，进行分层填筑压实，并采取有利于排水和路基稳定的方式。一般应遵守以下几个原则。

（1）以透水性较小的土填筑路堤下层时，其顶面应做成坡度为 4% 的双向横坡；如用以填筑上层时，除干旱地区外，不应覆盖在透水性较大的土所填的下层边坡上。

（2）不同性质的土料，应当分别进行填筑，不得混填。每种填料层累计总厚度不宜小于 0.5 m。

（3）凡不因潮湿及冻融而变更其体积的优良土料，应当填筑在上层；强度（变形模量）较小的土料应填筑在下层。

填石路堤的填筑，其基底处理与填筑土料的路堤相同。石料的强度应不小于 15 mPa，用于护坡的石料强度应不小于 20 mPa。石料的最大粒径不宜超过层厚的 2/3。每层松铺的厚度，高等级公路不宜大于 0.5 m，其他公路不宜大于 1.0 m。

高等级公路和铺设高级路面的其他等级公路的填石路堤，均应分层填筑、分层压实。铺设低级路面的一般公路在陡峻山坡段施工特别困难或大量爆破以挖作填时，可采用倾填方式将石料填筑于路堤下部。倾填前，路堤边坡坡脚应用粒径大于 30 cm 的硬质石料码砌。码砌的厚度：填石路堤高度小于或等于 6 m 时，应不小于 1.0 m；路堤高度大于 6 m 时，应不小于 2 m 或按设计要求码砌。

高等级公路填石路堤路床顶面以下 50 cm 范围内，应填筑符合路床要求的土并分层压实，填料最大粒径不得大于 10 cm。其他公路填石路堤路床顶面以下 30 cm 范围内，宜填筑符合路床要求的土并压实，填料最大粒径不应大于 15 cm。

土石路堤的填筑，其基底的处理也与填筑土料的路堤相同。土石混合料中石料强度大于 20 mPa 时，石块最大尺寸不得超过压实层厚度的 2/3，否则应当将其剔除；当石料强度小于 15 mPa 时，石块最大尺寸不得超过压实厚度，超过者应将其打碎。土石路堤必须分层填筑、分层压实。每层铺填厚度应根据压实机械规格和类型确定，但最大不宜超过 40 cm。

混合料中石料的含量多少，将严重影响压实效果。因此，当石料含量大于 70% 时，应先铺大块石料，且大面向下安放平稳；然后铺小块石料、石屑等进行嵌缝找平；最后再碾压密实。当石料含量小于 70% 时，土石可以混合铺填，但应消除硬质石块过于集中的现象。

土石混合料填筑高等级公路时，其路床顶面以下 30 ~ 50 cm 范围内，仍应填筑符合路床要求的土并压实，填料最大粒径不得大于 10 cm。其他公路在路床顶面以下填筑

30 cm 的砂类土，填料最大粒径不得大于 15 cm。

三、填方路基施工质量控制

（一）填方路基施工的一般规定

填方路堤施工前的原地面，应当按设计要求进行认真清理。对于填方路基的基底，还应按下列规定办理。

①应当切实做好原地面临时排水设施，并与永久排水设施相结合。排走的雨水，不得流入农田、耕地，也不得引起水沟的淤积和路基冲刷。

②在路堤的修筑范围内，原地面的坑、洞、墓穴等，应用原地的土或砂性土回填，并按规范规定进行分层压实。

③路堤基底为耕地或松土时，应先清除其上面的有机土和种植土，平整后按规定要求进行压实。在深耕地段，必要时应将松土翻挖、土块打碎，然后回填、整平、压实。

④路堤基底原状土的强度不符合设计要求时，应选择优良填料进行换填，换填的深度一般应不小于 30 cm，并予以分层压实。

⑤为防止路基因振动产生破坏，石质挖方路基的施工，不宜采用大爆破方法。如果必须采用时，应进行专门的爆破设计，并严格按大爆破的有关规定执行。

（二）当加宽旧路堤时，应遵守下列规定

（1）为使加宽路堤与旧路堤各项性能接近，所选用的填料宜与旧路堤相同，或选用透水性较好的土。

（2）在加宽旧路堤施工前，应清除地基上的杂草和松散泥土，并沿旧路边坡挖成向内倾斜的台阶，台阶宽度应不小于 1 m。

（3）当路堤稳定受到地下水位影响时，应在路堤底部填以水稳性优良、不易风化的砂、砂砾和碎石等材料，或采用无机结合料（如生石灰粉、水泥等）进行加固处理，使基底形成水稳性良好、厚度约 30 cm 的稳定层，或设置隔离层。

（4）填筑路堤的填料，应符合下列规定。

①用于路堤的填料，不得使用淤泥、沼泽土、冻土、有机土、含草皮土、生活垃圾、树根和含有腐朽物质的土。当采用盐渍土、黄土、膨胀土填筑路堤时，应按照特殊地基处理的规定进行处理。

②液限大于 50、塑性指数大于 26 的土，以及含水量超过规定的土，不得直接作为路堤填料。需要应用时，必须采取满足设计要求的技术措施，经检查合格后方可使用。

③钢渣、粉煤灰等材料，可以用作路堤填料。其他工业废渣在使用前应进行有害物质的含量试验，避免有害物质超过国家有关标准，造成对环境的污染。

④捣碎后的种植土，也可以用于路堤边坡的表面，作为种植护坡草皮的用土。

（5）用于路堤填方的材料，应有一定的强度。高速公路、一级公路及其他等级的路基

填方材料，应经野外取土试验，其最小强度应符合规定。

（二）土方路堤的填筑施工质量控制

（1）土方路堤应分层进行填筑压实。用透水性不良的土料填筑路堤时，应控制其含水量在最佳压实含水量 ±2% 范围内。

（2）土方路堤必须根据设计断面，分层填筑、分层压实。为保证达到设计的压实度，当采用机械压实时，分层的最大松铺厚度，高速公路和一级公路不应超过 30 cm；其他等级的公路，按土质类别、压实机具功能、碾压遍数等，经过试验后确定。但最大松铺厚度，不宜超过 50 cm。填筑至路床顶面最后一层的最小压实厚度，不应小于 8 cm。

（3）路堤填土的宽度，每侧均应宽于填筑层的设计宽度。压实后的宽度不得小于设计宽度，以便最后进行削坡整形。

（4）填筑路堤宜采用水平分层填筑法施工。即按照横断面全宽分成水平层次逐层向上进行填筑。如果原地面不平，应当由最低处分层进行填筑，每填一层经过压实符合规定要求之后，再填筑上一层。

（5）对于原地面纵坡大于 12% 的地段，可采用纵向分层法施工。沿纵坡方向进行分层，逐层填压密实。

（6）对于山坡路堤，当地面横坡不陡于 1∶5 且基底符合设计要求时，路堤可直接修筑在天然的土基上。当地面横坡陡于 1∶5 时，原地面应挖成台阶状，台阶宽度不小于 1 m，并用小型夯实机进行夯实。填筑应由最低一层台阶填起，并分层夯实，然后逐台阶向上填筑，分层夯实，所有台阶填完之后，即可按一般填土进行。

（7）对于高速公路和一级公路横坡陡峭地段的半填半挖路基，必须在山坡上从填方坡脚向上挖成向内倾斜的台阶，台阶宽度不应小于 1 m。其中挖方一侧，在行车范围之内的宽度不足一个行车宽度时，则应挖成一个行车道的宽度，其中路床深度范围之内的原地面上应予以挖除换填，并按上路床填方的要求进行施工。

（8）如果填方分为几个作业段施工，两段交接处不在同一时间填筑，则对先填地段应按坡度分层留台阶。如果两个地段同时填筑，则应分层相互交叠衔接，其搭接长度不得小于 2 m。

（9）对于陡峭山坡半挖半填的路基，设计边坡外面的松散弃土，应当在路基竣工后全部清除干净。

（10）不同土质的填料混合填筑路堤时应符合下列规定。

①以透水性较小的土填筑于路堤的下层时，应当做成坡度为 4% 的双向横坡；如用于填筑上层时，除干旱地区外，不应覆盖在由透水性较好的土质填筑的路堤边坡上。

②不同性质的土应分别进行填筑，不得出现混填。每种填料层累计总厚度不宜小于 0.5m。

③凡不因潮湿或冻融影响而变更其体积的优良土应填在上层，强度较小的土应填在下

层。

（11）河滩路堤的填土，应连同护道在内一起进行分层填筑。对于可能受水浸淹部分的填料，应当选择水稳定性良好的土料。对于河槽加宽、加深工程，应在修筑路堤前完成，构造物也应提前修建。

（12）当采用机械作业时，应根据工地现场的地形、路基横断面形状和土方调配图等，合理地规定施工机械的运行路线。土方集中的施工点，应有全面、详细的施工机械运行作业图，并按照运行作业图施工。

（13）对于两侧取土、填高在 3 m 以内的路堤，可用推土机从两侧分层推填，并配合平地机分层整平。土的含水量不足时，可用洒水车进行分层洒水，并用压路机分层碾压。

（14）对于填方集中地区路堤的施工，可按以下方法进行。

①取土场运距在 1 km 范围内时，可用铲运机运送，辅以推土机开道，以进行翻松硬土、平整取土段、铲除障碍和助推等。

②取土场运距超过 1 km 范围时，可用松土机械翻松，用挖掘机或装载机配合自卸汽车运输，用平地机对填土整平，并配合洒水车压路机进行碾压。

③挖掘机、装载机与自卸汽车配合运输时，要合理布置取土场地的汽车运输路线并设置必要的标志。自卸汽车配备的数量，应根据运输距离的远近和车型而确定，其原则是满足挖装设备生产能力的需要。

（15）土石方运输应根据当地条件、运距、设备等情况，采用不同的运输机具，如推土机、铲运机、皮带运输机、自卸汽车、卷扬机牵引的索道等。当在卸装范围内有一定高差，汽车等运输方式受到地形和其他条件的限制时，可采用空中索道运输。

（三）填石路堤的填筑施工质量控制

（1）对于填石路堤的基底处理，与填土路堤基本相同，可按照填土路堤的施工方法进行填筑质量控制。

（2）作为填石路堤所用的石料强度，不应小于 15 mPa，用于护坡的不应小于 20 mPa。填石路堤石料的最大粒径，不宜超过层厚度的 2/3。

（3）高速公路、一级公路和铺设高级路面的其他等级公路的填石路堤均应分层填筑、分层压实。二级及二级以下且铺设低级路面的公路，在陡峭山坡段施工特别困难或大量爆破以挖作填时，可采用倾填方式将石料填筑于路堤下部，但倾填路堤在路床底面下不小于 1.0 m 范围内仍应分层填筑压实。

（4）为便于施工和达到设计要求的压实度，填石分层松铺厚度不要过大，高速公路及一级公路不宜大于 0.5 m，其他等级公路不宜大于 1.0 m。

（5）在填石路堤倾填之前，路堤边坡坡脚应用粒径大于 30 cm 的硬质石料进行码砌。当设计中无具体规定时，且填石路堤高度小于或等于 6 m 时，其码砌厚度不应小于 1 m；当高度大于 6 m 时，码砌厚度不应小于 2 m。

（6）采用逐层填筑时，应安排好石料的运输路线，并有专人指挥交通；按水平分层、先低后高、先两侧后中央的顺序进行卸料，并用大型推土机摊平。个别不平处应配合人工用细石块、石屑进行找平。

（7）当石块级配较差、粒径较大、填层较厚、石块间的空隙较大时，可在每层表面的空隙间填入石渣、石屑、中砂、粗砂，再以压力水将砂冲入下部，这样反复进行数次，使空隙填满，以保证其密实度。

（8）当采用人工铺填粒径 25 cm 以上石料时，应先铺填粒径较大的石料，石料要大面向下、小面向上、摆平放稳，然后再用小石块找平，石屑塞缝，最后压实。人工铺填粒径 25 cm 以下石料时，可直接分层摊铺、分层碾压。

（9）填石路堤所用填料如果岩性相差较大，则应将不同岩性的填料分层或分段进行填筑。如果路堑或隧道基岩为不同岩种互层时，允许使用挖出的混合石料填筑路堤，但石料强度、粒径应符合"填石路堤的填筑施工"第 2 条的规定。

（10）用强风化石料或软质岩石填筑路堤时，应按土质路堤施工规定，先检验填料的 CBR（填料最小强度）值是否符合要求，CBR 值不符合要求者不能使用，符合使用要求时应按土质路堤的技术要求进行施工。

（11）高速公路及一级公路填石路堤路床顶面以下 50 cm 范围内，应填筑符合路床要求的土料并分层压实，填料的最大粒径不得大于 10 cm。其他公路填石路堤路床顶面以下 30 cm 范围内，宜填筑符合路床要求的土料并分层压实，填料的最大粒径不得大于 15 cm。

（四）土石路堤的填筑施工质量控制

（1）土石路堤的基底处理同填石路堤。

（2）天然土石混合材料中所含石料强度大于 20 mPa 时，石块的最大粒径不得超过压实层厚度的 2/3，对于超过者应当清除。

（3）土石路堤不得采用倾倒方法，均应分层填筑、分层压实，压实的标准可同土方路基。每层铺填厚度应根据压实机械类型、规格和性能确定，一般不宜超过 40 cm。

（4）压实后渗水性差异较大的土石混合填料应分层或分段进行填筑，不宜纵向分幅填筑。如果需要必须纵向分幅填筑时，应将压实后渗水良好的土石混合料填筑于路堤的两侧。

（5）当土石混合填料来自不同路段，其岩性或土石混合比相差较大时，应分层或分段进行填筑。如不能分层或分段填筑时，应将含硬质石块的混合料铺筑于填筑层的下面，且石块不得过分集中或重叠，上面再铺含软质石料的混合料，然后整平碾压。

（6）在土石混合料中，当石料含量超过 70% 时，应先铺填大块石料，其大面应向下，放置应平稳，然后再铺小块石料、石渣或石屑嵌缝找平，最后再进行碾压；当石料含量小于 70% 时，土石可混合铺填，但应避免硬质石块（特别是尺寸较大的硬质石块）集中。

（7）高速公路及一级公路土石路堤的路床顶面以下 30 ~ 50 cm 范围内，应填筑符合路床要求的土并分层进行压实，填料最大粒径不大于 10 cm。其他公路填筑砂类土厚度一般为 30 cm，最大粒径不大于 15 cm。

（五）高填方路堤的填筑施工质量控制

（1）水稻田或长年积水地带，用细粒土填筑路堤高度在 6 m 以上，其他地带填土或填石路堤高度在 20 m 以上时，应按照高填方路填的施工要求进行施工。

（2）高填方路堤在进行原地面清理后，如果地基土的强度不符合设计要求，应按照特殊地区的地基施工的有关规定进行处理或加固。

（3）高填方路堤应严格按照设计边坡进行填筑，填筑中应认真进行检查和验收，特别是不得出现缺填现象。

（4）高填方路堤的每层填筑厚度，应根据所采用的填料种类和性质，按相应的有关规定执行。如填料来源不同，其性质相差较大时，应分层进行填筑，不应分段或纵向分幅填筑。

（5）高填方路堤受水浸淹的部分，应采用水稳性较高及渗水性较好的填料，其边坡比一般不宜小于 1 ∶ 2。

（6）半挖半填的一侧高填方基底为斜坡时，应当按照规定挖好横向台阶，并应在填方路堤完成后，对设计边坡外的松散弃土进行认真清理。

第二节　石质路堑开挖

路堑施工就是按设计要求进行挖掘，并将挖掘的土石方运到路堤地段作为填料，或者运往弃土堆处，有时也可经加工，作为自采材料，用于结构物或其他工程部位。

路堑由天然地层构成，开挖后边坡易发生变形和破坏，路基的病害常发生在路堑挖方地段，如滑坡、崩塌、落石、路基翻浆等。因此，施工方法与路堑边坡的稳定有密切关系，开挖方式应根据路堑的深度、纵向长度以及地形、地质、土石方调配情况和机械设备条件等因素确定，以加快施工进度，提高工作效率。

一、土方路堑的开挖方式

土方路堑开挖根据路堑深度和纵向长度，开挖方式可分为全断面横挖法、纵挖法及混合式开挖法三种。

1. 全断面横挖法

路堑整个横断面的宽度和深度从一端或两端逐渐向前开挖的方式称为全断面横挖法。全断面横挖法可分为一层横向全宽挖掘法和多层横向全宽挖掘法两种方式。

一层横向全宽挖掘法适用于开挖深而短的路堑。

多层横向全宽挖掘法适用于开挖深而短的路堑。

2.纵挖法

纵挖法是沿道路的纵向进行挖掘。纵挖法分为分层纵挖法、通道纵挖法及分段纵挖法三种方式。

（1）分层纵挖法

分层纵挖法适用于较长的路堑开挖。当路堑长度不超过100m、开挖深度不大于3m、地面较陡时，宜采用推土机作业。当地面横坡较缓时，表面宜横向铲土，下层的土宜纵向推运。

（2）通道纵挖法

沿路堑纵向挖掘一通道，然后将通道向两侧拓宽，上层通道拓宽至路堑边坡后，再开挖下层通道，按此方向进行土方挖掘和外运的流水作业，直至开挖到挖方路基顶面标高，称为通道纵挖法。通道可作为机械通行、运输土方车辆的道路。

（3）分段纵挖法

分段纵挖法适用于路堑过长、弃土运距过远的傍山路堑或一侧堑壁不厚的路堑开挖。同时还应满足其中间段有弃土场、土方调配计划有多余的挖方废弃的条件。

（4）混合式开挖法

将横挖法与通道纵挖法混合使用称为混合式开挖法。适用于纵向长度和挖深都很大的路堑，先将路堑纵向挖通后，然后沿横向坡面挖掘，以增加开挖坡面。每个坡面应设一个机械班组进行作业。

二、路堑开挖施工注意问题

1.路堑排水

不论采用何种方法开挖，均应保证开挖过程中及竣工后能顺利排水。为此，施工时应先在适当的位置开挖截水沟，并设置排水沟，以排除地面水和地下水。施工中要在路堑的路线方向保持一定的纵坡。

2.废方处理

路堑挖出的土方，除利用外，多余的土方应按设计的弃土堆进行废弃，不得妨碍路基的排水和路堑边坡的稳定。同时，弃土应尽可能用于改地造田、美化环境。

3.注意边坡的稳定并及时设置必要的支护工程

路堑开挖时，不论开挖工程量和开挖深度的大小，均应按照横断面自上而下进行，随挖随修边坡，不得乱挖、超挖。防止因开挖不当导致坍方，尤其在地质不良地段，应分段开挖、分段支护。

4.禁止超挖

土方路基开挖施工过程中，应经常测量高程和路基宽度，通过计算检验其是否符合设计要求。

三、冬、雨期开挖路堑注意事项

1. 雨期开挖

（1）土质路堑开挖前，在路堑边坡坡顶2m以外开挖截水沟并接通出水口。

（2）开挖土质路堑宜分层开挖，每挖一层均应设置排水纵横坡。挖方边坡不宜一次挖到设计标高，应沿坡面留30cm厚，待雨期过后整修到设计坡度。以挖做填的挖方应随挖、随运、随填。

（3）土质路堑挖至设计标高以上30～50cm时应停止开挖，并在两侧挖排水沟。待雨期过后再挖到路床设计标高并压实。

（4）土的强度低于规定值时应按设计要求进行处理。

（5）雨期开挖岩石路堑，炮眼应尽量水平设置。边坡应按设计坡度自上而下，层层刷坡，坡度应符合设计要求。

2. 冬期开挖

（1）当破开冻土层挖到未冻土后，应连续作业，分层开挖。中间停顿时间较长时，应在表面覆雪保温，避免重复被冻。

（2）挖方边坡不应一次挖到设计线，应预留30cm厚台阶。待到正常施工季节再削去预留台阶，整理达到设计边坡。

（3）路堑挖至路床面以上1m时，挖好临时排水沟后，应停止开挖并在表面覆以雪或松土。待到正常施工时，再挖去其余部分。

（4）冬期开挖路堑必须从上向下开挖，严禁从下向上掏空挖"神仙土"。

（5）每日开工时选挖向阳处，气温回升后再挖背阴处。如开挖时遇地下水源，应及时挖沟排水。

（6）冬期施工开挖路堑的弃土要远离路堑边坡坡顶堆放。弃土堆高度一般不应大于3m，弃土堆坡脚到路堑边坡顶的距离一般不得小于3m，深路堑或松软地带应保持5m以上。弃土堆应摊开整平，严禁把弃土堆于路堑边坡顶上。

四、路基施工机械和设备

路基施工机械包括土石方机械和压实机械两大类。本章仅作土石方机械的介绍，压实机械将在路基压实部分叙述。

土石方机械包括推土机、装载机、挖掘机、铲运机、平地机和凿岩机等几个重要机种，是路基施工中用途最广泛的施工机械，它们担负着土石方的铲装、填挖、运输和整平等作业。

（一）推土机

1. 性能

推土机是以工业拖拉机或专用牵引车为主机，前端装有推土装置，依靠主机的顶推力，对土石方或散装物料进行切削或搬运的铲土运输机械。推土机担负着切削、推运、开挖、填积、回填、平整、疏松和压实等多种土石方作业。其特点是作业面小，机动灵活，转移方便，短距离运土方便。因此，推土机是路基施工中必不可少的机械设备。

2. 适用性

推土机一般适用于季节性较强、工程量集中、施工条件较差的工程环境。主要用于50～100m 的短距离作业，如路基修筑、基坑开挖、平整场地、清除树根、堆积散料等，并可为铲运机与挖装机械松土和助铲及牵引各种拖式工作装置等作业。

履带式推土机，适用于Ⅳ级以下土的推运。当推运Ⅳ级和Ⅳ级以上土和冻土时，需先进行松土。

3. 作业方式

推土机的基本作业是铲土、运土、卸土和空回四个过程。通常有以下五种作业方法：

（1）波浪式铲土法；

（2）接力式推土法；

（3）槽式推土法；

（4）并列推土法；

（5）下坡推土法。

（二）铲运机

铲运机主要用于较大运距的土方工程，如填筑路堤、开挖路堑和大面积的平整场地等。由于它本身能完成铲装、运输和卸铺作业，并兼有一定的压实和平整能力，所以在公路工程施工中，铲运机是一种使用范围很广的土方施工机械。

1. 适用性

铲运机的适用范围主要取决于土质特性、运距、机器本身的性能和道路状况。

2. 作业方式

（1）一次铲装法；

（2）交替铲装法（跨铲法）；

（3）波浪式铲土法；

（4）下坡铲土法。

（三）平地机

平地机是一种装有以铲土刮刀为主，配备其他多种可换作业装置，进行刮平和整形连续作业的工程机械。平地机的铲土刮刀较推土机的推土铲刀灵活，它能连续进行改变刮刀的平面角和倾斜角，使刮刀向一侧伸出的作业；也可以连续进行铲土、运土、大面积平地、挖沟和刮边坡的作业等。

1. 适用性

平地机的主要用途有：从路线两侧取土，填筑不高于1cm 的路堤；修整路堤的横断面；

旁刷边坡；开挖路槽和边沟，以及大面积平整等。此外，还可以在路基上拌和、摊铺路肩上的杂草以及冬季道路除雪等。

2. 作业方式

（1）选择铲土角；

（2）选择刮刀回转角；

（3）斜行作业；

（4）刮刀侧移；

（5）刮刀移土作业。

（四）挖掘机

挖掘机在公路工程中是用于挖掘和装载土、石、沙砾和散粒材料的重要施工机械。挖掘机是土石方工程施工的主要机械，特点是效率高、产量大，但机动性较差。在公路工程施工中，遇到开挖量较大的路堑和填筑高路堤等大工程量时，用挖掘机配合运输车辆组织施工是比较合理的选择。

（五）装载机

装载机是一种工作效率较高的铲土运输机械。它兼有推土机和挖掘机两者的工作能力，可以进行铲掘、推运、整平、装卸和牵引等多种作业。

装载机的适应范围主要取决于使用场所、土石料特性和工作环境，选用时应注意以下三点：

1. 装载机的经济合理运距；

2. 装载机的斗容与汽车车厢容积的匹配；

3. 充分发挥装载机的效率。

第三节　坡面防护工程施工

一、抹面与捶面

1. 抹面

适用于尚未严重风化的各种易风化岩石边坡，但对由煤系岩层及成岩作用很差的红色黏土岩组成的边坡不适用。边坡坡度不受限制，但坡面应较干燥。抹面使用年限较短，一般为 8 ~ 10 年。

（1）抹面要求及材料配合比

①抹面工程的周边与未防护的坡面衔接处应严格封闭。为此，可在边坡顶部作断面为 20cm × 20cm 的小型截水沟，沟底及沟帮可用砂浆抹面，厚度为 10cm；亦可在坡顶凿槽，

槽深不小于10cm，并和相衔接边面平顺；坡脚宜设1~2m高的浆砌片石护披。

②在软硬岩层相间的边坡上，仅对软岩层抹面时，在软硬分界处，抹面应嵌入硬岩层至少10cm。

③大面积抹面时，每隔5~10m应设伸缩缝一道。缝宽1~2cm，缝内用沥青麻筋或油填充。

④根据当地的气候条件，若需增强抹面的抗冲蚀能力和防止表面开裂而对外观要求不高时，可在表面涂沥青保护层。

⑤抹面材料的配合比，可根据当地的材料情况选择。水泥砂浆1:3~1:4(体积比)，水泥石灰砂浆1:2:9(体积比)。

（2）抹面施工注意事项

①抹面前边坡上大的凹陷应用浆砌片石嵌补，宽的裂缝应灌浆。

②抹面作业前，需将边坡表面的风化岩石清刷干净，并用清水将边坡浮土冲洗干净，使边坡湿润后再开始抹面。采用石灰炉渣浆抹面时，在灰浆抹上后，稍干即进行夯拍，直至表面出浆为止，然后磨平并涂上速凝剂，盖草洒水养护。

③抹面不宜在严寒季节、雨天及日照强烈时施工，其适宜的气温为4~30℃。

④抹面工程应经常检查维修，如发现裂纹或脱落，要及时灌浆修补。

2.捶面

适用于易受冲刷的土质边坡或易风化剥落的岩石边坡。边坡坡度不大于1:0.5，使用年限为10~15年。

捶面厚度为10~15cm，一般采用等厚截面，当边坡较高时，采用上薄下厚截面。捶面护坡与未防护坡面衔接处应封闭，其措施与抹面相同。坡脚设1~2m高的浆砌片石护坡。

（1）捶面材料及配合比

①捶面材料常用石灰土、二灰土和水泥炉渣混合土。其中水泥宜用低强度等级的；砂子应用中粗砂；石灰应符合三级石灰的要求。

②材料配合比应根据材料的情况选择，一般情况下为水泥:石灰:砂子:炉渣=1:3:6:9(质量比)；石灰:粘土:砂子:炉渣=1:2.5:5:9(质量比)；水泥:砂子:炉渣=1:3:7(质量比)；石灰:粘土:炉渣=1:1:4(体积比)。

（2）施工注意事项

①捶面前应清理坡面，当边坡有坑凹时，应填补处理。在土质边坡上，为使捶面与坡面贴牢，可在坡面挖小台阶或锯齿，齿深5~10cm，间隔50~100cm。

②捶面施工时先洒石灰水润湿坡面，捶面夯拍用力要均匀，提浆要及时，提浆后2~3h进行洒水养护3~5d。

③在寒冷地区施工不宜在冬季进行。

④捶面在使用时应经常养护检查，发现开裂和脱落时应及时修补。

二、喷浆与喷射混凝土

适用于易风化但尚未严重风化的岩石边坡，坡面较干燥。对高而陡的边坡，上部岩层较破碎而下部岩层完整的边坡和需大面积防护的边坡，采用此种类型更为经济。对成岩作用差的黏土岩边坡不宜采用。

1. 施工要点

喷浆施工的砂浆强度不应低于 M10，厚度宜为 5 ~ 7cm；喷射水泥混凝土的强度不应低于 C15，厚度宜为 10 ~ 15cm。在喷射过程中应添加速凝剂以促使早凝固。施工时需要专用喷射机械设备，并在坡面上每隔 2 ~ 3m 设置泄水孔，对大面积坡面防护还应设置伸缩缝。

喷浆或喷射混凝土防护的周边与未防护面衔接处应严格封闭，做法与抹面、捶面相同。坡脚岩石风化比较严重时，应设高 1 ~ 2m、顶宽 40cm 的浆砌片石护裙。

2. 材料的技术要求及配合比

（1）水泥

应采用强度等级不低于 42.5 的普通硅酸盐水泥。

（2）砂

喷浆采用粒径为 0.1 ~ 0.25mm 的纯净细砂；喷射混凝土采用粒径为 0.25 ~ 0.5mm 的中粗砂，砂的含量不得超过 5%。

（3）混凝土粗集料

喷射混凝土的粗集料应采用纯净的卵石或碎石，最大粒径不得大于 25mm；大于 15mm 的颗粒应控制在 20% 以下，针片状颗粒含量不得超过 15%。

（4）速凝剂

速凝剂应采购信誉好的厂家生产的产品，掺量应根据需要通过试验确定。

（5）配合比

水泥砂浆及混凝土的配合比应根据施工机械及当地的材料供应情况通过试验确定。以下为常用的配合比（质量比）：

水泥砂浆：1：4（水泥：砂）；

水泥石灰砂浆：1：1：6（水泥：石灰：砂）；

混凝土：1：2：2 ~ 1：2：3（水泥：砂：粗集料）。

3. 施工注意事项

（1）施工前应将坡面浮土、碎石清除，并用水冲洗。

（2）喷浆及喷射混凝土的机械设备，在正式施工作业前应进行试喷，以便调整施工配合比。当水灰比过小时，灰体表面颜色灰暗，出现干斑，有粉尘飞扬；水灰比过大时，则喷射灰体表面起皱、拉毛、滑动或流淌；水灰比合适时，喷射灰体呈黏糊状，表面光泽平整，集料分布均匀，回弹量小。

（3）为保证施工安全，喷枪手应配带防护面罩，穿防护服，戴防尘口罩。其他参加施工人员也应戴防尘口罩。

（4）喷射作业应自下而上进行。喷枪咀应垂直于坡面，并与坡面保持 0.6 ~ 1.0m 的距离。喷射混凝土厚度大时，应分 2 ~ 3 次喷射。

（5）为防止堵塞，输料管直径以 20 ~ 30cm 为宜。其喷射工作压力为 0.15 ~ 0.20MPa。喷咀供水压力要比喷射工作压力大 0.05 ~ 0.10 MPa，以保证水与干料拌和均匀。

（6）喷浆灰体初凝后应立即洒水养生，养生时间应持续 7 ~ 10d。

（7）喷射作业时应按要求制取试件，在标准条件下养护 28d 后试压，作为喷浆或喷射混凝土的强度凭证。

（8）喷射作业严禁在结冰季节及大雨天进行。

（9）喷浆及喷射混凝土防护工程应经常检查维修，有杂草及时拔除，开裂处要及时灌浆勾缝，脱落处要及时补喷。

4. 挂网喷射

当岩石坡面的岩体破碎时，为加强喷浆及喷射混凝土的防护效果，可采用挂网喷射。铁丝网采用 φ4 ~ 10mm 的圆钢筋编制而成，孔径视边坡岩石情况而定，一般为 10cm。铁丝网平铺于坡面上，与坡面距离不得小于 20mm，并用钢筋锚钉固定。为了节省钢筋，可用高强度聚合物土工格栅代替钢筋网。土工格栅是工厂生产的岩土工程材料，其原料为高强度聚合物聚乙烯，经热压成型，具有强度高、质量轻、耐腐蚀等特点，是新型的路基、路面加固和边坡防护材料。常用的 CE 系列土工格栅，运输铺设均很方便。土工格栅挂网喷浆在一些工点上曾做过试验，结果是成功的。但因时间还比较短，其长期防护效果尚待时间检验。但其价格低、操作简便、效率高的特点是比较明显的。以 CE131 型土工格栅与直径 10mm 的钢筋网比较，土工格栅价格仅为钢筋网价格的 1/4-1/5，因而其在公路路堑边坡防护中有广阔的推广前景。

喷浆厚度不宜小于 5cm，喷射混凝土厚度不小于 5cm，以 8cm 为宜。沿框条延伸方向每隔 10 ~ 20m 设一道伸缩缝，缝宽 2cm，用沥青麻筋填塞。

施工注意事项：在灌注固定锚杆的砂浆时，要捣密实；喷浆及喷射混凝土的厚度要均匀，防止铁丝网及锚钉头外露。

三、灌浆与勾缝

灌浆适用于较坚硬的、裂缝较大较深的岩石路堑边坡；勾缝适用于较硬、不宜风化、节理裂缝多而细的岩石路堑边坡。

灌浆可用 1:4 或 1:5 的水泥砂浆，裂缝很宽时可用混凝土灌注。

勾缝用 1:2 或 1:3 的水泥砂浆，也可用 1:0.5:3 或 1:2:9 的水泥石灰砂浆（灰浆比例为体积比）。

灌浆和勾缝的作用是借灰浆的黏结力把裂开的岩石黏结为一个整体，以免其坠落或坍塌；同时防止雨水及有害杂质侵入裂缝而导致岩石的风化和裂缝的扩大，进而破坏边坡的稳定。

灌浆和勾缝前应先用水清洗坡面，并清除裂缝内的杂草和泥土。

四、护面墙

浆砌片石护面墙能防治比较严重的坡面变形，适用于各种土质边坡及易风化剥落而破碎的岩石边坡。

根据边坡的高度、坡度及岩石破碎情况，可采用不通型式的浆砌片石护面墙。一般土质及破碎岩石边坡采用实体护面墙；边坡缓于 1 : 0.75 时可采用孔窗式护面墙，孔窗内采用捶面或干砌片石；边坡岩层较完整且坡度较陡时，宜采用肋式护面墙；当边坡下部岩层较完整而需防护上部边坡时，应采用拱式护面墙。

1. 实体护面墙

实体护面墙分等截面和变截面两种。

（1）高度

等截面护面墙高度：当边坡为 1 : 0.3 时，不宜超过 6m；当边坡缓于 1 : 0.5 ~ 1 : 1 时，不宜超过 10m。

变截面护面墙高度：单级不宜超过 20m，否则应采用双级或三级护面墙，但总高度一般不宜超过 30m。双级或三级护面墙的上墙高不应大于下墙高，下墙的截面应比上墙大，上下墙之间应设错台，其宽度应使上墙修筑在坚固牢靠的基础上，错台宽度一般不宜小于 1m。

（2）护面墙基础

护面墙基础应置于冻结线以下，地基承载力一般不宜小于 0.3MPa，否则应采取加固措施。一般将墙底做成倾斜的反坡，其倾斜度，土质地基采用 0.1 ~ 0.2，岩石地基采用 0.2 或等于墙面坡度。

（3）耳墙

为增加护面墙的稳定性，当护面墙高度超过 8m 时，在墙背中部设置耳墙一道；护面墙高度超过 13m 时，设置耳墙两道，间距 4 ~ 6m。当墙背坡度陡于 1 : 0.5 时，耳墙宽 0.5m；墙背坡度缓于 1 : 0.5 时，耳墙宽 1.0m。

2. 孔窗式护面墙

孔窗通常为半圆拱型，高 2.5 ~ 3.5m，宽 2.0 ~ 3.0m，圆拱半径 1.0 ~ 1.5m。

3. 拱式护面墙

当拱跨大于 5.0m 时，多采用混凝土拱圈。拱圈厚度应根据拱圈上部护面墙垂直高度而定。墙高 5m 时，采用 20cm；10m 时采用 24cm；15m 时采用 30cm。拱矢高为 81cm。

当护面墙为变截面时，拱圈以下的肋柱采用等厚截面。

当拱跨为 2 ~ 3m 时，拱圈可采用 M10 水泥砂浆砌块石。拱的高度视边坡下部岩层的完整程度而定。

4.浆砌片石护面墙施工

（1）护面墙施工前应先清除边坡松动岩石，清理边坡上的凹陷部分，不可采用片石回填或干砌片石，应采用与墙体相同的砂浆砌筑。

（2）各式护面墙墙顶均应设置 25cm 厚的墙帽，并使其嵌入边坡 20cm，以防雨水灌入。

（3）护面墙每 10 ~ 20m 应设伸缩缝一道。护面墙基础建在不同地基上时，在相接处应设沉降缝。沉降缝及伸缩缝的宽度为 2cm，可用沥青麻筋或沥青木板填塞。

（4）护面墙应设 10cm × 10cm 或直径为 10cm 的泄水孔，泄水孔上下左右间隔 2 ~ 3m 交错布置，泄水孔纵坡 5%，孔后应设反滤层。有地下水时，应酌情增设泄水孔。

（5）护面墙高度等于或大于 6m 时，应设置检查梯和栓绳环，多级护面墙还应在上下检查梯之间的错台上设置安全栏杆，以便于养护维修。

（6）护面墙施工应重视洒水养生工作。

第四节　路基石方爆破

石质路基施工，指利用爆破的方法进行石质路堑的开挖。在山岭或丘岭地区开挖石质路堑时，如遇到坚硬的岩层，利用机械开挖不能进行施工时，通常都采用爆破的方法来进行，这是石质路基施工最有效的方法。在土石方大量集中的地段以及挖除冻土和大孤石时，也常用爆破的方法进行施工。爆破的目的是将坚石、孤石或冻土进行破碎或松动，然后利用推土机将其堆集，装载机装车运走。被破碎的石料多数用做填筑路提，或被用做砌石工程及破碎成碎石料使用。

一、常用爆破方法

开挖岩石路基所采用的爆破方法，要根据石方的集中程度、地质、地形条件及路基断面形状等具体情况而定，一般可分为小炮和洞室炮两大类。小炮主要包括钢钎炮、葫芦炮、猫洞炮等；洞室炮则随药包性质、断面形状和地形的变化而不同。用药量在 1000kg 以上为大炮，以下为中小炮。习惯上称洞室炮为大炮，药壶炮、猫洞炮为中炮，钢钎炮为小炮。

1.钢钎炮（炮眼法）

在路基工程中，钢钎炮通常指炮直径和深度分别小于 70mm 和 5m 的爆破方法。这种炮由于炮眼直径小，装药量受限制，一般最多装药为眼深的 1/3 ~ 1/2，故爆破的石方量不大，一般不超过 10m。因此在石方量大时，应需钻凿许多炮眼，爆破次数多，钻眼工作量大且生产率低，个别石块飞得很远。因此，在路基石方工程集中时，应尽可能少用这种炮型。但是，由于此法操作简便，对设计边坡外的岩体震动损害小，平均耗药量也少，机动灵活，因而它又是一种不可缺少的炮型。特别是在工程分散石方量小以及整修边坡、开挖边沟、炸孤石时非常适用。此外，也常用此法为大型炮创造有利地形。

炮眼位置应选择在临空面多的地方。炮眼方向不要与岩石的节理和裂缝相平行，面应与之垂直，不可避免时则炮眼应离裂缝有一定距离。

由于炮眼底部容积增大，装药较多，又是集中药包，爆炸能量集中作用于周围介质，因而可克服钢钎炮的缺点，增加爆破能量的利用率，从而提高爆破效果，所以它为公路施工所常用。

2. 微差爆破

两相邻药包或前后排药包以毫秒的时间间隔（一般为 15 ~ 75ms）依次起爆，称微差爆破，亦称毫秒爆破。其优点是当装药量相等时，可减震 1/3 ~ 2/3；前发药包为后发药包开创了临空面，从而加强了岩石的破碎效果；降低多排孔一次爆破的堆积高度，有利于挖掘机作业；由于逐发或逐排依次爆破，减少了岩石夹制力，可节省炸药 20%，并可增大孔距，提高每米钻孔的炸落方量。

3. 光面爆破和预裂爆破

光面爆破是在开挖界限的周边，适当排列一定间隔的炮孔，在有侧向临空面的情况下，用控制抵抗线和药量的方法进行爆破，使之形成一个光滑平整的边坡。

预裂爆破是在开挖界限处按适当间隔排列炮孔，在没有侧向临空面和最小抵抗线的情况下，用控制药量的方法，预先炸出一条裂缝，使拟爆体与山体分开，作为隔震减震带，起保护和减弱开挖界限以外山体或建筑物的地震破坏作用。光面与预裂爆破后，在边坡壁上通常均留下半个炮孔的痕迹。

进行光面或预裂爆破时，应严格保持炮孔在同一平面内，炮孔间距和抵抗线之比应小于 0.8，装药量应适当控制，并采用合理的药包结构，通常使炮孔直径大于药卷直径 1 ~ 2 倍，或采用间隔药包、间隔钻孔装药。预裂炮的起爆时间在主炮之前，光面炮在主炮之后，其间隔时间可取 25 ~ 50ms。同一排孔必须同时起爆，最好用传爆线起爆，否则会影响爆破质量。

4. 洞室炮（药室法）

大型洞室爆破，威力大，效率高，可以缩短工期，节约劳力，技术安全可靠性也大。但是，如果使用不当，则可能破坏山体平衡，造成路基后遗病害。对于不良地质，如滑坡体、岩堆、断层破碎带、软弱地基以及在周围有重要建筑物、人烟稠密的村镇等路段，不宜进行大型洞室爆破。

洞室炮是先开挖导洞通向药室，导洞断面一般为 1.0 × 1.2 ㎡ -1.5 ×1.8 ㎡。导洞可分为竖井与平洞：竖井定位、测量方便，堵塞质量高，爆破效果好，但通风不良，排水、支撑及出渣困难；平洞通风、排烟及排水方便，出渣、支撑工作容易，但开挖工程量较多，堵塞困难。根据不同的条件先用平洞或竖井。药室一般设在最小抵抗线长 1/4 以上的地点为宜，应避免设在最小抵抗线上，以免发生冲天炮。

洞室爆破主要用于石方大量集中、地势险要或工期紧迫的路段。根据地形条件和路基断面形式，可分别选用以下洞室炮：

（1）扬弃爆破（平坦地形的抛掷爆破）

适用于平坦地面或地面坡角小于 15° 的地形。如平地拉槽路堑，石质大多是软石，为使石方大量扬弃到路基两侧，通常采用稳定的加强抛掷爆破。抛弃率一般在 80% 左右。由于耗药量大，炸药费用一般占工程造价的 80% 左右，且爆后对路堑边坡的稳定性影响很大，故在公路工程中尽量少用。

（2）抛坍爆破

运用于自然地面坡度大于 30°、地形地质条件复杂的半填半挖路堑。在陡坡地段，岩石被炸碎后，上部岩层在下部岩层松动之后，借重力滑出路基，提高了爆破效果。抛坍率一般为 45% ~ 85%，单位耗药量为 0.98 ~ 4.02kg/m³。炸药费用不到总造价的 40%，而工效可达 6 ~ 15m³/ 工日，比小炮工效高 2 ~ 4 倍，总的路基工程造价可降低 16% 以上，爆破后路堑边坡稳定，是路基石方工程中的一种有效的爆破方法。

（3）定向爆破

定向爆破不受地面坡度限制，而根据地形地质条件和施工要求，利用炸药在有限介质中爆炸的最小抵抗线原理，配合天然地形布置药包，使爆破后的大量土石，按最小抵抗线方向抛掷到一定地点，并堆积成一定形状。它减少了挖、装、运、夯等工序，生产率极高。在公路工程中用于以借为填或移挖作填地段，特别是在深挖高填相间、工程最大的鸡爪形地区，采用定向爆破，一次可形成百米以至数百米路基。

（4）松动爆破

大型松动爆破主要用于不宜采用抛掷爆破的次坚石、软石路基，并配合机械化清方的地段。在坚石中，宜采用深孔炮。

（5）不宜进行大爆破的工程地质条件

①岩堆、滑坡体、坡顶上部堆积的覆盖层较厚而倾向路基的不良地区。

②断层破碎带、侵入体与围岩的接触带、节理破碎带及可能引起坍方的地质软弱面地段。

③当软弱面通过路基的后方或下方时，爆破不易形成路基的地段。

④层理面、错动面以及其他构造软弱面，倾向路基，层面胶结不良的地段。

⑤山脊较薄，山后有良好临空面，不选出半径可使整个山头破坏，引起坍方的地段。

此外，对周围环境亦需考虑，如有良田、果树、重要建筑物等，在无法确保其安全时，不宜采用大爆破。

5.选用各种爆破方法的基本原则

为了充分发挥各种爆破方法的持点，利用不同的地形、地质的客观条件，在路基石量工程中采用综合爆破，选用各种爆破方法，组织炮群，有计划、有步骤地爆破拟开挖的石方是十分重要的。各种炮型综合运用按以下原则：

（1）全面规划、重点设计

应根据石方集中的程度、中心开挖深度来考虑采用炮型，中心挖深大于6m时，可采用洞室炮；3～5m时采用葫芦炮；3m以下来用钢钎炮。葫芦炮与钢钎炮等中小炮型的联合开炸，可适用于任何高度和地形中，尤以阶梯高度4～5m的半路堑的开挖最为适宜。

（2）利用有利地形，打开工作面

从路基面开挖培养高阶梯，可选有利地形，先用小炮炸开工作面，造成高阶梯，为深孔炮、药壶炮或猫洞炮创造有利条件。

（3）综合利用小炮群，分段分批爆破

①在半填半挖的斜坡地形，采用一字排炮；在自然坡度较缓的地形，先用钢钎炮切脚，改造后再采用一字排炮。

②路线横切小山包时，采用钢钎炮三面切脚，改造地形后，再在中间用葫芦炮爆破。

③遇路基加宽、阶梯较高的地形，采用上下互相配合的小炮群。

④遇拉沟路堑，采用两头开挖时，可用立眼揭盖、平眼扫底的梅花炮。

⑤机械化清方时，如遇坚石，可用眼深2m以上的钢钎炮，组合成30～40个的排多层炮群，或采用深孔炮。在坚硬岩石中，为使岩石破碎程度满足清方的要求，可以采用微差爆破或间隔药包。遇软石或节理发育的次坚石，可用松动爆破。

1.炸药

炸药是一种不稳定的化合物和混合物。它能在引爆器材的作用下，或外界因素的影响下产生爆炸，从而使石方被分解、破碎。爆破用的炸药种类很多，按爆炸过程中的分解速度大小，可分为烈性炸药（爆速大于2000m/s）与普通炸药（爆速小于2000m/s）两种；按外观色泽又可分为黑色、黄色两个主要品种。道路工程中用的炸药，应具有敏感性低、爆炸效能大、化学稳定性高，以及制造、储存、运输方便等优良的品质。所谓敏感性是指炸药对起爆能的反应能力。炸药对撞击、摩擦等作用的稳定性愈高，则敏感性愈低；也就是需要较大的起爆能，方能引起爆炸。所谓化学稳定性是指炸药在外界自然因素、温湿度变动影响下，能较长期不失效、不爆炸的性能。

黑色炸药是一种由硝酸钾、硫磺和木炭经分别研细、配制而成的机械混合物。其配合比各地不一致，大体说来按6：3：1较为合适。这种炸药爆速低，撞击不会爆炸，但易于因密闭、摩擦和火花影响而起爆，同时还易于因受潮而降低爆炸效果。一般当含水量大于2%时引爆发生困难，若含水量达7%就完全失效。它常用于爆破的导火索芯药以及局部小型爆破工程。

黄色炸药主要指℃Ｎ℃（三硝基甲苯），通常有压榨的、鳞片的和熔铸的三种。它的爆速大、敏感性低、爆破力强，一般冲击和摩擦不易引起爆炸，因而运送、储存较安全、方便。除块状的℃N℃适于水中爆破外，其余均易受潮而失去效能，故应注意防护。

另一种黄色炸药（浅黄或灰白色）是硝铵炸药。它主要是由硝酸铵、℃N℃及其他易燃物混合而成，外观呈粉末状，有毒但爆烟毒气少，其他性质与℃N℃近似，宜用于隧道爆破。

此外，还有一种铵油炸药，它与硝铵炸药的不同之处就是用柴油代替℃N℃。它的爆破力虽稍低但抛掷效果好，特别是由于柴油的黏度小，有良好渗透性，从而使炸药的成分混合比较均匀，再加上混合时柴油仅沿着硝酸铵的表面分布成一层薄膜，这就大大有利于克服硝铵炸药吸湿性强、易受潮结块的缺点。因此，对其运送、储存更方便，且造价也较低。近几年来采用这种炸药的日益增多。使用这种炸药通常由于它的敏感性较硝铵炸药还低，因此需借助硝铵炸药作起爆药包。

2. 起爆器材

引爆材料有导火线、导爆索、火雷管（也叫普通雷管、电雷管）。下面仅简单介绍普通雷管及电雷管。

（1）普通雷管

普通雷管按雷汞含量多少分为 10 个号，号数愈高，雷汞含量愈大，起爆能力也愈大，一般选用 6 ~ 8 号为多。

（2）电雷管

电雷管是借电流通过时产生的高热而爆炸的一种雷管。通常按起爆快慢要求分为瞬发与迟发两种。瞬发雷管与电接通后立即产生爆炸；而迟发雷管因在点火剂与起爆药间装有燃烧速度相当准确的柱形缓燃剂，而可延迟雷管爆炸时间。一般迟发雷管可分 2s、4s、6s、8s、10s 及 12s 等几种，可根据要求起爆的情况选用。选用时应注意在同一电爆网回路上，必须用同厂、同批、同牌号的电雷管。各管之间，当电阻均在 1.25Ω 以下时，电阻差不超过 0.25Ω；在 1.25 ~ 2.0Ω 时，电阻差不超过 0.3Ω。使用前，应用小型欧姆表导通检查。导通时应将电雷管埋入土中或放在厚铁挡板后面，以防爆炸伤人。

第六章 路面基层（底基层）施工

第一节 石灰稳定土基层的施工

一、认识石灰稳定土

在粉碎的或原来松散的土（包括各种粗、中、细粒土）中，掺入足量的石灰和水，经拌和、压实及养护后得到的混合料，当其抗压强度符合规定要求时，称为石灰稳定土。用石灰稳定细粒土得到的强度符合规定要求的混合料，称为石灰土。石灰稳定土适用于各级公路的底基层以及二级和二级以下公路的基层，但石灰土不得用于二级公路的基层和二级以下公路高级路面的基层。

（一）石灰稳定土强度形成的原理

在土中掺入适当的石灰，并在最佳含水量下压实后，既发生了一系列的物理力学作用，也发生了一系列的物理、化学作用，从而使土的性质发生了根本的改变。在初期，主要表现在土的结团性、塑性降低、最佳含水量的增大和最大密实度的减小等；后期变化主要表现在结晶结构的形成，从而提高其板体性、强度和稳定性。

石灰稳定土强度形成主要依靠离子交换作用、火山灰作用、碳酸化作用、结晶作用。

（二）影响石灰土强度的因素

1. 土质

各种成因的亚黏土、亚砂土、粉土类土、黏土类土都可以用石灰来稳定。但生产实践表明，黏质土较好，其稳定效果显著，强度也高。当采用塑性指数过高的土时，施工不易粉碎，且增加干缩裂缝；采用塑性指数偏小的土时，容易拌和，但难以碾压成型，稳定效果不显著。选用土质，既要考虑其强度，还要考虑到施工时易于粉碎、便于碾压成型。一般选用塑性指数为 15 ~ 20 的黏质土。塑性指数偏大的黏质土，要加强粉碎，粉碎后，土中粒径为 15 ~ 25mm 的土块不宜超过 5%。经验证明，塑性指数小于 12 的土不宜用石灰稳定。对于硫酸盐类含量超过 0.8% 或腐殖质含量超过 10% 的土，对强度有显著影响，不宜直接采用。

2. 灰质

石灰的等级愈高（即活性 CaO+MgO 的含量愈高），稳定效果愈好；石灰的细度愈大，其表面积愈大，在相同剂量下与土粒的作用愈充分，因而效果愈好。同时，石灰消解后不能在空气中存放过久，以免碳化降低活性。

3. 石灰剂量

石灰剂量是指石灰质量占全部粗细土颗粒（即砾石、碎石、沙砾、粉粒和黏粒）干质量的百分率。（石灰剂量＝石灰质量／干土质量）

石灰剂量对石灰稳定土强度影响显著，石灰剂量较低（小于 3%～4%）时，石灰主要起稳定作用，土的塑性、膨胀、吸水量减小，使土的密实度、强度得到改善。随着剂量的增加，强度和稳定性均提高，但剂量超过一定范围时，强度反而降低。生产实践中常用的最佳剂量范围，对于黏质土及粉质土为 8%～14%；对于细粒土则为 9%～16%。剂量的确定应根据结构层技术要求进行混合料组成设计。

4. 含水量

水是石灰稳定土的重要组成部分，具有以下作用：

（1）使石灰与土发生物理 - 化学反应，从而提高强度。

（2）是土的粉碎、拌和与压实的必要条件，在最佳含水量下可达到最佳压实效果。

（3）养护时保持一定湿度。

不同土质的石灰稳定土有不同的最佳含水量，需通过标准击实试验确定，并用以控制施工中的实际加水量。

5. 压实度

石灰稳定土的强度随压实度的增加而增长。实践证明，石灰稳定土的压实度每增减 1%，强度约增减 4% 左右。而且密实的石灰稳定土，其抗冻性、水稳定性好，缩裂现象也少。

6. 龄期

石灰稳定土强度具有随龄期增长的特点。石灰稳定土初期强度低，随着时间的逐渐增长而趋于稳定。一般情况下，石灰稳定土的强度在 90d 以前增长比较显著，以后比较缓慢。石灰稳定土的这种特性对施工程序的衔接有相当的灵活性。

7. 养护条件

养护条件主要指温度与湿度。养护条件不同，其强度也有差异。当温度高时，物理 - 化学反应、硬化、强度增长快，反之强度增长慢，在负温条件下甚至不增长。因此，要求施工的最低温度应在 5℃ 以上。经验证明，夏季施工的石灰稳定土强度高，质量可以保证。

湿度条件对石灰稳定土的强度有很大影响。在一定潮湿条件下养护，强度的形成比在一般空气中养护要好。

（三）一般规定

（1）石灰稳定土适用于各级公路的底基层以及二级以下公路的基层。但石灰土不得用作二级公路及二级以上公路高级路面的基层。

（2）在冰冻地区的潮湿路段以及其他地区的过分潮湿路段，不宜采用石灰土做基层。当只能采用石灰土时，应采取措施防止水分浸入石灰土层。

（3）石灰稳定土层应在春末和夏季组织施工。施工期的日最低气温应在5℃以上，并应在第一次重冰冻（-5～3℃）到来之前一个月到一个半月完成。稳定土层宜经历半月以上温暖气候养护。多雨地区，应避免在雨季进行石灰土结构层的施工。

（4）在雨季施工需要使用石灰稳定中粒土和粗粒土时，应采用排除表面水的措施，防止运到路上的集料过分潮湿，并应采取措施保护石灰免遭雨淋。

（5）石灰稳定土层施工时，应遵守下列规定。

①细粒土应尽可能粉碎，土块最大尺寸不应大于15mm。

②配料应准确。

③路拌法施工时，石灰应摊铺均匀。

④洒水、拌和应均匀。

⑤应严格控制基层厚度和高程，其路拱横坡应与面层一致。

⑥石灰稳定土结构层应用12℃以上的压路机碾压。用12～15t三轮压路机碾压时，每层压实厚度不应超过15cm；用18～20℃三轮压路机和振动压路机碾压时，每层的压实厚度不应超过20cm。对于石灰稳定土，采用能量大的振动压路机碾压时，或对于石灰土，采用振动羊足碾与三轮压路机配合碾压时，每层的压实厚度可以根据试验适当增加。压实厚度超过上述规定时，应分层铺筑，每层的最小压实厚度为10cm，下层宜稍厚。对于石灰土，应采用先轻型、后重型压路机碾压。

⑦石灰稳定土层应在混合料处于最佳含水量或略小于最佳含水量（1%～2%）时进行碾压，直到达到确定的要求压实度。宜在当天碾压完成，碾压完成后必须保湿养护，不使稳定土层表面干燥，也不应过分潮湿。

⑧石灰稳定土层上未铺封层或面层时，禁止开放交通；当施工中断，临时开放交通时，应采取保护措施，不使基层表面遭破坏。

⑨石灰稳定土基层施工时，严禁用薄层贴补的办法进行找平。

⑩在采用石灰土做基层时，必须采取措施防止表面水透入基层，同时应经历一个月以上的温暖气候养护。作为沥青路面的基层时，还应采取加强基层与面层联结的措施。

（6）施工方法。

①对于二级以下的公路，石灰稳定土基层和底基层可以采用路拌法施工。对于二级公路，宜采用专用的稳定土拌和机路拌或用集中厂拌法拌制混合料。

②对于高速公路和一级公路，直接铺筑在土基上的底基层下层，可以用专用稳定土拌和机进行路拌法施工，如土基上层已用石灰或固化剂处理，则底基层的下层也应用集中拌和法拌制混合料。其上的各个稳定土层都应用集中厂拌法拌制混合料并用摊铺机摊铺混合料。

二、材料要求

1. 石灰

石灰要分批进料，做到既不影响施工进度，又不过多存放。高速公路和一级公路，宜用磨细的生石灰粉。生石灰应在使用前 7 ~ 10d，充分消解成能通过 10mm 筛孔的熟石灰粉，并尽快使用，石灰消解后存放期不应超过 3 个月，以免降低活性。需尽量缩短堆放时间，如存放时间稍长应覆盖，并采取封存措施，妥善保管。

2. 土质

黏性土、砂性土以及含有一定数量黏性土的中粒土和粗粒土（如天然沙砾土和碎石土，旧石灰稳定中级路面及旧级配砾石路面等）均适宜于用石灰稳定。不含黏性土的沙砾、级配碎石和未筛分碎石，应用石灰土进行稳定。

塑性指数在 15 ~ 20 之间的黏性土，易于粉碎，便于碾压成型，施工和使用效果都较好。塑性指数偏大的黏性土，要加强粉碎，粉碎后土块的尺寸不宜超过标准规定的 5%。可以采取两次拌和法，第一次加部分石灰拌和后，闷放 24 ~ 48h，再加入其余石灰，进行第二次拌和。塑性指数偏小的亚砂土和砂土中石灰较多，难于碾压成形，应采取适当的施工措施。

3. 水

水应洁净，不含有害物质。一般人或牲畜饮用的露天水源均可用于石灰土施工。遇有可疑水源时，应按照《公路工程水质分析操作规程》（J℃ J056-84）要求进行试验鉴定。

三、石灰稳定土施工

在路面的基层、底基层的施工中，混合料的拌和方式主要有路拌法和厂拌法，其摊铺方式有人工和机械两种。这里主要讲解路拌施工工序的质量控制。

石灰稳定土路拌法施工工序，如以下所示。

施工放样→准备下承层→粉碎土或运送摊铺选料→洒水预湿→摆放和摊铺石灰→补充洒水和拌和→整形→碾压→接缝和掉头处的处理→养生

1. 准备工作

（1）准备下承层

石灰稳定土的下承层表面应平整、坚实，具有规定的路拱。当石灰稳定土用作基层时，要准备底基层；当石灰稳定土用作底基层时，要准备土基。无论土基还是底基层，都必须按规范规定进行验收。凡验收不合格的路段，必须采取措施，使其达到标准后，方能在上面铺筑石灰稳定土层。

（2）测量

在底基层或土基上恢复中线，直线段每 15 ~ 20m 设一桩，平曲线段每 10 ~ 15m 设一桩，并在对应断面的路肩外侧设指示桩。在两侧指示桩上用红漆标出石灰稳定土层边缘的设计高度。

（3）备料

①集料。采备集料前，应先将树木、草皮和杂土清除干净，并在预定采料深度范围内自上而下采集集料，不宜分层采集，不应将不合格材料采集在一起。如分层采集集料，则应将集料先分层堆放在一场地上，然后从前到后（上下层一起装入汽车），将料运到施工现场。料中的超尺寸颗粒应予以筛除。对于塑性指数小于 15 的黏性土，机械拌和时，可视土质和机械性能确定土是否需要过筛。人工拌和时，应筛除粒径在 1.5cm 以上的土块。

②石灰。石灰宜选在公路两侧宽敞而邻近水源且地势较高的场地集中堆放。预计堆放时间较长时，应用土或其他材料覆盖封存。石灰堆放在集中拌和场地时，宜搭设防雨棚。石灰应在使用前 7 ~ 10d 充分消解。每吨石灰消解需用水量般为 500 ~ 800kg。消解后的石灰应保持一定的湿度，以免过干飞扬，但也不能过湿成团。消解后的石灰宜过孔径 10mm 的筛，并尽快使用。

③材料用量。根据各段石灰稳定土层的宽度、厚度及预定的压实度（换算为压实密度），计算各路段需要的干集料质量。根据料场集料的含水量和运料车辆的吨位，计算每车料的堆放距离。根据石灰稳定土层的厚度和预定的干容量及石灰剂量，计算每平方米石灰稳定土需用的石灰质量，并计算每车石灰的摊铺面积。如使用袋装生石灰粉，则计算每袋石灰的摊铺面积。计算每车石灰的卸放位置，即纵向和横向间距，或计算每袋石灰的纵横间距。

2. 运输及摊铺

（1）运料

运料时要注意：对预定堆料的下层在堆料前应先洒水，使其湿润；不应过分潮湿而造成泥泞；集料装车时，应控制每车料的数量基本相等；在同一料场供料的路段，由远到近将料按计算的距离（间距）卸置于下承层中间或上侧。卸料距离应严格掌握，避免料不够或过多；料堆每隔一定距离应留一缺口；集料在下承层上的堆置时间不应过长。运送集料较摊铺集料工序宜只提前 1 ~ 2d，在同料场集料做石灰稳定土时，如路肩用料与稳定土层用料不同，应采取培肩措施，先将两侧路肩培好。路肩料层的压实厚度应与稳定土层的压实厚度相同。在路肩上，每隔 5 ~ 10m 应交错开挖临时泄水沟。

（2）摊铺集料

在摊铺集料时，应事先通过试验确定集料的松铺系数。在摊铺集料前，应先在未堆料的下承层上洒水使其湿润，不应过分潮湿而造成泥泞，对能封闭交通的道路，摊铺集料应在摊铺石灰的前一天进行。摊料长度应与施工日进度相同，以够次日加石灰、拌和、碾压成型为准。对不能封闭交通的道路，或在雨季，宜在当天摊铺集料，用平地机或其他合适的机具将集料均匀摊铺在预定的宽度上，表面应力求平整，并有规定的路拱。摊铺过程中，应注意将土块、超尺寸颗粒及其他杂物拣除。如集料中有较多土块，亦应进行粉碎。检验松铺材料层的厚度，看其是否符合预计要求（松铺厚度 = 压实厚度 × 松铺系数）。必要时，应进行减料或补料工作。

（3）摊铺石灰

摊铺石灰时，如黏性土过干，应事先洒水闷料，使土的含水量略小于最佳值。细粒土宜闷料一夜；中粒土和粗粒土，视细土含量的多少，可闷放1～2h。在人工摊铺的集料层上，用6-8℃两轮压路机碾压1～2遍，使其表面平整，并有一定密实度。然后，按计算的每车石灰的纵横间距，用石灰在集料层上做卸置石灰的标记，同时划出摊铺石灰的边线，用刮板将卸置的石灰均匀摊开。石灰摊铺完后，表面应没有空白位置。量测石灰的松铺厚度，根据石灰的含水量和松密度，校核石灰用量是否合适。

3.拌和与洒水

（1）集料应采用稳定土拌和机拌和，拌和深度应达到稳定层底。应设专人跟随拌和机，随时检查拌和深度并配合拌和机操作员调整拌和深度，除直接铺在土基上的一层外，严禁在拌和层底部留有"素土"夹层。拌和应适当破坏（约1cm左右，不应过多）下承层的表面，以利上下层黏结。通常应拌和两遍以上（如使用的是生石灰粉，宜先用平地机或多铧犁紧贴下承层表面翻拌一遍。直接铺在土基上的拌和层也应避免"素土"夹层。

（2）在没有专用机械的情况下，如为石灰稳定细粒土和中粒土，也可用农用旋转耕作机与铧犁或平地机相配合拌和四遍，但其拌和效果较差。先用旋转耕作机拌和，后用多铧犁或平地机将底部"素土"翻起，再用旋转耕作机拌和第二遍，用铧犁或平地机将底部料再翻起，并随时检查调整翻犁的深度，使稳定土层全部翻透。严禁在稳定土层和下承层之间残留一层"素土"，也应防止翻犁过深，过多破坏下承层的表面。还可以用缺口圆盘耙与多铧犁或平地机相配合，拌和石灰稳定细粒土、中粒土和粗粒土（但其拌和效果较差）。用平地机或多铧犁在前面翻拌，用圆耙跟在后面拌和，即采用边翻边耙的方法。圆盘耙的速度应尽量快，使石灰与集料拌和均匀。共翻拌4～6遍，开始的两遍不应翻犁到底，以防石灰落到底部，后面的几遍应翻犁到底。随时检查调整翻犁的深度，使稳定土层全部翻透。

（3）在拌和过程中，及时检查含水量。用喷管式洒水车补充洒水，使混合料的含水量等于或略大于最佳值（视土类而定，可大1%左右），洒水车距离应长些。水车起洒处和另一端调头处都应超出拌和段2m以上。洒水车不应在正进行拌和的以及当天计划拌和的路段上调头和停留，以防局部水量过大。拌和机械应紧跟在洒水车后面进行拌和。尤其在纵坡大的路段上更应配合紧密，减少水分流失。

（4）在洒水过程中，要人工配合拣出超尺寸颗粒，清除粗细石料"窝"，以及局部过湿之处。拌和完成的标志是：混合料色泽一致；没有灰条、灰团和花面；没有粗细石料"窝"；水分合适均匀。

（5）拌和石灰加黏土的稳定碎石或沙砾时，应先将石灰土拌和均匀，然后均匀地摊铺在碎石或沙砾层上，再一起进行拌和。用石灰稳定塑性指数大的黏土时，由于黏土难以粉碎，宜采用两次拌和法。即每一次加70%～100%预定剂量的石灰进行拌和，闷放一夜，然后补足石灰用量，再进行第二次拌和。

4. 整形与碾压

（1）整形

平地机整形。混合料拌和均匀后，先用平地机初步整平和整形。在直线段，平地机由两侧向路中心进行刮平；在平曲线段，平地机由内侧向外侧进行刮平。需要时，再返回刮一遍。用平地机或轮胎压路机快速碾压 1 ~ 2 遍。在用平地机整平前，应先用齿耙把低洼处表层 5cm 以上耙松，避免在较光滑的表面产生薄层找补的情况。用平地机进行整形后再碾压一遍。对于局部低洼处，应用齿耙将其表层 5cm 以上耙松，并用新拌的石灰混合料进行找补平整，再用平地机整形一次。每次整形都要按规定的坡度和路拱进行。特别要注意接缝处的整平，接缝必须顺适平整。

（2）碾压

整形后，当混合料处于最佳含水量 +1% 时（如表面水分不足，应适当洒水），立即用 12t 以上三轮压路机、重型轮胎压路机或振动压路机在路基全宽内进行碾压。直线段，由两侧路肩向路中心碾压；平曲线段，由内侧路肩向外侧路肩进行碾压。碾压时后轮应重叠 1/2 的轮宽，后轮必须超过两段的接缝处。后轮压完路面全宽时即为一遍。碾压一直进行到路面达到要求的密实度为止，一般需 6 ~ 8 遍。压实的方式同路基碾压。碾压过程中，石灰稳定土的表面应始终保持湿润。如石灰稳定土表面水蒸发得快，应及时补洒少量的水；如有"弹簧"、松散、起皮等现象，应及时翻开重新拌和，或用其他方法处理，使其达到质量要求。在碾压结束之前，用平地机再终平一次，使其纵向顺适，路拱和超高符合设计要求。终平应仔细进行，必须将局部高出部分刮除并扫出路外。对于局部低洼之处，不再进行找补，留待铺筑面层时处理。

5. 养护

（1）石灰稳定土在养护期间应保持一定的湿度，不应过湿。养护期一般不少于 7d。养护方法可视具体情况采用洒水、覆盖砂、低塑性土或沥青膜等。在养护期间石灰土表层不应忽干忽湿，每次洒水后，应用两轮压路机将表层压实。石灰稳定土层碾压结束 1 ~ 2d 后，当其表层较干燥（如石灰土的含水量不大于 10%，石灰粒料土的含水量在 5% ~ 6%）时，可以立即喷洒透层油，做下封层或铺筑面层。但初期应禁止重型车辆通行。

（2）在养护期间未采用覆盖措施的石灰稳定土层上，除洒水车外，应封闭交通。在采用覆盖措施的石灰稳定土层上，不能封闭交通时，应限制车速不得超过 30km/h。如石灰稳定土分层施工时，下层石灰稳定土碾压完后，可以立即在上铺筑另一层石灰稳定土，不需专门的养护期。

（3）养护期结束后，应立即喷洒透层沥青或做下封层，并在 5 ~ 10d 内铺筑沥青面层。在喷洒透层沥青后，应撒布 3 ~ 8mm 或 5 ~ 10mm 的小碎（砾）石，小碎石约撒 60% 的面积（不完全覆盖，但均匀覆盖 60% 的面积，露黑）。如喷洒的透层沥青能透入基层，当运料车辆和面层混合料摊铺机在上行驶不会破坏沥青膜时，可以不撒小碎石。如为水泥混凝土面层时，也不宜让基层长期暴晒开裂。

6.施工中应注意的问题

（1）接缝和"调头"处的处理

两工作段的搭接部分，应采用对接形式。前一段拌和后，留 5～8m 不进行碾压。后一段施工时，将前段留下未压部分，一起再进行拌和。拌和机械及其他机械不宜在已压成的石灰稳定土层上调头。如必须在上进行调头，应采取措施（如覆盖 10cm 厚的砂或沙砾）保护调头部分，使石灰稳定土表层不受破坏。

（2）纵缝的处理

石灰稳定土层的施工应尽可能避免纵向接缝，必须分两幅施工时，纵缝必须垂直相接，不应斜接。

一般情况下，纵缝可按下述方法处理。在前一幅施工时，在靠中央一侧用方木或钢模板做支撑，方木或钢模板的高度与稳定土层的压实厚度相同。混合料拌和结束后，靠近支撑木（或板）的一条带，应人工进行补充拌和，然后进行整形和碾压。在铺筑另一幅时，或在养护结束时，拆除支撑木（或板）；第二幅混合料拌和结束后，靠近第一幅的一条带，应人工进行补充拌和，然后进行整形和碾压。

（3）路缘处理

如石灰稳定土层上为薄沥青面层，基层每边应较面层展宽 20cm 以上。在基层全宽上喷洒透层沥青或设下封层，沥青面层边缘以三角形向路肩抛出 6～10cm。如设路缘块时，必须注意防止路缘块阻滞路面表面水和结构层中的水。

（4）用石灰稳定低塑限指数的砂、粉性土的处理

用石灰稳定低塑限指数的砂性土和粉性土时，碾压过程中容易起皮松散，成型困难，施工时要大量洒水，分两阶段碾压。第一阶段，洒水后用覆带拖拉机先压 2～3 遍，达到初步稳定；第二阶段，待水分接近最佳含水量时，再继续用 12℃以上压路机压实。当缺少履带拖拉机时，洒水后，先用轻型压路机碾压两遍，然后覆盖一层素土，继续用 12t 以上压路机压实。养护后，将素土层清除干净。

（5）通车路段的施工

对于不能中断交通的路段，可采用半幅施工方法。接缝处应对接，必须保持平整密合。同时，要加强管理，消除隐患，确保工程质量。

四、石灰稳定土施工中注意事项

石灰土施工中应注意以下事项（否则将会给灰土质量造成影响）。

1.土为塑性指数较大的黏性土，拌和中土块不易打碎，过筛也不可能，但还必须使用时，应将石灰剂量分两次添加。第一次备土时在土场，将 4%～5% 石灰掺入，闷放 2～3d 使其含水量和塑性指数降低，通过土场的翻倒、装运、现场布土、推平、翻拌后，土块就

易碎了；第二次再将剩余的石灰加入，经翻拌使土块破碎至满足规范要求。这种土解决了打碎的问题后，有时还会存在开裂、龟裂的现象。这主要是由于碾压时含水量高，在养护时，洒水跟不上。因此这种灰土要加强养护，最好是覆盖养护，或者是在未开裂时就做好上层结构。

2. 消石灰随着消解存放时间的延长，其有效钙镁含量随之降低。施工时，往往又不可能及时将已消解的消石灰用完，因此使用时所含钙镁的有效成分下降，如果还按设计配合比的剂量掺入，灰土的强度将受到影响。为保证强度必须多掺灰才能使灰土中的钙镁含量满足要求。但是，这时的灰土标准容重也要根据新的掺量重新确定，否则，灰土的压实度就不能满足要求。

3. "弹簧"现象也时有发生，这主要是由于压实时含水量大引起的。一旦发现就应挖开处理，或是晾晒，或是换料。控制好压实时的含水量就能避免出现"弹簧"。

4. 应避免薄层贴补、起皮和夹层的发生。在灰土拌和厚度控制不好时，特别是整平工艺不当时，易造成在光面上贴补薄层，这就造成两层结合不好，从而发生起皮脱层破坏。因此，整平时的排压是必需的，但不能压成光面，对一些局部低洼的光面，一定要在松后补料。对一些低塑性的粉土灰土，如含水量偏小，压实功能超过土的抗剪力时，表面易起皮开裂。对于这类土，应将含水量提高到比最佳水量高 3 ~ 4 个百分点。在压实工艺上一般是先静压，后强振压 2 遍，根据表面情况适度洒水湿润后再轻压 2 遍即可，决不可过压。由于夹层见水就软化，使路面强度下降，引发路面破坏，所以拌和时一定要消灭夹层。如果是两层以上的灰土，第二层灰土也是路拌法，层间容易出现夹层。因此，拌和深度一定深入下层 1cm 左右，在上第二层灰土之前，应处理表面浮土，并洒水湿润，以解决夹层问题；另外也可以在拌和第二层灰土时，在灰土铺筑的起点预留 5 ~ 10m 不上料，然后在拌和铺筑段上，把拌和均匀的灰土混合料，依次向前清底倒运至铺筑位置，然后按要求控制标高、横坡，用平地机整平，每 10 ~ 20m 设置一个断面拉线，用五点法控制高程与横坡，这也是消除夹层的好方法。

5. 桥头、墙（台）背铺筑灰土时，由于机械无法操作，应留下 5 ~ 10m 不上土，将已拌好的混合料倒运至此，按要求摊铺。压实时，先沿桥（涵）向碾压，后顺路向碾压，压路机压不到的地方，应用电夯夯压至规定要求。

6. 雨季施工，注意集中力量，分段铺筑，在雨前做到碾压坚实。施工时应随时疏通边沟，保证排水良好。在垫层或基层施工之前，完工的路基顶面或垫层，应始终保持合格的状态。在雨季期间，路基或垫层不允许车辆通行。

7. 石灰土基层的缩裂控制。由于土的温缩系数（温度每降低 1℃时单位长度的收缩量）较干缩系数（含水量每减少 1% 时长度的收缩量）要大 4 ~ 5 倍，所以石灰土基层的缩裂大多发生在冬季。土的黏性愈大或石灰剂量愈高，则所造成的石灰土基层裂缝愈多、愈宽。

石灰土基层上沥青面层的开裂多在气温 -5℃ 以下时产生，即温缩裂缝，缝较窄（0.2 ~ 2mm）；但少数道路也发生过干缩裂缝，缝较宽（有的在 5mm 以上）。当沥青面层较薄时，裂缝下的石灰土基层亦多产生相应的缝隙；当面层较厚时，其下石灰土基层的裂缝并不正对面层裂缝，石灰土基层产生不规则的开裂时，其上的沥青面层则产生较规则的横缝。路面的吸缩裂缝，除影响路容观瞻外，还将使路面强度有所降低。严重的是路面水如长期由裂缝渗入，则会破坏沥青面层与石灰土基层的结合，使路面在行车作用下受到破坏。故对收缩裂缝也要及早填补维修。

石灰土基层的防裂措施有下列七种。

1. 改善土质。石灰土的缩裂性质与用土的黏性有关，用土愈黏则缩裂愈严重。故应采用黏性较小的土，或在黏性土中掺入砂性土、粉煤灰等，以降低土的塑性指数。

2. 控制压实含水量。在大于最佳含水量下压实的石灰土，具有较大的缩裂性质，故石灰土应在含水量不大于（最好小于）最佳含水量下压实。当石灰土的含水量为最佳含水量的 0.9 时，对施工压实并不造成困难，还能改善石灰土的缩裂性质。

3. 铺筑碎石过渡层。在石灰土与沥青路面间铺筑一层碎石过渡层，当厚度为 15 ~ 27cm 时，沥青面层可以避免开裂；当厚度为 5 ~ 10cm 时，沥青面层仍将产生收缩裂缝，横缝间距大为增长。

4. 掺加粗粒料。在石灰土中掺入一些粗粒料（如砂、碎石、碎砖、煤渣及矿渣等），掺入量按质量比应小于 50%，这不仅可以减除裂缝，还可以节约石灰和改善碾压时的拥推现象。

5. 分期铺筑。在石灰土基层的强度形成期，任其产生收缩裂缝后，再铺沥青路面，可以大大减少面层开裂，这些措施一般需要经过一个冬季。

6. 设置伸缩缝。在灰土层中每隔 5 ~ 10mm 设一道伸缩缝，宽 5 ~ 10mm，深为层厚的 0.5 ~ 1.0 倍，内填土砂、沥青砂或油毛毡。在混合料碾压至 80% 压实度时，将薄板切入灰土中，拔出后填入填缝料，再继续碾压到所要求的密实度。

7. 综合措施。即在粗粒料石灰土基层上铺筑厚 7 ~ 10cm 的沥青稳定碎石过渡层，再铺沥青面层，可以比较有效地防止裂缝产生。

五、石灰稳定土质量检验

按现行《公路工程质量检验评定标准》（J℃ G F80/1—2004）进行。

1. 石灰土基层和底基层

（1）基本要求

①土的性质应符合设计要求，土块要经粉碎。

②石灰质量应符合设计要求，土块灰需经充分消解才能使用。

③石灰和土的用量按设计要求控制准确，未消解的生石灰块必须剔除。

④路拌深度要达到层底。

⑤混合料处于最佳含水量状况下，用重型压路机碾压至要求的压实度。

⑥保湿养护，养护期要符合规范要求。

（2）外观鉴定

①表面平整密实、无坑洼。

②施工接茬平整、稳定。

2.石灰稳定粒料基层和底基层

（1）基本要求

①粒料应符合设计和施工规范要求，矿渣应分解稳定后使用。

②土、石灰质量及技术要求同石灰土基层和底基层。

（2）外观鉴定

①表面平整密实、无坑洼。

②施工接茬平整、稳定。

第二节　水泥稳定土基层的施工

一、认识水泥稳定土

在粉碎的或原来松散的土中，掺入足量水泥和水，经拌和得到的混合料在压实及养护后，其抗压强度符合规定的要求时，称为水泥稳定土。

用水泥稳定细粒土得到的混合料，视所用原材料而命名。当用细粒土为砂性土、粉性土或黏性土时，简称水泥土；当所用细粒土属于沙时，简称水泥沙。

用水泥稳定粗粒土和中粒土得到的混合料，视所用原材料，可简称水泥碎石、水泥石渣、水泥石屑、水泥沙砾、水泥碎石土或水泥沙砾土。

1.水泥稳定土强度形成的原理

在水泥稳定土中，由于水泥用量很少，水泥的水化完全是在土中进行的，土对这个过程有着很大的影响，故凝结速度比在水泥混凝土中进行得缓慢。

水泥与土拌和后，水泥矿物与土中的水分发生强烈的水解和水化反应，同时从溶液中分解出氢氧化钙并形成其他水化物。当水泥的各种水化物生成后，有的自身继续硬化形成水泥石骨架，有的则与有活性的土进行反应。

水泥稳定土强度主要依靠离子交换、团粒化作用、硬凝反应及碳酸化作用形成。

2.影响水泥稳定土强度的因素

（1）土质

土的类别和性质是影响水泥土强度的重要因素之一。除有机质或硫酸盐含量高的土以外，各种沙砾土、砂土、粉土和黏土均可用水泥稳定，但稳定的效果不尽相同。重黏土由于难以粉碎和拌和，以及水泥用量过高而不经济，不宜用水泥稳定。土的液限不得大于40，塑性指数不得大于20。

（2）水泥的成分和剂量

各种类型的水泥都可以用于稳定土。对于同一种土，水泥矿物成分是决定水泥土强度的主导因素。在通常的情况下，硅酸盐水泥的稳定效果较好，而铝酸盐水泥则较差。过多的水泥用量，虽可获得强度的增长，但经济上是不合理的，因而存在一个经济用量。所需的水泥用量，按强度和耐久性需要并考虑其经济性，由试验确定。

（3）含水量

当混合料中含水不足时，水泥就要与土争水，若土对水有更大的亲和力，就不能保证水泥的完全水化和发生水解作用。水泥正常水化所需要的水量约为水泥质量的20%。另外，水泥土的含水量不适宜时，也不能保证大土团被粉碎和水泥在土中的均匀分布，更不能保证达到最大压实度的要求。

（4）工艺过程及养护条件

水泥、土和水拌和得愈均匀，水泥土的强度和稳定性愈高。拌和不均匀会使水泥剂量少的位置强度不能满足设计要求，而水泥剂量多的地方则裂缝增加。

从开始加水拌和到完成压实的延迟时间，对水泥土的密实度和强度有很大的影响。间隔过长，水泥会部分结硬，一方面影响到水泥土的压实度，而压实度对强度的影响很大；另一方面将破坏已结硬水泥的胶凝作用，使水泥土的强度下降。

水泥土的强度也随龄期增加而增长，为保证水泥的水化，在初期养护阶段应酒水保持潮湿，每天酒水的次数和养护天数视当地气候条件而定。

3.一般规定

（1）水泥剂量以水泥质量占全部粗细土颗粒的干质量的百分率表示，即水泥剂量＝水泥质量/干土质量。

（2）水泥稳定土可适用于各级公路的基层和底基层，但水泥土不得用作二级和二级以上公路高级路面的基层。

（3）水泥稳定中粒土和粗粒土用作基层时，水泥剂量不宜超过6%。必要时，应首先改善集料的级配，然后用水泥稳定。在只能使用水泥稳定细粒土做基层时或水泥稳定集料的强度要求明显大于规定时，水泥剂量才不受此限制。

（4）水泥稳定土结构层宜在春末和夏季组织施工。施工期的日最低气温应在5℃以上；在有冰冻的地区，并应在第一次重冰冻（-3～-5℃）到来之前半个月到一个月完成。

（5）在雨季施工水泥稳定土特别是水泥土结构层时，应注意气候变化，勿使水泥和混合料淋雨。降雨时应停止施工，已经摊铺的水泥混合料应尽快碾压密实。路拌法施工时，应采取措施排除下承层表面的水，勿使运到路上的集料过分潮湿。

（6）水泥稳定土结构层施工时，应遵守下列规定。

①土块应尽可能粉碎，土块最大尺寸不应大于15mm。

②配料应准确。

③路拌法施工时水泥应摊铺均匀。

④酒水、拌和应均匀。

⑤应严格控制基层厚度和高程，其路拱横坡应与面层一致。

⑥应在混合料处于或略大于最佳含水量时进行碾压，直到达到重型击实试验法确定的要求压实度（最低要求）。

⑦水泥稳定土结构层应用 12℃以上的压路机碾压。用 12 ~ 15℃三轮压路机碾压时，每层的压实厚度不应超过 15cm；用 18 ~ 20℃三轮压路机和振动压路机碾压时，每层的压实厚度不应超过 20cm；对于水泥稳定中粒土和粗粒土，采用能量大的振动压路机碾压时，或对于水泥稳定细粒土，采用振动羊足碾与三轮压路机配合碾压时，每层的压实厚度可以根据试验适当增加；压实厚度超过上述规定时，应分层铺筑，每层的最小压实厚度为 10cm，下层宜稍厚。对于稳定细粒土，以及用摊铺机摊铺的混合料，都应采用先轻型、后重型压路机碾压。

⑧路拌法施工时，必须严密组织，尽可能缩短从加水拌和到碾压终了的延迟时间，此时间不应超过 3 ~ 4h，并应短于水泥的终凝时间。采用集中厂拌法施工时，延迟时间不应超过 2h。

⑨水泥稳定土基层施工时，严禁用薄层贴补法进行找平。

⑩必须保湿养护，使稳定土层表面不干燥，也不忽干忽湿。

⑪水泥稳定土基层上未铺封层或面层时，除施工车辆可慢速（不超过 30km/h）通行外，禁止一切机动车辆通行。

（7）施工方法

①对于二级以下的公路，水泥稳定土基层和底基层可以采用路拌法施工。但对于二级公路，应采用专用的稳定土拌和机或使用集中拌和法制备混合料。

②对于高速公路和一级公路，直接铺筑在土基上的底基层下层可以用稳定土拌和机进行路拌法施工，当土基上层已用石灰或固化剂处理时，底基层的下层也宜用集中拌和法拌制混合料。其上的各个稳定土层都应用集中厂拌法拌制混合料，并用摊铺机摊铺基层混合料。

③基层分两层施工时，在铺筑上层前，应在下层顶面先撒薄层水泥或水泥净浆。

二、材料要求

1. 土

凡能被经济地粉碎的土，都可用水泥稳定。

土的质量要求有压碎值、最大粒径、颗粒组成、液限、塑性指数、有机质含量、硫酸盐含量等。

（1）对于二级和二级以下公路

①水泥稳定土用作底基层时，颗粒的最大粒径不应超过53mm。细粒土的液限不应超过40，塑性指数不应超过17；对于中粒土和粗粒土，如土中小于0.6mm的颗粒含量在30%以下，塑性指数稍大一些。实际工程中宜选用塑性指数小于12的土。塑性指数大于17的土，宜采用石灰稳定，或用水泥和石灰综合稳定。

用作底基层时水泥稳定的土的颗粒组成范围

筛孔尺寸 /mm	53	4.75	0.6	0.075	0.002
通过百分比 /%	100	50 ~ 100	17 ~ 100	0 ~ 50	0 ~ 30

②水泥稳定土用作基层时，土的最大粒径不应超过37.5mm。土的颗粒组成应在下表所列范围内。集料中不宜含有塑性指数的土。对于二级公路宜选级配范围的下限组配混合料或采用下表中所列的2号级配。

③级配碎石、未筛分碎石、沙砾、碎石土、沙砾土、煤矸石和各种粒状矿渣均适宜用水泥稳定。碎石包括岩石碎石、矿渣碎石、破碎砾石等。土中碎石或砾石的压碎值应不大于35% ~ 40%（如下表所列）。

用作基层时水泥稳定土的颗粒组成范围

筛孔尺寸 /mm	37.5	26.5	19	9.5	4.75	2.36	1.18	0.6	0.075
通过百分比 /%	90 ~ 100	66 ~ 100	54 ~ 100	39 ~ 100	28 ~ 84	20 ~ 70	14 ~ 57	8 ~ 47	0 ~ 30

（2）对于高速公路和一级公路

①水泥稳定土用作底基层时，集料的最大粒径不应超过37.5mm。细粒土的液限不应超过40。塑性指数不应超过17。对小于0.075mm的颗粒含量和塑性指数可不受限制。

②水泥稳定土用作基层时，集料的最大粒径不应超过31.5mm。

③水泥稳定土用作基层时，对所有的碎石或砾石，应预先筛分成3 ~ 4个不同粒级，然后配合，使颗粒组成在范围内。

（3）水泥稳定粒径较均匀的砂，宜在砂中添加少部分塑性指数小于10的黏性土或石灰土，也可加少部分粉煤灰。加入比例可按使混合料的标准干密度接近最大值确定，一般为20% ~ 40%。

（4）有机质含量超过2%以及塑性指数偏高（大于4 ~ 6）的土，不应单用水泥稳定。如需采用这种土，必须先用石灰进行处理，闷料一夜后再用水泥稳定。

（5）硫酸盐含量超过0.25%的土，不应用水泥稳定。

2. 水泥

普通硅酸盐水泥、矿渣水泥或火山灰质水泥都可用于稳定土。但应选用初凝时间大于3h和终凝时间大于6h的水泥。

3. 石灰

石灰应是消石灰粉或生石灰粉。符合 II 级以上石灰的要求。

4. 水

凡人或牲畜的饮用水均可用于水泥稳定土施工。

三、水泥稳定土施工

水泥稳定土施工时，必须采用流水作业法，使各工序紧密衔接。特别是要尽量缩短从拌和到完成碾压之间的延迟时间。所以在施工时应做延迟时间对强度影响的试验，以确定合适的延迟时间，并使此时水泥稳定土的强度仍能满足设计要求。

水泥稳定土基层的施工方法主要有路拌法和中心站集中拌和（厂拌）法两种。

（一）路拌法施工

水泥稳定土路拌法施工与石灰稳定土的施工相似。

1. 准备工作

（1）准备下承层

当水泥稳定土用作基层时，要准备底基层；当水泥稳定土用作底基层时，要准备土基。无论底基层还是土基，都必须按规范进行验收，凡验收不合格的路段，必须采取措施，使其达到标准后，方可铺筑水泥稳定土层。

如底基层或土基已遭破坏，则必须做如下处理：

①对土基必须用 12 ~ 15℃三轮压路机或等效的碾压机械进行碾压检验（压 3 ~ 4 遍）。在碾压过程中，如发现土过干、表层松散，应适当洒水；如土过湿，发生"弹簧"现象，应采取挖开晾晒、换土、掺石灰或粒料等措施进行处理。

②对于底基层，根据压实度检查和弯沉测定的结果，凡不符合设计要求的路段，必须根据具体情况，分别采用补充碾压、加厚底基层、换填好的材料、挖开晾晒等措施，使其达到标准。

③底基层上的低洼和坑洞，应仔细填补及压实，达到平整。底基层上的搓板和车辙应刮除；松散处，应耙松洒水并重新碾压。

④逐一断面检查土基或底基层标高是否符合设计要求，平整度、压实度、路拱是否符合规定，且应没有任何松散的材料和软弱地点。

应注意在槽式断面的路段，两侧路肩上每隔一定距离（5 ~ 10m）应交错开挖泄水沟或做盲沟，以便排出路基积水。

（2）测量放样及下承层清扫、洒水润湿

进行水平测量。在两侧指示桩上用红漆标出水泥稳定土层边缘的设计高。

①在验收合格后，施工摊铺前，首先是在底基层或土基上恢复中线。直线段每 15 ~ 20m设一桩，平曲线段每 10 ~ 15m 设一桩，并根据中桩和摊铺宽度每边外 30 ~ 50cm 定出边

桩指示桩。

②每 200 ～ 300m 增设一临时水准点，把设计标高在两侧指示桩上用红漆标出水泥稳定土层边缘的设计标高，作为施工控制标准。

③测量放样后，清扫下承层，并在上料前洒水湿润使下承层潮湿而无积水。

④确定合理的作业长度。

确定路拌法施工每一作业段的合理长度时，应考虑如下因素：水泥的终凝时间、延迟时间对混合料密实度和抗压强度的影响，施工机械和运输车辆的效率和数量，操作的熟练程度，尽量减少接缝，施工季节和气候条件。

一般宽 7 ～ 8m 的稳定层，每一流水作业段以 200m 为宜。但每天的第一个作业段宜稍短些，可为 150m。如稳定层较宽，则作业段应该再缩短。

（3）粉碎土

当水泥稳定土所用的土为土基上层的一部分时，需翻松一定深度的土层，并粉碎直至适合与水泥拌和。翻松和粉碎的深度与混合料中的水泥剂量、稳定土层厚度有关，根据翻松层的土的干密度与水泥稳定土层的预期干密度相比，可确定合适的深度。可采用圆盘耙、旋转耕作机、稳定土拌和机或旋转松土机等设备配合平地机或铧犁进行粉碎。为了便于粉碎，可在 8 ～ 24h 之前，喷洒合适的水量预湿土壤。粉碎结束后，用平地机整平，均匀地摊铺在预定长度和宽度的路段上。

（4）备料

准备选料，主要是选择稳定混合料中的土料。主要包括以下步骤：

①料场选择：从沿线初步选定的料场，分别选取代表性的土样，做土的性能试验和水泥土混合料的力学试验，以选定料场。

②选料采集：将料场表层覆盖土、草皮、植被、树根等杂物用推土机清除干净，按预定深度自上而下采集土料，有明显分层变化时，应及时采集样品做各项试验。

③选料的运输与堆放：土料应按计算的数量和间距进行堆放，并做好排水工作。较大的土块应进行粉碎和筛除，然后用平地机整平。

（5）洒水预湿与整平轻压

翻松、粉碎和运到现场的选料，均需洒水预湿。一般预湿后土的含水量应为最佳含水量的 70% 左右。对中粒土、粗粒土预湿后的含水量比最佳含水量低 2% ～ 3% 为宜；对含砂较多的土，可比最佳含水量大 1% ～ 2%。预湿后，应整形成要求的路拱和坡度，并用两轮压路机碾压 1 ～ 2 遍，使表面平整，并具有一定的密实度。

（6）摆放和摊铺水泥

用袋装水泥时（通常每袋水泥 50kg），根据水泥稳定土层的压实厚度、预定的干密度、水泥剂量及施工作业面计算每一平方米水泥稳定土需要的水泥用量，并计算每袋水泥的摊铺面积和堆放间距。

①根据水泥稳定土层的宽度，确定摆放水泥的行数，计算每行水泥的间距，在现场放

置标记，并划出摊铺水泥的边线。

②根据每袋水泥的摊铺面积和每行水泥的间距，计算每袋水泥的纵向间距。

③按每袋水泥的纵横间距，用石灰线画格网，标出摆放位置。

④将水泥运到摊铺路段后，按事先做好的标记摆放水泥。应检查有无遗漏和多余。将水泥袋拆开，倒出水泥后，用刮木板将水泥均匀摊开。应注意使每袋水泥的摊铺面积相等，水泥摊铺完毕后，表面应没有空白位置，也没有过分集中的地方。有条件时，用散装水泥撒布车撒铺水泥将更准确、均匀。

（7）干拌

①用稳定土拌和机拌和。拌和深度应达稳定层底。应设专人跟随拌和机，随时检查拌和深度并配合拌和机操作员调整拌和深度。严禁在拌和层底部留有"素土"夹层。应避免破坏（约 1cm 左右）下承层的表面，以利上下层黏结。通常应拌和两遍以上。在最后一遍拌和之前，必要时可先用多铧犁紧贴底面翻拌一遍。直接铺在土基上的拌和层也应避免"素土"夹层。

②在没有专用拌和机械的情况下，也可用农用旋转耕作机与多铧犁或平地机相配合进行拌和。先用平地机或多铧犁（4 铧犁或 5 铧犁）将铺好水泥的集料翻拌两遍，使水泥分布到集料中，但不翻犁到底，以防止水泥落到底部。第一遍由路中心开始，将混合料向中间翻，同时机械应慢速前进。第二遍相反，由两边开始，将混合料向外侧翻，接着用旋转耕作机拌和两遍，再用多铧犁或平地机将底部料翻起。随时检查调整翻拌深度，使稳定土层全部翻透。严禁在底部留有"素土"夹层，也应防止过多破坏下承层的表面。通常应翻犁两遍，接着再用旋转耕作机拌和两遍，用多铧犁或平地机再翻犁两遍。

③在没有专用拌和机械的情况下，还可以用缺口圆盘粑与多铧犁或平地机相配合，拌和水泥稳定中粒土和粗粒土。用平地机或多铧犁在前面翻拌，用圆盘粑跟随在后面拌和，即采用边翻边粑的方法。圆盘粑的速度应尽量快，使水泥与集料拌和均匀。共翻拌四遍，开始的两遍不应翻犁到底，以防水泥落到底部。后面的两遍，应翻犁到底，随时检查调整翻犁的深度，使稳定土层全部翻透。

2. 洒水的湿拌

干拌过程结束时，特别是在用农业机械进行拌和的情况，如果混合料含水量不足，洒水车的数量应视水源远近而定。常用的洒水车仅两侧各有一个喷嘴，喷出的水量不均匀，不宜用作路面施工。应在后面改接一根 $\phi 50mm$、长约 2m 的横向水平钢管，管壁钻三排直径 4mm 的孔眼。洒水车不应使洒水中断，洒水距离应长些，水车起洒处和另一端调头处都应超出拌和段 2m 以上。洒水车不应在正进行拌和的以及当天计划拌和的路段上调头和停留，以防局部水量过大。洒水后，应再次进行拌和，使水分在混合料中分布均匀。拌和机械应紧跟在洒水车后面进行拌和，尤其在纵坡大的路段上应配合紧密，以减少水分流出。洒水及拌和过程中，应及时检查混合料的含水量，可采用含水量快速测定仪测定混合料的含水量。混合料的最佳含水量也可以在现场人工控制。处于最佳含水量时的混合料，在手中能紧捏成团，落在地上能散开，并应参考室内击实试验最佳含水量的混合料的状态。水分宜略大于最佳值，稳定粗粒土和中粒土，应较最佳含水量大 0.5% ~ 1.0%；稳定细粒土，较最佳含水量大 1% ~ 2%，不应小于最佳值，以补偿施工过程中水分的蒸发，并有利于减轻延迟时间的影响。在洒水拌和过程中，还要人工配合拣出超尺寸颗粒，消除粗细颗粒"窝"以及局部过分潮湿或过分干燥之处。拌和完成的标志是：混合料没有灰条、灰团和花面，没有粗细颗粒"窝"，且水分合适和均匀。

3. 整形与碾压

同石灰稳定土。

4. 接缝和"调头"处的处理

（1）当天两工作段的衔接处，应搭接拌和。第一段拌和后，留 5 ~ 8m 不进行碾压；第二段施工时，前段留下来碾压部分，要再加部分水泥重新拌和，并与第二段一起碾压。当天其余各段的接缝都可如此处理。

（2）应十分注意每天最后一段末端缝（工作缝）的处理。在已碾压完成的水泥稳定土层末端沿稳定土挖一条宽约 30cm 的槽，直挖到下承层顶面。此槽与路的中心线垂直，靠稳定土的面应切成直线，而且应垂直向下。将两根方木（长度为水泥稳定土层宽的一半，厚度与其压实厚度相同）放在槽内，并紧靠着已完成的稳定土，以保护其边缘，不致遭第二天工作时的机械破坏。用原挖出的素土回填槽内其余部分。如拌和机械及其他机械必须到已压成的水泥稳定土层上"调头"，应采取措施保护"调头"部分。一般可在准备用于"调头"的约 8 ~ 10cm 长的稳定土层上，先覆盖一张厚塑料布（或油毡纸），然后在塑料布上盖约 10cm 厚的一层土、沙或沙砾。第二天，摊铺水泥及湿拌后，除去顶木，用混合料回填。靠近顶木未能拌和的一小段，应人工进行补充拌和。整平时，接缝处的水泥稳定土应较已完成断面高出约 5cm，以便将"调头"处的土除去后，能刮成一个平顺的接缝。整平后，用平地机将塑料布上大部分土除去，注意勿刮破塑料布。然后人工除去余下的土，并收起塑料布。在新混合料碾压过程中，将接缝修整平顺。

（3）工作缝也可按下述方法处理：在水泥稳定土混合料拌和结束后，在预定长度的末端，按前述方法挖一条横贯全路宽的槽，槽内放两根与压实厚度等厚的方木，方木的另一侧用素土回填至 3 ~ 5cm 长，然后进行整形和碾压。第二天，邻接的作业段拌和结束后，除去方木，用混合料回填，靠近顶木未能拌和的一小段，应人工进行补充拌和。

（4）纵缝的处理。水泥稳定土层的施工应该避免纵向接缝，在必须分两幅施工时，纵缝必须垂直相接，不应斜接，并按下述方法处理：当前一幅施工时，在靠中央一侧用方木或钢模板做支撑，方木或钢模板的高度与稳定土层的压实厚度相同。混合料拌和结束后，靠近支撑木（或板）的一部分，应人工进行补充拌和，然后整形和碾压。在铺筑另一幅时，或在养护结束后，拆除支撑木（或板）。第二幅混合料拌和结束后，靠近第一幅的部分，应人工进行补充拌和，然后进行整平和碾压。

（二）中心站集中拌和（厂拌）法施工

对于高等级公路，尤其是高速公路，应采用集中拌和制备基层和底基层的第二层混合料，以保证拌和质量和消除"素土"夹层的危险。工程中，常采用固定式稳定土拌和机，也可采用强制式水泥混凝土拌和机或沥青混凝土拌和机来拌和水泥稳定土。

1.下承层准备与测量放样

（1）下承层验收检查同路拌法施工。

（2）测量放样及下承层清扫，洒水润湿。

①在验收合格后，施工摊铺前，首先恢复中线。根据中桩和摊铺宽度每边外30cm定出边桩指示桩。

②每200~300m增设一临时水准点，把设计标高在两侧指示桩上用红漆标出水泥稳定土

③设置钢丝基准线。

注意事项有以下三点：

一是选用 φ2~φ3mm 的钢丝作为基准线。

二是每段基准线长度以300m左右为宜（曲线上不超过100m为宜），在钢丝两端必须用紧线器同时张拉，张力1kN以上，以钢丝不产生挠度为准。

三是固定钢丝基准线的钢纤采用刚度大的 φ16~φ18mm 光圆钢筋加工，并配固定架，固定架采用丝扣以便拆卸和调整标高，钢纤间距一般采用5~10m（直线上10m、曲线上5m）。桩距铺设宽度外30~40cm处。两侧均设钢丝基准线，其标高控制误差为 -2~+5mm。钢纤应支设牢固，在整个作业时间内设专人看管，严禁碰撞，发现问题，及时纠正。

2.混合料的拌和

（1）准备工作

①拌和场应设置在空旷、排水良好、运输方便、位置适中的地方。

②各种集料分仓储存，防止混料、污染、受水侵蚀。

③拌和设备应选用性能好的、拌和质量高的、配有电子计量装置的。拌和站必须满足现场摊铺设备的要求。

④施工拌和前应安装调试好拌和机，使配料计量满足施工配合比的误差要求。

（2）拌和质量控制

①拌和前检测集料含水量，并作为拌和用水量的调整依据。

②混合料拌和前检查各种材料的运送线路，开启拌和机，按照规定的比例上料。

③考虑施工的离散性，拌和时水泥用量应比试验室所确定的水泥剂量提高0.5%。

④混合料含水量对其成型质量影响较大，在拌和中应严加控制。在炎热的夏季施工时，应考虑拌和、运输、摊铺过程的水分散失，而应适当加大含水量。其增加量应由拌和出料

时的含水量和碾压时的含水量进行测试比较,蒸发损失多少,就补充多少。在雨季施工期间,由于集料含水量增大,拌和时应实测集料含水量,调整拌和用水量。

⑤每天开始拌和前几盘料时,应抽样做筛分试验,如有问题应及时调整。全天拌和料应按摊铺规定的频率进行抽样试验,检测各项技术指标,使之达到规定要求。

⑥拌和时,应严防水泥下料口堵塞不流动或者流量不足,造成缺少水泥现象。应勤检查,观看拌和料是否均匀、色泽一致,否则应废弃。

3. 混合料运输

(1)运输混合料宜采用大吨位的自卸翻斗车,运输车的数量应根据运距长短、道路状况、摊铺能力等因素综合确定,以满足摊铺要求为准。

(2)对运料车,每天都要认真检查,排除故障,并准备好覆盖苫布,以便需要时进行覆盖。

(3)装料时,车要有规律地移动,使拌料在装车时不致产生离析。

(4)发料时应认真填写发料单,记录车号、出料时间、吨位等,运至摊铺现场。应由收料人核对查收,并注明摊铺时间,以备检查剔除超出延时时间的混合料,以防影响工程质量。

(5)自卸汽车将混合料倒车进行摊铺,喂料时应听从现场人员指挥,严禁撞击摊铺机。

4. 混合料摊铺

(1)摊铺机选择及调整

①优先考虑全幅摊铺机、性能良好的摊铺机,没有全幅摊铺机也可采用两台摊铺机摊铺。

②根据摊铺速度、厚度和宽度等因素调整好摊铺机夯锤频率,保证碾压前摊铺的混合料有足够的密实度。

③把螺旋送料器调整到最佳状态,使螺旋送料器中混合料的高度将螺旋送料器直径的2/3埋没,以避免离析和大料沉底的现象发生。一般情况螺旋器轮边距底面为 15 ~ 17cm。

(2)松铺系数的确定与调整

使用不同的摊铺机、不同的混合料及不同的夯锤振动频率就会产生不同的松铺系数。一般常用摊铺机,其松铺系数在 1.15 ~ 1.35 之间,施工时使用的松铺系数应在铺筑试验路时实测计算确定。在摊铺前,应按松铺系数调整好摊铺机。

(3)混合料摊铺

①一台摊铺机全宽摊铺。产生纵向接缝应采用一台摊铺机全宽摊铺。

A. 拌和好的混合料运至现场,等到存有一定车数应立即按松铺厚度均匀摊铺。在摊铺前应检查两侧分料器接头处有无离析的料,并清除处理。注意检查混合料含水量大小是否合适,及时反馈给拌和站以便调整。

B. 开始摊铺时,当铺到10m左右时,应检测摊铺面标高、横坡、厚度。如不符合设计时,应适当调整,再进行摊铺。正常施工时,应每10m做一次松铺厚度检验并记录,每50m

检测一次横坡。如发现摊铺面上有杂物、大块石料，应清除并补填合格料。

C.摊铺时应保持匀速摊铺，根据拌和能力确定摊铺速度，一般规定在 1 ~ 3m/min。设专人指挥运料车卸料，以保证不撞击摊铺机。

D.摊铺过程中因故中断 2h 或每天的工作结束时，必须设置横缝，摊铺机应驶离混合料末端一定距离。

②两台摊铺机摊铺。当没有可摊全幅的摊铺机时，或者为减少边部离析现象，就采用两台摊铺机摊铺。

A.两台摊铺机宜为同种型号的摊铺机，前后相距 8 ~ 10m，同时向前摊铺。

B.前一台摊铺机使用一侧钢丝基准线控制标高，并用摊铺机横坡仪控制横坡。第二台摊铺机以一侧的钢丝基准线控制标高，另一侧走滑靴控制横坡。滑靴放在第一台摊铺机铺好未碾压的混合料上，摊铺宽度应与先摊铺层搭接 5cm 左右，以保证两次摊铺接缝紧密。

C.其他操作程序与一台摊铺机摊铺相同。

5.横缝施工

（1）人工把末端混合料整修齐平，紧靠混合料放置方木，方木应与混合料压实厚度同高、同宽。

（2）方木的另一侧设支撑，保证在碾压时不移动变形。

（3）碾压混合料密实。

（4）用 3m 直尺检测平整度，不合格处应处理至合格。同时检测压实度，如不合格继续碾压至合格。

（5）在重新摊铺混合料时，应先清扫下承层。

（6）摊铺机返回已压实好的末端，设好松铺厚度重新开始摊铺混合料。

（7）两层结构的横缝应避免设在同一断面上。

6.纵缝施工

在不可避免的情况下必须设置纵缝时，施工时应按下述方式进行。

①摊铺前一幅时，在靠后一幅的一侧用方木或钢模板做支撑，使前一幅施工成型后纵缝顺直，断面与下层垂直。其支撑高度与结构层厚度相同，并且支撑牢固稳定不变形。

②当养护结束并施工后一幅时，拆除支撑，清扫并刷水泥浆润湿后铺筑。

7.混合料的碾压施工

①压实机具组合、压实顺序、压实工艺与路拌法施工相同。

②结构层的成型应尽快完成，必须在延时试验确定的时间内完成。

8.养护及路缘处理

水泥稳定土基层每一段碾压完成并经压实度检查合格后应立即开始养护，不应延误。但如水泥稳定土分层施工时，下层水泥稳定土碾压完后，过一天就可以铺筑上层水泥稳定土，不需经过 7d 养护期。但在铺筑上层稳定土之前，应始终保持下层表面湿润。为增加上下层之间的黏结性，在铺筑上层稳定土时，宜在下层表面撒少量水泥或水泥浆。

水泥稳定土基层养护方法如下：

①用不透水薄膜或湿砂进行养护。用砂覆盖时，砂层厚 7 ~ 10cm。砂铺匀后，应立即洒水并保持在整个养护期间砂的潮湿状态。也可以用潮湿的帆布、粗麻布、草帘或其他合适的材料覆盖，但不得用湿黏土覆盖。养护结束后，必须将覆盖物清除干净。

②采用沥青乳液进行养护。乳液应采用沥青含量约 35% 的慢裂沥青乳液，使其能透入基层几毫米深。沥青乳液的用量为 1.2 ~ 1.4kg/㎡，宜分两次喷洒。乳液分裂后，宜撒布 3 ~ 8mm 或 5 ~ 10mm 的小碎砾石、小碎石约均匀覆盖 60% 的面积。养护结束后，沥青乳液相当于透层沥青。也可以在完成基层 12h 后做下封层，利用下封层进行养护。

③无上述条件时，可用洒水车经常洒水进行养护，每天洒水的次数应视气候而定。整个养护期间应始终保持稳定土层表面潮湿。

除洒水车外，应封闭交通，若采用了覆盖措施，不能封闭交通时，应限制重车通行，其他车辆的车速不得超过 30km/h。

养护期结束后，应立即喷洒透层沥青或做下封层，并在 5 ~ 10d 内铺筑沥青面层。在喷洒透层沥青后，应撒布 3 ~ 8mm 或 5 ~ 10mm 的小碎（砾）石。如喷洒的透层沥青能透入基层，且运料车辆和面层混合料摊铺机在上行驶不会破坏沥青膜时，可以不撒小碎（砾）石。如面层为水泥混凝土时，也不宜让基层长期暴晒开裂。

四、水泥稳定土质量检验

按现行《公路工程质量检验评定标准》（J℃ C F80/1-2004）进行。

1. 基层和底基层

（1）基本要求

①土的性能应符合设计要求，土块要粉碎。

②水泥用量按设计要求控制准确。

③路拌深度要达到层底。

④混合料处于最佳含水量状况下，用重型压路机碾压至要求的压实度。

⑤碾压检查合格后立即覆盖或洒水养护，养护期要符合规范要求。

⑥对水泥稳定基层的龄期 7 ~ 10d 时，应能取出完整的钻件芯样。若取不出完整的钻件，则找出不合格基层的界限，进行返工处理。

（2）外观鉴定

①表面平整密实，边线整齐，无松散、坑洼、软弹现象。

②施工接茬平顺。

2. 水泥稳定粒料基层和底基层

（1）基本要求

①粒料应符合设计和施工规范要求，并应根据当地料源选择质地干净的粒料，矿渣应

分解稳定，发现未分解渣块应予剔除。

②水泥用量和矿料级配按设计控制准确。

③路拌深度要达到层底。

④摊铺时要注意消除粗细料离析现象。

⑤混合料处于最佳含水量状况下，用重型压路机碾压至要求的压实度。

⑥碾压检查合格后立即覆盖或洒水养护，养护期要符合规范要求。

（2）外观鉴定

同水泥土基层和底基层。

第三节　石灰、粉煤灰稳定土基层的施工

一、认识石灰工业废渣稳定土

一定数量的石灰和粉煤灰或石灰和煤渣与其他集料相配合，加入适量的水，经拌和、压实及养护后得到的混合料，当其抗压强度符合规定的要求时，称为石灰工业废渣稳定土。

石灰工业废渣稳定土包括两大类：一是石灰粉煤灰类，又可分为石灰粉煤灰、石灰粉煤灰土、石灰粉煤灰砂、石灰粉煤灰沙砾、石灰粉煤灰碎石、石灰粉煤灰矿渣、石灰、粉煤灰、煤研石等。这些材料分别简称二灰、二灰土、二灰沙、二灰沙砾、二灰碎石、二灰矿渣、二灰煤矸石等。二是石灰其他废渣类，可分为石灰煤渣、石灰煤渣土、石灰煤渣碎石、石灰煤渣沙砾、石灰煤渣矿渣、石灰煤渣碎石土等。

1.石灰工业废渣稳定基层的特性

（1）水硬性

工业废渣来源不同，但主要成分不外乎钙、硅、铝及少量的镁和其他物质，属硅酸盐一类的材料。经配合、拌和、加水、压实成型后都有明显的水硬性。因此，水是强度形成的重要条件，碾压和养护时应保持足够的水分。

（2）缓凝性

石灰稳定工业废渣基层28d的强度约为年龄期的17% ~ 25%，而在2 ~ 3年内继续增长。缓凝性给施工带来有利条件，各施工工序间的衔接没有水泥混凝土那样严格。但是，缓凝性给早期开放交通带来不利。

（3）抗裂性好、抗磨性差

与水泥混凝土相比，工业废渣混合料在一定的龄期后，具有较低的抗弯拉强度和刚度。但是它的极限弯拉应变则较大。工业废渣混合料抗磨性较差，因此，一般只适宜于用作基层或底基层。

（4）温度影响较大

气温对工业废渣混合料的强度增长有很大影响。

（5）板体性好

工业废渣混合料压实成形后，经一定的龄期，具有较高的强度和良好的板体性，作为沥青路面基层时，变形与开裂现象大为改善。

2. 一般规定

（1）石灰工业废渣混合料采用质量配合比计算，以石灰、粉煤灰、集料的质量比表示。

（2）石灰工业废渣稳定土可适用于各级公路的基层和底基层，但二灰、二灰土和二灰砂不应用作二级和二级公路以上高级路面的基层。

（3）石灰工业废渣稳定土宜在春末和夏季组织施工。施工期的日最低气温应在5℃以上，并应在第一次重冰冻（-3～5℃）到来之前一个月到一个半月完成。

（4）石灰工业废渣稳定土结构层施工时，应遵守下列规定。

①配料应准确。

②石灰应摊铺均匀。

③洒水、拌和应均匀。

④应严格控制基层厚度和高程，其路拱横坡应与面层一致。

⑤应在混合料处于或略大于最佳含水量时进行碾压，直到达到按重型击实试验法确定的要求压实度操作。

⑥石灰工业废渣稳定土应用12℃以上的压路机碾压。用12～15℃三轮压路机碾压时，每层的压实厚度不应超过15cm；用18～20℃三轮压路机和振动压路机碾压时，每层的压实厚度不应超过20cm；对于二灰级配集料，采用能量大的振动压路机碾压时，或对于二灰土，采用振动羊足碾与三轮压路机配合碾压时，每层的压实厚度可以根据试验适当增加。压实厚度超过上述规定时，应分层铺筑，每层的最小压实厚度为10cm，下层宜稍厚。

⑦必须保湿养护，使石灰工业废渣稳定土层表面不干燥。

⑧石灰工业废渣稳定土基层上未铺封层或面层时，应封闭交通，保护表层不受破坏。当施工中断，临时开放交通时，必须采取保护措施。

⑨石灰工业废渣基层施工时，严禁用薄层贴补的办法进行找平。

（5）施工方法

①对于二级以下的公路，用石灰工业废渣做基层和底基层时，可以采用路拌法施工；对于二级公路，应采用专用的稳定土拌和机，或用集中厂拌法拌制混合料。

②对于高速公路和一级公路，直接铺筑在土基上的底基层下层可以用专用的稳定土拌和机进行路拌法施工。如土基上层已用石灰或固化剂处理，则底基层的下层也应用集中拌和法拌制混合料。其上的各个稳定土层都应用集中厂拌法拌制混合料，并应用摊铺机摊铺基层混合料。

3. 二灰土的优点

用石灰、粉煤灰稳定细粒土得到的混合料简称二灰土。二灰土是用石灰、粉煤灰与细粒土三种材料，按一定比例，通过专用机具，加水拌和均匀，再摊铺碾压成形的一种路面结构层。本小节重点介绍二灰土的施工。

二灰土具有以下优点：

（1）二灰土具有较高的强度，虽然它早期强度偏低，但后期强度比较高。

（2）二灰土成形后经过一段时间的养护，强度逐渐增高，最后形成一个板体，有较好扩散应力的作用。

（3）二灰土在形成过程中，内部进行物理 - 化学反应，形成致密整体，具有良好的水稳定性和抗冻性。

（4）二灰土具有废物利用、有利环保的优点。

二、二灰土材料要求

1. 石灰

石灰质量应符合规范规定的Ⅲ级消石灰或Ⅲ级生石灰的技术指标。应尽量缩短石灰的存放时间，如存放时间较长，应采取覆盖封存措施，妥善保管。

2. 粉煤灰

粉煤灰中 SiO_2、Al_2O_3、Fe_2O_3 总质量分数应大于 70%。粉煤灰的烧失量不应超过 20%。干湿粉煤灰均可使用，干粉煤灰应防止扬尘污染，湿粉煤灰的含水量不宜超过 35%。使用时，应将固结的粉煤灰块打碎或过筛，同时清除有害杂质。

3. 土

细粒土宜采用塑性指数为 12 ~ 20 的黏性土，易于粉碎均匀，便于碾压成型，铺筑效果较好。土块的最大尺寸不应大于 15mm，有机质含量不宜超过 10%。

4. 水

凡人或牲畜的饮用水均可用于水泥稳定土施工。

三、混合料组成设计

混合料的组成设计应按照《公路路面基层施工技术规范》（J℃J 034-2000）进行。石灰工业废渣混合料的组成设计包括：根据二灰混合料的强度标准，通过试验选取最适宜于稳定的土，确定石灰与粉煤灰、石灰与煤渣及石灰与其他废渣的比例，确定石灰粉煤灰、石灰煤渣或其他废渣与土的比例，确定混合料的最佳含水量。

混合料的设计步骤如下：

1. 原材料的试验

在石灰工业废渣基层混合料配比设计前，应取有代表性的样品按《公路工程无机结合料稳定材料试验规程》（J℃ J057-94）和《公路土工试验规程》（J℃ J051-93）进行土的颗粒分析、液限和塑性指数及粒料的压碎值试验，进行土的有机质含量、石灰的有效钙和氧化钙含量等试验。

2. 混合料配比范围

（1）对于氧化钙含量为 2% ~ 6% 的硅铝粉煤灰，采用石灰粉煤灰做基层或底基层时，石灰与粉煤灰的比例可以是 1 : 2 ~ 1 : 9。

（2）采用二灰土做基层或底基层时，石灰与粉煤灰的比例常用 1 : 2 ~ 1 : 4；石灰粉煤灰与细粒土的比例可以是 30 : 70 ~ 90 : 10（采用 30 : 70 比例时，石灰与粉煤灰之比宜为 1 : 2 ~ 1 : 3）。

（3）采用石灰粉煤灰粒料做基层时，石灰与粉煤灰的比例常用 1 : 2 ~ 1 : 4；石灰粉煤灰与级配粒料的比例可以是 20 : 80 ~ 15 : 85。

（4）采用石灰煤渣做底基层时，石灰与煤渣的比例可以是 20 : 80 ~ 15 : 85。

（5）采用石灰煤渣土做基层或底基层时，石灰与煤渣的比例可以是 1 : 1 ~ 1 : 4；石灰煤渣与细粒土的比例可以是 1 : 1 ~ 1 : 4。但混合料中石灰不应少于 10%，或通过试验选取强度较高的配合比。

（6）采用石灰煤渣粒料做基层或底基层时，石灰 : 煤渣 : 粒料 =（7 ~ 9）:（26 ~ 33）:（67 ~ 58）。

（7）为提高石灰工业废渣的早期强度，可外加 1% ~ 2% 的水泥或 2% ~ 5% 的外加剂。

3. 混合料的设计步骤

（1）制备同一种土样，需要 4 ~ 5 种不同配合比的二灰土混合料。其配合比应位于上述所列范围内。对于二灰混合料或其他混合料，配合比亦应位于上述所列相应的范围内。

（2）确定各种二灰土或二灰混合料的最佳含水量和最大干压实密度。

（3）按工地预定达到的压实度，分别计算不同配合比时二灰土或二灰试件的干压密实度。

（4）按最佳含水量和计算得到的干压实密度制备试件。进行强度试验时，作为平行试验的试件数量应符合下表中所列的规定。如试验结果的偏差系数大于表中规定的值，则应重做试验，找出原因，并加以解决。如不能降低偏差系数，则应增加试验数量。

最小的试验数量

稳定土类型	下列偏差系数时的实验数量		
	小于 10%	10% ~ 15%	10% ~ 20%
细粒土	6	9	-
中粒土	6	9	13
粗粒土	-	9	13

（5）试件在规定温度下保湿养护 6d，浸水 1d 后，进行无侧限抗压强度试验。计算试验结果的平均值和偏差系数。

（6）根据强度标准，选定合适的混合料的配比，此配比下试件室内试验结果的平均抗压强度为 $\bar{R}$，$\bar{R}$ 根据强度标准的计算方法同石灰稳定土。

四、二灰土施工

二灰土的施工有路拌法和中心站集中拌和（厂拌）法两种。

（一）路拌法

二灰土路拌法施工工序。

1. 准备工作

（1）准备下承层

当二灰土用作基层时，要准备底基层；当二灰土用作底基层时，要准备土基。对下承层总的要求是：平整、坚实、具有规定的路拱，没有任何松散的材料和软弱地点。因此，对底基层或土基，必须按规范规定进行验收。凡验收不合格的路段，必须采取措施，使其达到标准后，方能在其上铺筑石灰工业废渣层。若底基层或土基因开放交通而受到破坏，则应逐一进行找平、换填、碾压等处理，使其达到标准；逐一断面检查下承层标高是否符合设计要求。在槽式断面的路段，两侧路肩上每隔一定距离（如 5 ~ 10m）应交错开挖泄水沟（或做盲沟）及时排出积水，保证底基层或土基的干燥。

（2）施工放样

测量的主要内容是在底基或土基上恢复中线。直线段每隔 15 ~ 20m 设一桩，平曲线段每 10m 设一桩，并在两侧边缘外 0.3 ~ 0.5m 设指示桩，然后进行水平测量。在两侧指示桩上用红漆标出二灰土边缘的设计高。

（3）备料

①粉煤灰被运到路上、路旁或厂内场地后，通常露天堆放。此时，必须使粉煤灰含有足够的水分（含水量 15% ~ 20%），以防飞扬。特别在干燥和多风季节，必须使料堆表面保持潮湿或者覆盖。如在堆放过程中，部分粉煤灰凝结成块，使用时应将灰块打碎。

②土或粒料的准备。采备集料前，应先将树木、草皮和杂土清除干净。集料中的超尺寸颗粒应予筛除。应在预定采料深度范围内自上而下采集集料，不应分层采集，不应与不合格的集料采集在一起。对于黏性土，可视土质和机械性能确定是否需要分筛。

③石灰的准备。石灰宜选在公路两侧宽敞而邻近水源且地势较高的场地集中堆放。预计堆放时间较长时，应用土或其他材料覆盖封存。石灰应在使用前 7 ~ 10d 充分消解。1℃ 石灰消解需用水量一般为 500 ~ 800kg。消解后的石灰应保持一定的湿度，以免过干飞扬，但也不能过湿成团。消解后石灰宜过孔径 10mm 的筛，并尽快使用。

（4）其他

①如路肩用料与石灰工业废渣层用料不同，应采取培肩措施，先将两侧路肩培好。路肩料层的压实厚度应与稳定土层的压实厚度相同。路肩上每隔 5 ~ 10m 应交错开挖临时泄水沟。

②计算材料用量，根据各路段石灰工业废渣层的宽度、厚度及预定的干压实密度，计算各路段需要的干混合料数量。根据混合料的配合比、材料的含水量，以及所用运料车辆的吨位，计算每车各种材料的堆放距离。

2. 运输和摊铺集料

集料运输和摊铺的方法和步骤是：

（1）预定堆料的下承层在堆料前应先洒水，使其表面湿润。

（2）材料装车时，应控制每车料的数量基本相等。

（3）采用二灰混合料时，先将粉煤灰运到路上；采用二灰土时，先将土运到路上；采用二灰粒料时，先将粒料运到路上。在同一料场供料的路段内，按由远到近的计算距离卸置于下承层中间或上侧。卸料距离应严格掌握，避免料不够或过多。

（4）料堆每隔一定距离应留一缺口，材料在下承层上的堆置时间不应过长。

（5）应事先通过试验确定各种材料及混合料的松铺系数。

（6）采用机械路拌时，应采用层铺法，即将先运到路上的材料摊铺均匀后，再往路上运送第二种材料；将第二种材料摊铺均匀后，再往路上运送第三种材料。在摊铺集料前，应先在未堆料的下承层上洒水，使其表面湿润；然后再用平地机或其他合适的机具将料均匀地摊在预定的宽度上，表面应力求平整，并具有规定的路拱。粒料应较湿润，必要时先洒少量水。第一种材料摊铺均匀后，宜先用压路机碾压 1 ~ 2 遍，然后再运送并摊铺第二种材料；在第二种材料层上，也应先用压路机碾压 1 ~ 2 遍，然后再运送并摊铺第三种材料。

3. 拌和及洒水

（1）机械拌和时，应采用稳定土拌和机或粉碎拌和机。在无专用拌和机械的情况下，也可采用平地机、多铧犁、旋转耕作机或缺口圆盘耙相配合进行拌和。采用专用拌和机时，干拌 1 遍；采用其他机械时，干拌 2 ~ 4 遍。具体拌和方法如下：

①用稳定土拌和机拌和 2 遍以上。拌和深度应直到稳定层底。应设专人跟随拌和机，随时检查拌和深度，严禁在底部留有"素土"夹层，也应防止过多破坏（以 1mm 左右为宜）下承层的表面，以免影响结合料的剂量以及底部的压实。在进行最后一遍拌和之前，必要时先用多铧犁紧贴底面翻拌一遍，直接铺在土基上的拌和层也应避免"素土"夹层。

②在没有专用机械的情况下，如拌和二灰稳定中粒土和细粒土，也可用旋转耕作机与多铧犁或平地机相配合拌和四遍。先用旋转耕作机拌和，后用多铧犁或平地机将底部"素土"翻起；再用旋转耕作机拌和第两遍，多铧犁或平地机将底部料再翻起并随时检查、调整翻犁的深度，使稳定土层全部翻透。严禁在稳定土层和下承层之间残留一层"素土"，也应防止翻犁过深，过多破坏下承层的表面。

③在没有专用拌和机械的情况下，也可以用缺口圆盘耙与多铧犁或平地机相配合，拌和二灰稳定中粒土和粗粒土（但其拌和效果较差）。用平地机或铧犁在前面翻拌，用圆盘耙跟在后面拌和，即采用边翻边耙的方法。圆盘耙的速度应尽量快，使二灰与集料拌和均匀。共翻拌四遍，开始的两遍不应翻犁到底，以防二灰落到底部。后面的两遍，应翻犁到底，随时检查、调整翻犁的深度，使稳定土层全部翻透。

（2）用洒水车将水均匀地喷洒在干拌后混合料上，洒水距离应长些，水车起洒处和另一端调头处都应超出拌和段 2m 以上。洒水车不应在正进行拌和的以及当天计划拌和的路段上调头和停留，以防止局部水量过大。

（3）拌和机械紧跟在洒水车的后面进行拌和。洒水及拌和过程中，应及时检查混合料的含水量，水分宜略大于最佳含水量度 1%～2%，尤其在纵坡大的路段上应配合紧密，以减少水分流失。拌和过程中，要及时检查拌和深度，要使石灰工业废渣层全深都拌和均匀。拌和完成的标志是：混合料色泽一致，没有灰条、灰团、花面，没有粗细颗粒"窝"，且水分合适和均匀。对于二灰粒料，应先将石灰和粉煤灰拌和均匀，然后均匀地摊铺在粒料层上，再一起进行拌和。

4. 整形与碾压

（1）整形

拌和结束后应及时整形，整形按三步进行。

①初平时应及时恢复丢失的施工标高控制标志，用平地机大致整平后，利用履带拖拉机或推土机排压 1～2 遍。

②复平时按机械试铺的压实系数，利用边桩标定的控制标高拉线检查控制横坡、标高，应从高处向低处刮，避免薄层贴补。

③终平时按压实系数考虑压路机的碾压，再拉线检查控制最后一次整平。在整平过程中，平地机通过每个断面时，都按照事先拉线来调整刀片的高低，以保证要求的平整度和路面横坡。

在整形过程中，必须禁止任何车辆通行。

（2）碾压

终平结束后，抽检该层的终平标高是否符合要求。混合料含水量符合当时施工最佳含水量 1% 时，及时进行碾压。碾压分三步进行：第一步，初压，选用轻型压路机（8～10℃）或轮胎压路机进行稳压，慢速碾压 1～2 遍；第二步，复压，用重型压路机（12～15℃）碾压，以 1～2 档的速度压 2～3 遍；第三步，终压，用重型压路机快压一遍。必要时，用轮胎压路机再压 1 遍。最后压至表面无明显轮迹，经检查达到规定压实度为止。

严禁压路机在已经完成的或正在碾压的路段上调头和急刹车，以保证稳定土层表面不受破坏。

碾压过程中，二灰稳定土的表面应始终保持湿润。如表面水蒸发得快，应及时补洒少量的水。如有"弹簧"、松散、起皮等现象，应及时翻开重新拌和，或用其他方法处理，使其达到质量要求。

在碾压结束之前，用平地机再终平一次，使其纵向顺适，路拱和超高符合设计要求。终平应仔细进行，必须将局部高出部分刮除并扫除路外，对于局部低洼之处，不再进行找补，留待铺筑面层时处理。

5. 其他

（1）接缝和调头处理

①横缝。两工作段的搭接部分，应采用对接式。前一段拌和整平后，留 5～8m 不进行碾压，后一段施工时，将前段留下未压部分，一起再进行拌和。如第二天接着向前施工，则当天最后段的末端缝可按此法处理。如第二天不接着向前施工，则当天最后一段的工作缝应按下述方法处理。

A. 在石灰工业废渣拌和结束后，在预定长度的末端，挖一条横贯全宽的槽，槽内放两根与压实厚度等厚的方木（两根方木加在一起的长度等于铺筑层的宽度），方木的另一侧用素土回填 3～5mm，然后进行整形和碾压。

B. 继续往前施工时，紧接的作业段拌和结束后，除去顶木，用混合料回填。靠近顶木末端拌和的一小段，应人工进行补充拌和。

②纵缝。石灰工业废渣层的施工应该避免纵向接缝。在必须分两幅施工时，纵缝必须垂直相接，其处理方法与石灰稳定土相同。

③拌和机械及其他机械不宜在已压成的石灰工业废渣层上调头。如必须在上进行调头，应采取措施（如覆盖 10cm 厚的砂或沙砾），保护调头部分，使石灰工业废渣表层不受破坏。

（2）路缘处理

如石灰工业废渣层上为薄沥青路面，基层每边应较面层宽 20cm 以上。在基层全宽上喷洒透层沥青或设下封层。最好是满铺沥青面层，也可将沥青面层边缘以三角形向路肩抛出 6～10cm。如设置路缘砖（块）时，必须注意防止路缘砖（块）阻滞路面表面水和结构层中水的排除。

（3）养护及交通管理

①石灰工业废渣层碾压完成后的第二天或第三天开始养护。通常采用洒水养护法，每天洒水的次数视气候条件而定，应始终保持表面潮湿或湿润。养护期一般为 7d。也可借用透层沥青或下封层进行养护。

②在养护期间，除洒水车外，应封闭交通。

③养护期结束，应立即铺筑面层或做下封层。其要求与石灰稳定土相同。

④石灰工业废渣分层施工时，下层碾压完毕后，可以立即在铺筑另一层，不需专门的养护期。

（二）中心站集中拌和法施工流程

二灰土的厂拌法施工与路拌法施工的不同之处，就是厂拌法施工的混合料拌和是将石灰（或水泥）、粉煤灰和土集中在一个场地采用机械进行集中拌和，然后再将拌和好的混合料用自卸汽车运到铺筑路段用摊铺机摊铺，压路机碾压整形。

中心站集中拌和法的主要施工工序，有以下几个步骤。

（1）二灰土混合料的拌和

①二灰土混合料的拌和必须满足以下四个条件：

A. 土块、粉煤灰块要粉碎，土块粒径要小于 15mm；

B. 配料一定要准确，配料的偏差不能超过规范要求；

C. 混合料必须满足碾压时含水量接近最佳含水量；

D. 拌和的混合料要均匀。

②二灰土混合料可用多种机械进行集中拌和。例如强制式拌和机、双转轴浆叶式荆机等。也可以用路拌机或人工在场地上进行分批集中拌和。

③二灰土的配比调试。配比应根据混合料各种材料的比例，使在同一时间输出的材料刚好等于配合比要求数量，或者是数量偏差在规定的误差范围内。另外，每次开盘拌和时，还应测定石灰、粉煤灰和土的含水量，以便调整拌和时的加水量，使拌和时混合料的含水量正好满足要求。

④拌和料的拌和与检测。对已拌和好的混合料应按规定进行检测，并随机抽样制作强度试件。主要应做以下检测试验：

A. 分别测石灰、粉煤灰和土含水量是否满足设计要求；

B. 粗粒土应进行筛分，判定集料级配是否符合要求；

B. 随机取样制作无侧限抗压强度试件，以便检测 7d 无侧限抗压强度是否达到规定要求。

（2）二灰土混合料的运输

混合料拌和合格后，使用自卸汽车运输，送至摊铺现场。运送时，宜在运送车上加盖篷布，防止水分的散发与集料撒落污染环境。

（3）二灰土混合料的摊铺

厂拌二灰土混合料的摊铺可以用摊铺机摊铺，也可以用平地机摊铺。

①摊铺机摊铺。应注意五点：一是下层准备与路拌法相同；二是测量放样；三是摊铺边缘应培肩；四是在摊铺起点就位摊铺机，并将熨平板调整到确定的松铺厚度；五是自卸汽车调头后退卸料摊铺。

②平地机摊铺：与路拌法大致相同。

（4）碾压与养护

碾压、养护同路拌法。

五、二灰土的质量检验

按现行《公路工程质量检验评定标准》（JＴG F80/1-2004）进行。

1. 基本要求

（1）土的性质应符合图纸和规范要求，土块要打碎。

（2）石灰、粉煤灰质量应符合图纸和规范要求，块灰需经充分消解才能使用。

（3）各项材料用量按图纸要求控制准确，未消解生石灰块应剔除。

（4）混合料拌和均匀。

（5）碾压达到要求的压实度，养护期符合规范要求。

2. 外观鉴定

（1）表面平整密实、无坑洼。

（2）施工接茬平整、稳定、无缝隙。

六、二灰土路拌法配料参数施工实例

天津港公路（K9+000 ~ K11+000 段）的底基层为两层 15cm 二灰土，基层为 15cm 二灰渣。单向快车道施工宽度 8.6m，单向慢车道施工宽度 6.6m。

1. 原材料资料

（1）土：选用塑性指数为 10 ~ 20 的土。

（2）粉煤灰：测定结果如下表所列。

种类	SiO_2	Al_2O_3	CaO	MgO	Fe_2O_3	烧失量
粉煤灰	45% ~ 60%	26% ~ 38%	2% ~ 6%	1% ~ 2%	2% ~ 10%	8% ~ 9%

（3）石灰：选用石灰的质量不低于Ⅲ级灰标准。

（4）水：自来水或无污染露天水源及地下水。

2. 材料虚（松）铺厚度

$$h = \frac{\rho_0 ｈ_0(1+\omega)}{\rho}$$

3. 选用二灰土配比

该工程所用原材料的试验数据如下：粉煤灰湿松密度 666kg/m³，含水量 40%；石灰松密度 525kg/m³，含水量 10%；土松密度 1290kg/m³，含水量 20%；二灰土配比为粉煤灰：石灰：土 =35：12：53；二灰土的最大干密度 1463kg/m³，最佳含水量 22.5%。

4. 计算配料参数表

为了施工使用方便，根据不同的混合料压实厚度，按不同的施工宽度，计算出有关参数，供施工时查用。

第四节 石灰、粉煤灰稳定粒料基层的施工

一、概述

用石灰、粉煤灰稳定集料（碎石、砾石或矿渣等）得到的混合料简称二灰粒料。如二灰碎石、二灰沙砾、二灰矿渣等。

我国通常使用两种类型石灰粉煤灰粒料混合料。一种是密实式的，即粒料含量占 80% ~ 88%，同时具有规定的级配，石灰加粉煤灰含量为 12% ~ 20%，起填充粒料的孔隙和黏结作用；另一种是悬浮式的，即粒料仅占 50% ~ 60%，不要求粒料具有一定级配，粒料悬浮在石灰和粉煤灰混合料之间。

二灰材料具有良好的力学性能、板体性、水稳性和一定的抗冻性，其抗冻性较石灰土高得多。在二灰中加入粒料、少量水泥或其他外加剂可提高其早期强度。

二、材料要求

（一）煤渣

煤渣的松方干密度为 700 ~ 1100kg/m³，最大粒径不大于 30mm，颗粒组成宜有一定的级配，且不含杂质。

（二）集料

集料的要求主要有压碎值、最大粒径、颗粒组成等。二灰稳定的中粒土和粗粒土不宜是含有塑性指数的土。

1. 用于高速公路和一级公路的二灰粒料

（1）做基层时，二灰的质量应占 15%，最多不超过 20%。石料最大粒径不超过 31.5mm，粒径小于 0.075mm 的颗粒含量宜接近 0。

（2）做底基层时，碎石、砾石颗粒最大粒径不应超过 37.5mm。

2. 用于二级及二级以下公路的二灰粒料

（1）做基层时，石料颗粒最大粒径不应超过 37.5mm，碎石、砾石或其他粒状材料的质量宜占 80% 以上，并符合适配范围。

（2）做底基层时，石料颗粒最大粒径不应超过 53mm。

三、二灰稳定粒料的施工

开工前应向监理工程师上报开工申请报告。开工报告的内容包括拟用施工工艺流程、

进场人员、机具设备、试验设备的试验和检修情况，以及各种计量工具是否进行标定。各项准备工作达到开工条件，经监理工程师同意后，方可铺筑试验路段。

在基层和底基层开工之前，应铺筑试验路段，并做好试验检测工作。铺筑试验路段应做好如下几方面的工作：

（1）明确用于施工的集料配合比例。

（2）明确材料的松铺系数。

（3）确定标准施工方法。

（4）做好集料数量的控制。

（5）弄清集料摊铺方法，备齐适用机具。

（6）确定合适的拌和机械、拌和方法、拌和深度和拌和遍数。

（7）确定集料含水量的添加和控制方法。

（8）明确整平和整形的合适机具与方法。

（9）明确压实机械的选择及其组合、压实的顺序、速度和遍数。

（10）掌握拌和、运输、摊铺和碾压机械的协调和配合。

（11）掌握密实度的检查方法、初定每作业段的最小检查数量。

（12）掌握控制结合料数量和均匀性的方法。

（13）确定每一作业段的合适长度。

（14）确定一次铺筑的合适厚度。

试验路段施工结束后，承包人应及时总结和上报试铺段的总结报告，监理工程师应及时组织人员对试验段进行检测。检测项目有：混合料的压实度、厚度、高程、强度、横坡及各部位的几何尺寸等。若各项指标超过允许误差，则认为该工艺不能用于实际工程施工，应加以改进，重做试验路段。不成功的试验路段承包人应自费清理现场，且不能计量支付。若试验路段各项指标符合要求，监理工程师可作为工程的一部分予以验收，并进入计量支付。

二灰粒料施工根据公路等级不同和所处结构层不同，可采用路拌法和厂拌法（集中拌和）。

1.二灰粒料的路拌法施工

二灰粒料的路拌法施工工艺，主要施工工序如下。

（1）下承层的检查、验收

当二灰料用作基层时，要准备底基层；当二灰料用作底基层时，要准备土基。对下承层总的要求是：平整、坚实、具有规定的路拱，没有任何松散的材料和软弱地点。因此，对底基层或土基，必须按规范规定进行验收。下承层的平整度、压实度、标高等各项验收指标应符合规范规定的要求。凡验收不合格的路段，必须采取措施，使其达到标准后，方能在其上铺筑二灰层。若底基层或土基因开放交通而受到破坏，则应逐一进行找平、换填、碾压等处理，使其达到标准，并逐一断面检查下承层标高是否符合设计要求。在槽式断面的路段，两侧路肩上每隔一定距离（如 5～10m）应交错开挖泄水沟（或做盲沟）及时排出积水，保证底基层或土基的干燥。

（2）施工放样

施工放样的主要内容是在底基层或土基上恢复中线。施工开始前应仔细检查中线放样及水平测量是否准确，是否达到规定的要求。中线的放样一般按直线段每 15～20m 设一桩，平曲线段每 10～15m 设一桩。在小半径平曲线段还需加密，一般每 5～10m 设一桩，并在两侧路自边缘外 0.3～0.5m 设指示桩。进行水平测量时，可在两侧指示桩上用明显标记标出二灰粒料层边缘的设计标高。

（3）备料及摊铺集料

①粉煤灰被运到路上、路旁或厂内场地后，通常露天堆放。此时，必须使粉煤灰含有足够水分（含水量 15%～20%），以防飞扬。特别在干燥和多风季节，必须使料堆表面保持潮湿，或者覆盖。如在堆放过程中，部分粉煤灰凝结成块，使用时，应将灰块打碎。

②粒料的准备。采备集料前，应先将树木、草皮和杂土清除干净。集料中的超尺寸颗粒应筛除。应在预定采料深度范围内自上而下采集集料，不应分层采集，不应与不合格的集料采集在一起。

③石灰的准备。石灰宜选在公路两侧宽敞而邻近水源但地势较高的场地集中堆放。预计堆放时间较长时，应用土或其他材料覆盖封存。石灰应在使用前 7～10d 充分消解。1℃石灰消解需用水量一般为 500～800kg。消解后的石灰应保持一定的湿度，以免过干飞扬，但也不能过湿成团。消解的石灰宜过孔径 10mm 的筛，并尽快使用。

④其他。

A. 如路肩用料与二灰层用料不同，应采取培肩措施，先将两侧路肩培好。路肩料层的压实厚度应与稳定土层的压实厚度相同。路肩上每隔 5～10m 应交错开挖临时泄水沟。

B. 计算材料用量。根据各路段二灰粒料层的宽度、厚度及预定的干压实密度，计算各路段需要的干混合料数量。根据混合料的配合比、材料的含水量以及所用运料车辆的吨位，计算每车各种材料的堆放距离。

（4）拌和及洒水

①对二级和二级以上公路，要求采用专用稳定土拌和机进行拌和，并应先干拌两遍。

②用稳定土拌和机拌和时，拌和深度应直到稳定层底，并宜侵入下承层 5～10mm（不应过多），以加强上下层粘结度。应派专人跟随拌和机，随时检查拌和深度并配合拌和机操作员调整拌和深度。直接铺在土基上的拌和层宜避免"素土"夹层，其余各层严禁在拌和层底部留有"素土"夹层。通常拌和两遍以上，在进行最后一遍拌和之前，必要时先用多铧犁紧贴底面翻拌一遍。

③对于三、四级公路，在没有专用拌和机械的情况下，如拌和二灰稳定中粒土和粗粒土，也可以用缺口圆盘耙与多铧犁或平地机配合干拌。用平地机或多铧犁在前面翻拌，用圆盘耙跟在后面拌和，即采用边翻边耙的方法。圆盘耙的速度应尽量快，使二灰和集料拌

和均匀。共翻拌四遍，开始的两遍不应翻犁到底，以防二灰落到底部，后面的两遍，应翻犁到底，随时检查调整翻犁的深度，要求同上。

④用喷管式洒水车将水均匀地喷洒在干拌后的混合料上，洒水距离应长些，水车起洒处和另一端调头处都应超出拌和段 2m 以上。洒水车不应在正进行拌和的以及当天计划拌和的路段上调头和停留，应防止局部水量过大。

⑤拌和机械应紧跟在洒水车后面进行拌和，尤其在纵坡大的路段上应配合紧密，以减少水分流失。

⑥在洒水拌和过程中，应及时检查混合料的含水量。水分宜大于最佳含水量 1% 左右。

⑦拌和过程中，要及时检查拌和深度，使二灰层全深都拌和均匀。拌和完成的标志是：混合料色泽一致、没有灰条、灰团和花面，没有粗细颗粒"窝"或"带"，且水分合适并均匀。

⑧二灰粒料，应先将石灰和粉煤灰拌和均匀，然后均匀地摊铺在粒料层上，再一起进行拌和。

（5）整形与碾压

①整形。

A. 混合料拌和均匀后，先用平地机初步整平和整形。在直线段，平地机由两侧向路中心进行刮平。在设超高的平曲线段，平地机由内侧向外侧进行刮平，必要时，再返回刮一遍。

B. 用拖拉机、平地机或轮胎压路机快速碾压 1 ~ 2 遍，以暴露潜在的不平整。

C. 再用平地机按 A 那样进行整形，并用 B 所述机械再碾压 1 遍。整形过程中，应及时消除粗细集料离析现象。

D. 对于局部低洼处，应用齿耙将其表 5cm 以上耙松，并用新拌的二灰级配集料找补整平。

E. 再用平地机整形一次。

F. 每次整形都要按照规定的坡度和路拱进行。特别要注意接缝处的整平，接缝必须顺适平整。在整形过程中必须禁止任何车辆通行。

初步整形后，检查混合料的松铺厚度，必要时应进行补料或减料。人工整形二灰粒料的松铺系数为 1.3 ~ 1.5，石灰煤渣土的松铺系数为 1.6 ~ 1.8，石灰煤渣集料的松铺系数约为 1.4。用机械拌和及机械整形时，集料松铺系数为 1.2 ~ 1.3。

②碾压。经整形后，当混合料处于最佳含水量 +1% 时，即可进行碾压。应用 12℃ 以上三轮压路机、重型轮胎压路机或振动压路机在路基全宽内进行碾压。直线段由两侧路肩向路中心碾压。平曲线段由内侧路肩向外侧路肩进行碾压。碾压时，后轮应重叠 1/2 的轮，后轮必须超过两段的接缝。后轮压完路面全宽时，即为一遍。碾压到要求的密实度为止。一般需碾压 6 ~ 8 遍。

压路机的碾压速度，头两遍以采用 1 档（1.5 ~ 1.7km/h）为宜，以后用 Ⅱ 档（2.0 ~ 2.5km/h）。在道路两侧，应多压 2 ~ 3 遍。

在碾压过程中，严禁压路机在已经完成的或正在碾压的路段上调头和紧急制动，以保证稳定土层表面不受破坏。二灰稳定土的表面应始终保持湿润，如表面水分不足，应适当洒水，但严禁过分洒水碾压。应注意检查碾压方法是否正确，各部分碾压到的次数是否相同，路面的两侧是否多压了2～3遍，有无"弹簧"、松散、起皮等现象，碾压终了时，表面有无明显轮迹。

在碾压结束之前，用平地机再终平一次，使其纵向顺适，路拱和超高符合设计要求。终平应仔细进行，必须将局部高出部分刮除并扫出路外。对于局部低洼之处，不再进行找补，留待铺就面层时处理。

（6）接缝和调头处的处理

同日施工的两工作段的衔接处，应采用搭接工艺。工作缝及调头处的处理方法按《公路路面基层施工技术规范》（J℃J 034-2000）有关规定进行。

①横缝。两工作段的搭接部分，应采用对接形式。前一段拌和整平后，留5～8m不进行碾压；后一段施工时，将前段留下未压部分，一起再进行拌和。如第二天接着向前施工，则当天最后一段的末端缝可按此法处理。如第二天不继续施工，则当天最后一段的工作缝应按下述方法处理。

A.在二灰拌和结束后，在预定长度的末端，挖一条横贯全宽的槽，槽内放两根与压实厚度等厚的方木（两根方木加在一起的长度等于铺筑层的宽度），方木的另一侧用"素土"回填3～5m长，然后进行整形和碾压。

B.继续往前施工时，紧接的作业段拌和结束后，除去顶木，用混合料回填。靠近顶木未能拌和的一小段，应人工进行补充拌和。

C.前一施工段与后一施工段的间隔时间在24h以上或压实层末端未用方木作支撑处理，应将施工好的接头处切成垂直断面，凿除料不得使用。

②纵缝。二灰层的施工应该避免纵向接缝。在必须分两幅施工时，纵缝必须垂直相接，不应斜接。其处理方法与石灰稳定土相同。

③调头处的处理。拌和机械及其他机械不宜在已压成的二灰层上调头。如必须在其上进行调头，应采取措施（如覆盖10em厚的砂或沙砾），保护调头部分，使二灰表层不受破坏。

（7）路缘处理

如二灰层上为薄沥青路面，基层每边应较面层展宽20cm以上。在基层全宽上喷洒透层沥青或设下封层。最好是满铺沥青面层，也可将沥青面层边缘以三角形向路肩抛出6～10cm。

如设置路缘砖（块）时，必须注意防止路缘砖（块）阻滞路面表面水和结构层中水的排除。

（8）养护及交通管理

①二灰层碾压完成后的第二天或第三天开始养护。通常采用洒水养护法。每天洒水的次数视气候条件而定，应始终保持表面潮湿或湿润。养护期一般为7d。对于二灰稳定粗、

中粒土的基层，也可用沥青乳液和沥青下封层进行养护。

②在养护期间，除洒水车外，应封闭交通。

③养护期结束后，应立即铺筑面层或做下封层。其要求与石灰稳定土相同。

④二灰粒料分层施工时，下层碾压完毕后，可以立即在上铺筑另一层，不需专门的养护期。

2. 中心站集中拌和（厂拌）法施工

二灰稳定粒料混合料用多种机械在中心站集中拌和。拌和机械有强制式拌和机、双转轴浆叶式拌和机等。

（1）拌和设备及布置位置应在拌和以前提交监理工程师并取得批准后，方可进行设备安装、检修、调试，使混合料的颗粒组成、含水量达到规定的要求。

（2）运输混合料的运输设备，应根据需要配置。在已完成的铺筑层上通过时，速度宜缓，以减少不均匀碾压或车辙。

（3）摊铺时混合料的含水量应高于最佳含水量，以补偿摊铺及碾压过程中的水分损失。

（4）拌和场离摊铺地点较远时，混合料在运输时应予以覆盖，以防水分蒸发；卸料时应注意卸料速度，防止离析；运到现场的混合料应及时摊铺，现场存放时间不得超过24h。

（5）路床表面摊铺前应洒水湿润。

（6）碾压、养护、接逢和调头处理等与二灰稳定粒料集中拌和相同。

3. 石灰稳定粒料施工中应注意的问题

（1）裂缝问题

二灰稳定土的裂缝有两类：一类属于强度不足引起的裂缝，与结构设计和施工质量有关，只要搞好结构设计和加强质量管理，这类裂缝是可以避免的；另一类就是收缩裂缝，因为二灰稳定土是一种慢凝的胶凝材料，和其他胶凝材料一样也有收缩的性质，主要是干缩和冷缩。当发生收缩时，如受到底层或其他因素限制，就有出现收缩裂缝的可能。故解决裂缝问题，就要了解影响收缩的原因。

①导致裂缝的外因。

A. 施工含水量过大。收缩裂缝的发生与发展和含水量有密切关系，含水量大则干缩和冷缩都大，因而施工中必须严格控制含水量。

B. 压实度不够。结构中存在大孔隙的结构才可能产生较大的收缩。孔隙也是水分的藏身之处。

C. 施工期间重车行驶的影响。在混合料结品结构形成后，车轮作用使结构破坏产生细微裂缝，收缩裂缝就可能出现在这些地方。

D. 刚度增长的影响。随着混合料基层的龄期增大，刚度随之增大，变形能力随之减少，容易因收缩而开裂，故混合料的刚度不宜过大。

②减少干缩裂缝措施。除了上面提出的控制好施工含水量、保证基层密实度以外，还

有以下几点措施：

    A. 增加混合料的粉末含量，可减少干缩；

    B. 适当减少混合料中二灰含量，以降低其刚度；

    C. 掺加少量（<1.5%）的水泥；

    D. 预设收缩缝，使裂缝有规律，也易于养护；

    E. 在施工中，应及时铺筑面层或封层，可防止水分蒸发，避免表层失水过多而开裂。

（2）提高二灰混合料基层早期强度的方法

①掺入骨料或少量水泥。掺入适当数量的骨料，对提高混合料早期强度具有较好的效果。加入少量水泥或掺加骨料又加少量水泥，其效果甚好。

②掺加化学外加剂。掺加一些表面活性物质，电解质或其他活性外掺剂可加强化学反应和物理 - 化学反应过程，有较显著的加固效果。掺加化学外加剂包括以下几方面。

一是单一外掺剂，常用的有 $NaOH$、Na_2CO_3、Na_2SiO_3、Na_3PO_4、$KMnO_4$ 等。

二是复合外掺剂，有 $NaOH$、Na_2CO_3、Na_2SiO_3 等单一外掺剂相互复合使用。

三是工业废渣（液）外掺剂，作为早强剂，不但可行而且有明显的经济效益和社会效益。

四是用水泥代替石灰作粉煤灰活性激发剂。

四、二灰粒料质量检验

按现行《公路工程质量检验评定标准》（J℃ G F80/1-2004）进行。

1. 基本要求

（1）粒料应符合设计和施工规范要求，并应根据当地料源选择干净的粒料。矿渣应分解稳定，发现未分解渣块应予剔除。

（2）石灰和粉煤灰质量应符合设计要求，石灰应经充分消解后才能使用。

（3）混合料配合比应准确，不得含有灰团和生石灰块。

（4）摊铺时要注意消除粗细料离析现象。

（5）碾压时应先用轻型压路机稳压，后用重型压路机碾压至要求的压实度。

（6）保持一定湿度养护，养护期要符合规范要求。

2. 外观鉴定

（1）表面平整密实、无坑洼。

（2）施工接茬平整、无缝隙。

第七章 水泥混凝土路面施工

第一节 水泥混凝土路面的构造

水泥是水硬性结合料，绝大多数土类都可以用水泥来稳定，改善其物理力学性质，适应各种不同的气候条件与水文地质条件。水泥稳定土具有良好的整体性，也具有足够的力学强度、抗水性和耐冻性。因此，它的水稳定性和抗冻性都比石灰稳定土好。水泥稳定土的初期强度高并且强度随龄期增长，它的力学强度还可以根据需要而进行调整。因此，水泥稳定土可以在各种等级的公路上用作基层或底基层。

一、水泥稳定土的材料

（1）二级和二级以下公路集料的要求

用于二级及二级以下公路的集料，又分为用作底基层时的集料和用作基层时的集料。它们的颗粒组成范围是不同的。

①用作底基层时的颗粒组成范围。对于二级和二级以下公路，水泥稳定土用作底基层时，单个颗粒的最大粒径不应超过 53 mm，同时土的均匀系数应大于 5。

细粒土的液限不应超过 40，塑性指数不应超过 17。对于中粒土和粗粒土，如土中小于 0.6 mm 的颗粒含量在 30% 以下，塑性指数可稍微大一些。在实际工程施工中，宜选用均匀系数大于 10、塑性指数小于 12 的土。塑性指数大于 17 的土，宜采用石灰稳定，或用水泥和石灰综合稳定。

②用作基层时的颗粒组成范围。水泥稳定土用作基层时，单个颗粒的最大粒径不应超过 37.5 mm。集料中不得含有塑性指数的土。

（2）高速公路和一级公路对粗集料的要求

用于高速公路和一级公路的集料，又分为用作底基层时的集料和用作基层时的集料。它们的颗粒组成范围也是不同的。

①用作底基层时的颗粒组成范围。水泥稳定土用作底基层时，单个颗粒的最大粒径不应超过 37.5 mm，土的均匀系数应大于 5。细粒土的液限不应超过 40%，塑性指数不应超过 17。对于中粒土和粗粒土，如土中小于 0.60 mm 的颗粒含量在 30% 以上，塑性指数可

稍大些。在实际工程中，宜选用均匀系数大于 10、塑性指数小于 12 的土。塑性指数大于 17 的土，宜采用石灰稳定，或用水泥和石灰综合稳定。

②用作基层时的颗粒组成范围。水泥稳定土用作基层时，单个颗粒的最大粒径不应超过 31.5 mm。

工程中，集料颗粒的最大粒径必须加以限制。因为集料中的粒径越大，拌和机、平地机和摊铺机等施工机械越容易造成损坏，混合料越容易产生粗细集料离析现象，摊铺层的平整度也越难达到较高的要求。但是，如果最大粒径过小会造成石料的加工量过大。因此，在实际工程中应创造条件采用最大粒径较小的集料。对于高速公路和一级公路，由于投资比较大，对道路使用性能的要求高，必须采用最大粒径较小的集料，以有利于机械施工。

无论是采用碎石还是卵石，用于高速公路和一级公路时，均应事先筛分成 3 ～ 4 个大小不同的粒级，然后再用水泥一起采用集中工厂机械拌和。因为只有这样，才能保证碎石或砾石具有相应的级配，并保证水泥粒料不产生大的变化。

粒料中含存塑性指数的土时，其收缩性大。为了减少基层材料的收缩性和减轻基层的裂缝，集料中不宜含有塑性指数的土。

（3）水泥稳定土采用粒径较均匀的砂时，宜在砂中添加少部分塑性指数小于 10 的粘性土或石灰土，也可以添加部分粉煤灰；加入比例可按使混合料的标准干密度接近最大值确定，一般约为 20% ～ 40%。

（4）水泥稳定土中碎石或砾石的抗压碎值应符合下列要求。

①基层：对于高速公路和一级公路，不大于 30%；对于二级和二级以下公路，不大于 35%。

②底基层：对于高速公路和一级公路，不大于 30%；对于二级和二级以下公路，不大于 40%。

（5）有机质含量超过 2% 的土，必须先用石灰进行处理，在闷料 24 h 后再用水泥稳定。

（6）硫酸盐含量超过 0.25% 的土，不应用水泥稳定。

（7）普通硅酸盐水泥、矿渣硅酸盐水泥和火山灰质硅酸盐水泥都可用于稳定土。但应选用初凝时间 3 h 以上和终凝时间在 6 h 以上的水泥。不应使用快硬水泥、早强水泥以及已受潮变质的水泥。水泥的强度等级宜为 32.5 mPa 和 42.5 mPa。

（8）综合稳定土中所用的石灰，应是消石灰粉或生石灰粉，而不能用石灰块或石灰膏。

（9）凡是饮用水（包括牲畜能饮用水）均可用于水泥稳定土的施工。

二、混合料的一般规定

（1）水泥剂量以水泥质量占全部粗细土颗粒（即砾石、砂粒、粉粒和黏粒）的干质量的百分率表示，即：水泥剂量 = 水泥质量 / 干土质量。

（2）水泥稳定土中粒土和粗粒土用作基层时，水泥剂量一般不宜超过 6%。必要时应首先改善集料的级配，然后再用水泥进行稳定。

在只能使用水泥稳定细粒土作为基层时，或水泥稳定集料的强度要求明显大于规定时，水泥剂量不受此限制。

（3）水泥土可适用于各级公路的基层和底基层，但水泥土有以下三个不利特征，不仅适用作二级和二级以上公路高级沥青路面和水泥混凝土路面的基层，也可用作底基层：①水泥土的干缩系数和干缩应变以及温缩系数均较大，容易产生比较严重的干缩裂缝，并影响沥青面层的开裂；②水泥土的强度没有充分形成时，如果接触到水，表层易发生软化，导致沥青面层出现龟裂破坏；③水泥土的抗冲刷能力小，易使沥青面层变形，水泥混凝土路面出现边角断裂。

（4）在雨季施工的水泥稳定土，特别是水泥土结构层，应特别注意气候的变化，千万不可使水泥和混合料遭到雨淋。降雨时应停止施工，但已经摊铺的水泥混合料应尽快碾压密实。采用路拌法施工时，应考虑排除下承层表面水的措施，勿使运到路上的集料过分潮湿。

（5）在水泥结构层施工时，应遵守下列规定：①土块应尽可能地进行粉碎。在一般情况下，土块的最大尺寸不应大于 15 mm；②为确保基层或底基层的质量，水泥稳定土混合料的配料应当准确，配料误差应符合设计要求；③采用路拌法进行施工时，水泥应当摊铺均匀，不得出现缺料和水泥过于集中现象；④对混合料的洒水、拌和应均匀；⑤应严格控制基层的厚度和高程，其每层的路拱横坡应与面层一致；⑥应在混合料处于或略大于最佳含水量时进行碾压，如果气候炎热且比较干燥，混合料中的含水量可大于最佳含水量 1% ～ 2%，直至达到下列按重型击实验法确定的要求压实度（最低要求）。

基层：高速公路和一级公路压实度应达到 98%；二级和二级公路以下公路，水泥稳定中粒土和粗粒土达到 97%，水泥稳定细粒土达到 93%；

底基层：高速公路和一级公路，水泥稳定中粒土和粗粒土达到 97%，水泥稳定细粒土达到 95%；二级和二级公路以下公路，水泥稳定中粒土和粗粒土达到 95%，水泥稳定细粒土达到 93%。

由于在道路工程施工中已广泛应用大能量压路机，所以对压实度宜提高 1% ～ 2%。

⑦水泥稳定土结构层应用 12 ℃以上的压路机进行碾压。用 12 ～ 15 ℃三轮压路机碾压时，每层的压实厚度不应超过 15 cm；用 18 ～ 20 ℃三轮压路机碾压时，每层的压实厚度不应超过 20 cm；对于水泥稳定中粒土和粗粒土，采用能量大的振动压路机碾压时，或对于水泥稳定细粒土，采用振动羊足碾与三轮压路机配合碾压时，每层的压实厚度可以根据试验适当增加。压实厚度如果超过上述规定时，应当分层进行铺筑，每层的最小压实厚度为 10 cm，下层可以稍厚一些。对于稳定细粒土，以及用摊铺机摊铺的混合料，都应当采用先轻型、后重型的碾压方式。

⑧采用路拌法施工时，必须严密组织，采用流水作业法施工，尽可能缩短从加水拌和到碾压终结的延迟时间。此时间一般不应超过 3 ～ 4 h，并应短于水泥的终凝时间。采用

集中厂拌法施工时，延迟时间不应超过 2 h。

⑨水泥稳定土基层施工时，如果压实层表面不平整，严禁用薄层贴补法进行找平。

⑩必须采用保湿养生，不使稳定土层表面干燥，也不能使稳定土忽干忽湿。

⑪水泥稳定土基层上未铺封层或面层时，除施工车辆可慢速（不超过 30 km/h）通行外，禁止一切车辆通行。

（6）对于二级以下的公路，水泥稳定土基层和底层可以采用路拌法施工。但对于二级公路，应采用专用的稳定土拌和机或使用集中拌和法制备混合料。对于高速公路和一级公路，直接铺筑在土基上的底层下层可以用稳定土拌和机进行路拌法施工，当土基上层已用石灰或固化剂处理，底基层的下层也宜用集中拌和法拌制混合料。其上的各个稳定土层都应用集中厂拌法拌制混合料，并用摊铺机摊铺基层混合料。

（7）基层分两层施工时，在铺筑上一层之前，应在下层顶面先洒薄层水泥或水泥净浆。

（8）水泥稳定土结构层宜在春末和气温较高季节组织施工。施工期的日最低气温应当在 5℃ 以上；在有冰冻的地区，并应在第一次重冰冻（-3 ～ -5℃）到来之前半个月至一个月内彻底完成。

三、路拌法施工质量控制要点

（一）施工工艺流程

在水泥稳定土施工时，必须采用流水作业法，使各工序紧密衔接，特别是要缩短从拌和到碾压结束之间的延迟时间。同时应做延迟时间对水泥稳定土强度的影响试验，以确定合适的延迟时间，保证水泥稳定土在不影响其强度的情况下碾压密实。

一般情况下，每一作业段以 200 m 为宜，每天的第一个作业段宜稍短一些。在路拌法施工时，合理的作业长度应考虑到以下各个方面：水泥的终凝时间；延迟时间对混合料密实度和抗压强度的影响；施工机械和运输车辆的效率和数量；操作的熟练程度；尽量减少接缝处理；尽量避免施工季节和气候条件的影响等。

（二）主要工序的施工

水泥稳定土路拌法施工时的主要工序有：准备下承层、施工放样、施工备料、运输及摊铺集料、拌和、整型、碾压、接缝和"调头"处理、养生。

1. 准备下承层工序

（1）水泥稳定土的下承层表面应平整、坚实，具有规定的路拱，没有任何松散的材料和软弱的地点。通常应对下承层进行检查验收，主要项目有高程、宽度、横坡、平整度、压实度及弯沉值。

（2）要充分准备好施工的基础。当水泥稳定土用作基层时，要准备底基层；当水泥稳定土用作老路面的加强层时，要准备老路面；当水泥稳定土用作底基层时要准备土基。

①对土基不论是路堤还是路堑，必须用 12 ～ 15 ℃的三轮压路机或等效的碾压机械进

行 3～4 遍碾压检验。在碾压过程中，如果发现土料过干、表层松散，应适当进行洒水；如果土料过湿，发生"橡皮土"现象，应采用挖开晾晒、换土、掺石灰或水泥等措施进行处理，使土料的含水量接近或等于最佳含水量。

②对于底基层，应进行压实度检查，对于柔性底基层还应进行弯沉值检验。凡是不符合设计要求的路段，必须根据具体情况，分别采用补充碾压、换填好的材料、挖开晾晒等措施，使之达到规范规定的标准。

③对于老路面，应检查其材料是否符合底基层材料的技术要求。如果不符合技术要求，应翻松老路面并采取必要的处理措施。

④底基层或老路面上的低洼或坑洞，应仔细填补及压实；搓板和辙槽应刮除；松散处应耙松洒水并重新进行碾压，达到平整密实。

⑤新完成的底基层或土基，必须按照有关规定进行验收。凡是不合格的路段，必须采取措施，使其达到标准后方可铺筑水泥稳定土层。

2. 施工放样工序

（1）在底基层或老路面或土基上恢复中线。在直线段每隔 15～20 m 设一个桩，平曲线段每隔 10～15 m 设一个桩，并在两侧路肩边缘外设指示桩。

（2）在两侧指示桩上用明显标记标出水泥稳定土层边缘的设计高，以便于掌握施工标准。

3. 施工备料工序

根据道路工程的不同情况，施工备料分为利用老路面或土基上部材料和利用料场的土。

（1）利用老路面或土基上部材料。

①老路面或土基表面的石块等杂物必须先清除干净。

②每隔 10～20 m 挖一小洞，使洞底标高与预定的水泥稳定土层的底面标高相同。并在洞底做一标记，以控制翻松及粉碎的深度。

③用犁、松土机或装有强固齿的平地机或推土机将老路面或土基的上部翻松到预定的深度，土块应粉碎到符合要求。

④应经常用犁将土向路中心翻松，使预定处治层的边部成一个垂直面，防止处治宽超过规定。

⑤用专用机械粉碎黏性土。在无专用机械的情况下，也可以用旋转耕作机、圆盘耙，粉碎塑性指数不大的土。

（2）利用料场的土

料场的土种类很多，用于水泥稳定土的土主要包括细粒土、中粒土和粗粒土，对这些有以下方面的具体要求。

①采集土前，应先将树木、草皮和杂土清除干净；土中的超尺寸颗粒应予筛除。

②应在预定的深度范围内采集土，不应分层采集，不应将不合格的集料采集在一起。

③对于塑性指数大于 12 的黏性土，可以根据土质情况和机械性能确定土是否需要经

过过筛。

④计算材料用量。计算材料用量，主要包括以下方面：根据各路段水泥稳定土层的宽度、厚度及设计的干密度，计算各路段需要的干燥土的重量；根据料场土的含水量和所用运料车辆的吨位，计算每车料的堆放距离；根据水泥稳定土层的厚度和设计的干密实及水泥剂量，计算每一平方米水泥稳定土需用的水泥用量，并计算水泥摆放的纵横间距。

⑤在预定堆料的下承层上，在堆料前应先洒水，使其表面保持湿润，但不应过分潮湿而造成泥泞。

⑥土料装车时，应控制每车土料的数量基本相等，以使每路段卸料均匀。

⑦在同一料场供料的路段内，由远到近将料按计算的距离卸置于下承层表面的中间或上侧。卸料距离应严格掌握，避免有的路段土料不够或过多。

⑧料堆每隔一定的距离留下一个缺口。

⑨土在下承层上的堆置时间不应过长，运送土应宜比摊铺土工序提前 1 ~ 2 d。

⑩当路肩用料与稳定土层用料不同，应采取培肩措施进行处理，先将两侧路肩筑好。路肩料层的压实厚度应与稳定土层的压实厚度相同。在路肩上，每隔 5 ~ 10 m 应交错开挖临时泄水沟。

4. 摊铺集料的工序

（1）应事先通过试验确定土的松铺系数（或压实系数，它是混合料的松铺干密度与压实干密度的比值）。

（2）摊铺土在摊铺水泥的前一天进行。摊铺长度按日进度的需要量控制，满足次日完成掺加水泥、拌和、碾压成型即可。雨季施工时，如果预报第二天有雨，不宜提前摊铺土。

（3）应将土均匀地摊铺在预定的宽度上，表面力求平整，并有规定的路拱。

（4）在摊料过程中，应将土块、超径的颗粒及其他杂物拣除。如果土中存较多的土块，应当进行粉碎，使其达到要求的规格。

（5）检验松铺材料层的厚度，看其是否符合预计的要求。在铺料碾压的施工过程中，除洒水车外，严禁其他车辆在土层上通行。

5. 洒水闷料工序

（1）如果已经整平的集料（含粉碎的老路面）含水量过小，应在土层上洒水闷料。洒水要均匀，防止出现局部水分过多的现象。

（2）在洒水的过程中严禁洒水车在洒水段内停留和调头。

（3）细粒土应经过一夜闷料；中粒土和粗粒土，应根据其细土含量的多少，可适当缩短闷料时间。

（4）如果为综合稳定土，应先将石灰和土拌和均匀后一起进行闷料。

6. 整平与轻压工序

对于人工摊铺的土层整平后，用 6 ~ 8 ℃的两轮轻型压路机碾压 1 ~ 2 遍，使其表面平整，并具有一定的压实度。

7. 摆放摊铺水泥工序

（1）按照前面所述规定计算出的每袋水泥的纵横间距，在土层上做出安放标记。应将水泥当日直接运送到摊铺路段，卸在做标记的地点，并检查有无遗漏和重复。运输水泥的车辆应当有防雨设备。

（2）用刮板将水泥均匀地摊开，并注意使每袋水泥的摊铺面积基本相等。水泥摊铺完毕后，表面应没有空白位置，也没有水泥过分集中的现象。

8. 混合料拌和工序

水泥稳定土的拌和，实际上是水泥稳定土混合料的现场干拌和，在拌和中一般应注意以下几个方面。

（1）对于二级及二级以上公路，应采用专用稳定土拌和机进行拌和，并设专人跟随拌和机，随时检查拌和深度并配合拌和机操作人员调整拌和深度。拌和深度应达稳定层底并宜侵入下承层 5 ~ 10 mm，以利于上下层黏结。严禁在拌和层底部留有素土夹层。通常应拌和两遍以上，在最后一遍拌和之前，必要时可先用多铧犁紧贴底面翻拌一遍。直接铺在土基上的拌和层也应避免素土夹层。

（2）对于三、四级公路，在没有专用拌和机械的情况下，可用农用旋转耕作机与多铧犁或平地机相配合进行拌和，但应注意拌和的效果如何，拌和时间不能过长。

先用平地机或多铧犁（一般用四铧犁或五铧犁）将铺好水泥的土翻拌两遍，使水泥均匀分布到土中，但不应翻犁到底，防止水泥大部分落到底部。第一遍由路中心开始，将混合料向中间翻，机械应慢速前进；第二遍应相反，从两边开始，将混合料向外侧翻，接着用旋转耕作机拌和两遍。

以上工序完成后，再用多铧犁或平地机将底部料翻起，随时检查调整翻犁的深度，使稳定土层全部翻透。严禁在稳定土层与下承层之间残留一层素土，也应防止翻犁过深或过多破坏下承层的表面，通常应翻犁两遍。接着再用旋转耕作机拌和两遍，用多铧犁或平地机再翻犁两遍。

（3）对于三、四级公路，在没有专用拌和机械的情况下，也可以用缺口圆盘耙与多铧犁或平地机相配合，拌和水泥稳定细粒土和中粒土，但应注意拌和的效果，拌和时间不可过长。用平地机或多铧犁在前面翻拌，用圆盘耙在后面进行拌和。圆盘耙的速度应尽量快，使水泥与土拌和均匀。在一般情况下，应翻拌四遍，开始的两遍不应翻犁到底，以防水泥落到底部；后面的两遍应翻犁到底，随时检查调整翻犁的深度，基本要求与上述相同。

9. 加水和湿拌工序

（1）在上述拌和过程结束后，特别在用农业机械进行拌和的情况下，如果混合料的含水量不足，应用喷管式洒水车补充洒水。洒水车起洒处和另一端调头处，都应超出拌和段 2 m 以上。洒水车不应在正进行拌和的以及当天计划拌和的路段上调头和停留，以防止局部洒水量过大。在洒水后，应再次进行拌和，使水分在混合料中分布均匀。拌和机械应紧跟洒水车后面进行拌和，以减少水分的流失。

（2）在洒水及拌和的过程中，应及时检查混合料的含水量。含水量宜略大于最佳值，不应小于最佳值。对于稳定粗粒土，应比最佳含水量大 0.5% ~ 1.0%；对于稳定细粒土，应比最佳含水量大 1% ~ 2%。在洒水及拌和的过程中，应配合人工拣出超出要求尺寸的颗粒，消除粗细颗粒"窝"以及局部过分潮湿或过分干燥之处。

（3）混合料拌和均匀后应色泽一致，没有灰条、灰团和花面，即无明显粗细集料离析现象，且水分合适和均匀。

10. 基层整形工序

（1）混合料拌和均匀后，应立即用平地机初步进行整形。在直线段，平地机由两侧向路中心进行刮平；在平曲线段，平地机由内测向外侧进行刮平。必要时，再返回刮一遍。用拖拉机、平地机或轮胎压路机立即在初步整形的路段上快速碾压一遍，以暴露出潜在的不平整之处。再用平地机进行整形，整形前应用齿耙将轮迹低洼处表层 5 cm 以上耙松，并再碾压一遍。

（2）对于暴露出的局部不平和低洼处，应用齿耙将其表层 5 cm 以上耙松，并用新拌的混合料进行找平。再用平地机整形一次应将高处料直接刮出路外，不应形成薄层贴补现象。

（3）每次整形都应达到规定的坡度和路拱，并应特别注意接缝处必须顺适平整。

（4）当采用人工整形时，应用锹和耙先将混合料摊平，用路拱板进行初步整形。用拖拉机初压 1 ~ 2 遍后，根据实测的松铺系数，确定纵横断面的标高，并设置标记和挂线。利用锹、耙按线进行整形，再用路拱板校正成型。如为水泥土，在拖拉机初压之后可用重型框式路拱板（由拖拉机牵引）进行整形。

（5）在整个整形的过程中，严禁任何车辆在上面通行，并保持无明显的粗细集料离析现象。

11. 基层碾压工序

（1）根据路宽、压路机的轮宽和轮距的不同，制订切实可行的碾压方案，应使各部分碾压到的次数尽量相同，路面的两侧应多压 2 ~ 3 遍。

（2）在整形之后，当混合料中的含水量为最佳含水量（+1% ~ +2%）时，应立即用轻型压路机并配合 12 ℃以上压路机在结构层全宽内进行碾压。直线和不设超高的平曲线段，由两侧路肩向路中心碾压；设超高的平曲线段，由内侧路肩向外侧路肩进行碾压。碾压时，应重叠 1/2 轮宽，后轮必须超过两段的接缝处。后轮压完路面全宽时，即为一遍。一般需要碾压 6 ~ 8 遍。压路机的碾压速度，头两遍以采用 1.5 ~ 1.7 km/h 为宜，以后以采用 2.0 ~ 2.5 km/h 为宜。采用人工摊铺和整形的稳定土层，宜先用拖拉机或 6 ~ 8 ℃两轮压路机或轮胎压路机碾压 1 ~ 2 遍，然后再用重型压路机进行碾压。

（3）严禁压路机在已完成的或正在碾压的路段上调头或急刹车，应保证稳定土层表面不受破坏。

（4）在碾压过程中，水泥稳定土的表面应始终保持湿润，如果水分蒸发过快，应及时补洒少量的水，但严禁大量洒水碾压。在碾压中，如果出现"橡皮土"、松散、起皮等现象，应及时翻开重新进行拌和（加适量的水泥）或用其他方法处理，使其达到质量要求。

（5）经过拌和、整形的水泥稳定土，宜在水泥初凝前、并应在试验确定的延迟时间内完成碾压，并达到要求的密实度，同时没有明显的轮迹。

（6）在碾压结束之前，用平地机再终平一次，使其纵向顺适，路拱和超高符合设计要求。终平应仔细进行，必须将局部高出部分刮除并扫出路外；对于局部低洼之处，不再进行找补，可留待铺筑沥青面层时处理。

12. 接缝和调头处理工序

（1）同日施工的两个工作段的衔接处，应采用搭接的方式。前一段拌和整形后，留出 5～8 m 不进行碾压；后一段施工时，前段留下未压部分，应再加部分水泥重新拌和，并与后一段一起进行碾压。

（2）经过拌和、整形的水泥稳定土，应在试验确定的延迟时间内完成碾压。

（3）应当注意每天最后一段末端缝（即工作缝）的处理。

五、中心站集中厂拌法施工质量控制要点

（1）水泥稳定土可以在中心站用厂拌设备进行集中拌和。对于高速公路和一级公路，应采用专用稳定土集中厂拌机械拌制混合料。在采用集中拌和时应符合下列要求：①土块应粉碎，使最大尺寸不得大于 15 mm；②配料要准确，拌和应均匀；③水泥稳定土含水量要略大于最佳值，使混合料运到现场摊铺后碾压时的含水量不小于最佳含水量；④不同粒级的碎石或砾石以及细集料（如石屑和砂）应隔离，分别堆放。

（2）当采用连续式的稳定土厂拌设备拌和时，应保证集料的最大粒径和级配符合要求。

（3）在正式拌制混合料之前，必须先调试所用的设备，使混合料的颗粒组成和含水量都达到规定的要求。原集料的颗粒组成发生变化时，应重新调试设备。

（4）在潮湿多雨地区或其他地区的雨季施工时，应采取措施，保护集料，特别是细集料（如石屑和砂等）应有覆盖，防止雨淋。

（5）应根据集料和混合料含水量的大小，及时调整加水量。

（6）应尽快将拌成的混合料运送到铺筑现场。车上的混合料应该覆盖，减少水分损失。

（7）应采用沥青混凝土摊铺机或稳定土摊铺机摊铺混合料。如下承层是稳定细粒土，应先将下承层顶面拉毛，再摊铺混合料。

（8）拌和机与摊铺机的生产能力应互相匹配。对于高速公路和一级公路，摊铺机宜连续摊铺，拌和机的产量宜大于 400 ℃/h。如果拌和机的生产能力较小，在摊铺机摊铺混合料时，应采用最低速度进行摊铺，减少摊铺机停机待料的情况。

（9）在摊铺机后面应设专人消除粗细集料离析现象，特别应该铲除局部粗集料"窝"，并用新拌混合料填补。

（10）宜先用轻型两轮压路机跟在摊铺机后及时进行碾压，后用重型振动压路机、三轮压路机或轮胎压路机继续碾压密实。

（11）在二、三、四级公路上，当没有摊铺机时，可采用摊铺箱摊铺混合料，也可以用自动平地机按以下步骤摊铺混合料：①根据铺筑层的厚度和要求达到的压实干密度，计算每车混合料的摊铺面积；②将混合料均匀地卸在路幅的中央，当路幅比较宽时，也可将混合料卸成两行；③用平地机将混合料按松铺厚度摊铺均匀；④设一个 3 ～ 5 人的小组，携带一辆装有新拌混合料的小车，跟在平地机的后面，及时铲除粗集料"窝"和粗集料"带"，补以新拌和的均匀混合料，或补撒拌匀的细混合料，并与粗集料拌和均匀。

（12）用平地机摊铺混合料后的整形和碾压与路拌法相同，这里不再重复。

（13）集中厂拌法施工时的横向接缝应符合下列要求：①用摊铺机摊铺混合料时，不宜出现中断，如因故中断时间超过 2 h，应设置横向接缝，摊铺机应驶离混合料末端；②人工将末端含水量合适的混合料弄整齐，紧靠混合料放两根方木，方木的高度应与混合料的压实厚度相同，整平紧靠方木的混合料；③方木的另一侧用砂砾或碎石回填约 3 m 长，其高度应高出方木几厘米；④将混合料按规定碾压密实；⑤在重新开始摊铺混合料之前，将砂砾或碎石和方木除去，并将下承层顶面清扫干净；⑥摊铺机返回到已压实层的末端，重新开始摊铺混合料；⑦如摊铺中断后，未按上述方法处理横向接缝，而中断时间已超过 2 ～ 3 h，则应将摊铺机附近及其下面未经压实的混合料铲除，并将已碾压密实且高程和平整度符合要求的末端挖成与路中心线垂直向下的断面，然后再摊铺新的混合料。

（14）应避免纵向接缝。高速公路和一级公路的基层应分两幅摊铺，宜采用两台摊铺机一前一后相隔约 5 ～ 10 m 同步向前摊铺混合料，并一起进行碾压。在不能避免纵向接缝的情况下，纵缝必须垂直相接，严禁斜接，并按下述方法处理：在前一幅摊铺时，在靠中央的一侧用方木或钢模板做支撑，方木或钢模板的高度应与稳定土层的压实厚度相同；养生结束后，在摊铺另一幅之前，拆除支撑木（或板）。

六、水泥稳定土基层养生及交通管制

（1）水泥稳定土底基层分层进行施工时，下层水泥稳定土碾压完后，在采用重型振动压路机碾压时，宜养生 7 d 后铺筑上层水泥稳定土。在铺筑上层稳定土之前，应始终保持下层土的表面湿润。在铺筑上层稳定土时，宜在下层表面撒少量水泥或水泥浆。底基层养生 7 d 后，方可铺筑基层。水泥稳定级配碎石（或砾石）基层分两层用摊铺机铺筑时，下层分段摊铺和碾压密实后，在不采用重型振动压路机碾压时，宜立即摊铺上层，否则在下层顶面应撒少量水泥或水泥浆。

（2）每一段碾压完成并经压实度检查合格后，应立即开始养生。一般可采用湿砂进行养生，砂层厚度为 7 ～ 10 cm。砂层摊铺均匀后，应立即进行洒水，并在整个养生期间保持砂的潮湿状态。不得用湿黏性土覆盖。养生结束后，必须将覆盖物清除干净。

对于基层，也可采用沥青乳液进行养生。沥青乳液的用量按 0.8 ~ 1.0 kg/㎡（沥青用量）选用，宜分两次喷洒。第一次喷洒沥青含量约 35% 的慢裂沥青乳液，使其稍透入基层的表层。第二次喷洒浓度较大的沥青乳液。如不能避免施工车辆在养生层通行，应在乳液分裂后撒布 3 ~ 8 mm 的小碎石，做成下封层。

（3）当没有以上所述的养生条件时，也可以用洒水车经常洒水进行养生。每天洒水的次数应根据气候而定。在整个养生期间应始终保持水泥稳定土层表层潮湿，随时注意表层情况，必要时可用两轮压路机压实。

（4）对于高速公路和一级公路，水泥稳定土基层的养生期不宜少于 7 d。对于二级及二级以下的公路，如养生期少于 7 d 即铺筑沥青面层，并应限制重型车辆通行。对于二级及二级以下的公路，如基层上为水泥混凝土面板，且面板是用小型机械施工的，则基层完成后可以较早铺筑混凝土面层。

（5）为保证铺筑好的路基不受损坏，在养生期间未采用覆盖措施的水泥稳定土层上，除了必须的洒水车外，应当封闭交通。在采用覆盖措施的水泥稳定土层上，不能完全封闭交通时，应限制重车通行，其他车辆的车速不应超过 30 km/h。

（6）养生期结束后，如果其上部为沥青面层，应先清扫基层，并立即喷洒透层或黏层沥青。在喷洒透层或黏层沥青后，宜在其上均匀撒布 5 ~ 10 mm 的小碎（砾）石，用量约为全铺一层用量的 60% ~ 70%。如喷洒的适层沥青能透入基层，且运料车辆和面层混合料摊铺机在其上行驶不会破坏沥青膜时，也可以不撒小碎（砾）石。在撒小碎（砾）石的情况下，应尽早铺筑沥青面层的底面层。在清扫干净的基层上，也可先做下封层，以防止基层干缩开裂，同时保护基层免遭施工车辆破坏，宜在铺设下封层后的 10 ~ 30 d 内开始铺筑沥青面层的底面层。如面层水泥混凝土，也不宜让基层长期暴晒，以防止出现开裂。

第二节 水泥混凝土路面人工小型机具施工工艺

小型机具施工法的施工程序为：安装模板；设置传力杆；混凝土的拌和与运送；混凝土的摊铺和振捣；接缝的设置；表面整修；混凝土的养护与填缝。

一、边模的安装

在摊铺混凝土前，应先安装两侧模板。如果采用手工摊铺混凝土，则边模的作用仅在于支撑混凝土，可采用厚约 4 ~ 8cm 的木模板；在弯道和交叉口路缘处，应采用 1.5 ~ 3cm 厚的薄模板，以便弯成弧形。条件许可时宜用钢模，这样做不仅节约木材，而且能够保证工程质量。钢模可用厚 4 ~ 5mm 的钢板冲压制成，或用 3 ~ 4mm 厚钢板与边宽 40 ~ 50mm 的角钢或槽钢组合构成。

侧模按预先标定的位置安放在基层上，两侧用铁钎打入基层以固定位置。模板顶面用水准仪检查其标高，不符合时应予以调整。模板的平面位置和高程控制都很重要，稍有歪斜和不平，都会反映到面层，使其边线不齐，厚度不准和表面呈波浪形。因此，施工时必须经常校验，严格控制。模板内侧应涂刷肥皂液、废机油或其他润滑剂，以便于拆模。

二、传力杆设置

当两侧模板安装好后，即在需要设置传力杆的胀缝或缩缝位置上设置传力杆。混凝土板连续浇筑时设置胀缝传力杆的做法，一般是在嵌缝板上预留圆孔以便传力杆穿过，嵌缝板上面设木制或铁制压缝板条，其旁再放一块胀缝模板，按传力杆位置和间距，在胀缝模板下部挖成倒 U 形槽，使传力杆由此通过。传力杆的两端固定在钢筋支架上，支架脚插入基层内。

对于不连续浇筑的混凝土板，在施工结束时设置的胀缝，宜用顶头木模固定传力杆的安装方法。即在端模板外侧增设一块定位模板，板上同样按照传力杆间距及杆径钻成孔眼，将传力杆穿过端模板孔眼并直至外侧定位模板孔眼。两模板之间可用按传力杆一半长度的横木固定。继续浇筑邻板时，拆除挡板、横木及定位模板，设置胀缝板、木制压缝板条和传力杆套管。

三、制备与运送混凝土混合料

混合料的制备可采用两种方式：一是在工地由拌和机拌制；二是在中心工厂集中制备。而后用汽车运送到工地。

在工地制备混合料时，应在拌和场地上合理布置拌和机和砂石、水泥等材料的堆放地点，力求提高拌和机的生产率。拌制混凝土时，要准确掌握配合比，特别要严格控制用水量。每天开始拌和前，应根据天气变化情况，测定砂、石材料的含水量，以调整拌制时的实际用水量。每拌所用材料应过秤。量配的精确度对水泥为 ±1.5%，砂为 ±2%，碎石为 ±3%，水为 ±1%。每一工班应检查材料量配的精确度至少两次，每半天检查混合料的坍落度两次，拌和时间为 1.5 ~ 2.0min。

混合料用手推车、翻斗车、自卸汽车或搅拌运输车运送。合适的运距视车辆种类和混合料容许的运输时间而定。通常，夏季不宜超过 30 ~ 40min，冬季不宜超过 60 ~ 90min。高温天气运送混合料时应采取覆盖措施，以防混合料中水分蒸发。运送用的车箱必须在每天工作结束后，用水冲洗干净。

在中心拌和场地（厂拌）集中拌制时，可由搅拌运输车运送到施工现场进行摊铺。

四、摊铺和振捣

当运送混合料的车辆运达摊铺地点后，一般直接倒向安装好侧模的路槽内，并用人工找补均匀。要注意防止出现离析现象。摊铺时应考虑混凝土振捣后的沉降量，虚高可高出设计厚度约 10% 左右，使振实后的面层标高同设计相符。

混凝土混合料的振捣器具，应由平板振捣器（2.2 ~ 2.8kW）、插入式振捣器和振动梁（各 1kW）配套作业。混凝土路面板厚在 0.22m 以内时，一般可一次摊铺，用平板振捣器。

平板振捣器在同一位置停留的时间，一般为 10 ~ 15s，以达到表面振出浆水、混合料不再沉落为宜。平板振捣后，用带有振捣器的、底面符合路拱横坡的振捣梁，两端搁在侧模上，沿摊铺方向振捣拖平。拖震过程中，多余的混合料将随着振捣梁的拖移而刮去，低陷处则应随时补足。随后，再将直径为 75 ~ 100mm 的无缝钢管，两端放在侧模上，沿纵向滚压一遍。

必须注意，当摊铺或振捣混合料时，不要碰撞模板和传力杆，以避免其移动变位。

五、筑做接缝

1. 胀缝筑做

先浇筑胀缝一侧混凝土，取出胀缝模板后，再浇筑另一侧混凝土，钢筋支架浇在混凝土内。压缝板条使用前应涂废机油或其他润滑油，在混凝土震捣后，先抽动一下，而后最迟在终凝前将压缝板条抽出。抽出时为确保两侧混凝土不被扰动，可用木板条压住两侧混凝土，然后轻轻抽出压缝板条，再用铁抹板将两侧混凝土抹平整。缝隙上部浇灌填缝料，留在缝隙下部的嵌缝板是用沥青浸制的软木板或油毛毡等材料制成。

2. 横向缩缝筑做

混凝土结硬后，应适时切缝。切缝时间应控制在混凝土获得足够的强度，而收缩应力并未超出其强度范围时，以防切缝不整齐或出现早期裂缝。一般切缝时间以施工温度与施工时间乘积为 200 ~ 300 个温度小时或混凝土的抗压强度为 0.8MPa 时比较合适。

切缝一般用下列两种方法筑做：

（1）切缝法。在混凝土捣实整平后，利用振捣梁将"℃"形震动刀准确地按缩缝位置震出一条槽，随后将铁制压缝板放入，并用原浆修平槽边。当混凝土收浆抹面后，再轻轻取出压缝板，并立即用专用抹子修整缝缘。这种做法要求谨慎操作，以免混凝土结构受到扰动和接缝边缘出现不平整（错台）。

（2）锯缝法。在结硬的混凝土中用锯缝机（带有金刚石或金刚砂轮锯片）锯割出要求深度的槽口。这种方法可保证缝槽质量且不扰动混凝土结构。但要掌握好锯割时间，过迟会因混凝土过硬而使锯片磨损过大且费工，而且更主要的是可能在锯割前混凝土会出现收缩裂缝；过早混凝土因还未结硬，锯割时槽口边缘易产生剥落。合适的时间视气候条件而定，炎热而多风的天气，或者早晚气温有突变时，混凝土板会产生较大的湿度或温度坡差，使内应力过大而出现裂缝，锯缝应早在表面整修后 4h 即可开始。如天气较冷，一天内气温变化不大时，锯割时间可推迟至 12h 以上。

切缝以调深调速的切缝机锯切效果较好。为减少早期裂缝，切缝可采用"跳仓法"，即每隔几块板切一缝，然后在逐块锯切。切缝深度为板厚的 1/4 ～ 1/3，切缝太浅会引起不规则断板。

（3）纵缝筑做

筑做企口式纵缝，模板内壁做成凸榫状。拆模后，混凝土板侧面即形成凹槽。需设置拉杆时，模板在相应位置处要钻成圆孔，以便拉杆穿入。浇筑另一侧混凝土前，应先在凹槽壁上涂抹沥青。

六、表面整修与防滑措施

混凝土终凝前必须用人工或机械抹平其表面。当用人工抹平时，不仅劳动强度大、效率低，而且还会把水分、水泥和细砂带至混凝土表面，致使它相比下部混凝土或砂浆有较高的干缩性和较低的强度。而采用机械抹面时可以克服以上缺点。目前国产的小型电动抹面机有两种装置：装上圆盘即可进行粗光；装上细抹叶片即可进行精光。在一般情况下，面层表面仅需粗光即可。抹面结束后，有时再用拖光带横向轻轻拖拉几次。

为保证行车安全，混凝土表面应具有粗糙抗滑的特点，最普通的做法是用棕刷顺横向在抹平后的表面上轻轻刷毛；也可用金属丝梳子梳成深 1 ～ 2mm 的横槽。近年来，国外已采用一种更有效的方法，即在已硬结的路面上，用锯槽机将路面锯割成深 5 ～ 6mm、宽 2 ～ 3mm、间距 20mm 的小横槽。也可在未结硬的混凝土表面塑压成槽，或压入坚硬的石屑来防滑。

七、养护与填缝

为防止混凝土中水分蒸发过速而产生缩裂，并保证水泥水化过程的顺利进行，混凝土应及时养护。一般用下列两种养护方法。

1. 湿治养护，混凝土抹面 2h 后，当表面已有相当硬度，用手指轻压不出现痕迹时即可开始养护。一般采用湿麻袋或草垫，或者 20 ～ 30mm 厚的湿砂覆盖于混凝土表面。每天均匀洒水数次，使其保持潮湿状态，至少延续 14 天。

2. 塑料薄膜或养护剂养护，当混凝土表面不见浮水，用手指按压无痕迹时，即均匀喷洒塑料溶液，形成不透水的薄膜黏附于表面，从而阻止混凝土中水分的蒸发，保证混凝土的水化作用。

填缝工作宜在混凝土初步结硬后及时进行。填缝前，首先将缝隙内泥沙杂物清除干净，然后浇灌填缝料，理想的填缝料应能长期保持弹性、韧性。热天缝隙缩窄时不软化挤出，冷天缝隙增宽时能胀大并不脆裂。同时还要与混凝土黏牢，防止土沙、雨水进入缝内，此外还要耐磨、耐疲劳、不易老化。实践表明，填料不宜填满缝隙全深，最好在浇灌填料前先用多孔柔性材料填塞缝底，然后再加填料，这样夏天胀缝变窄时填料不致受挤而溢至路面。

按施工温度分为加热施工式填缝料和常温施工式填缝料两种。加热式施工填缝料有：沥青橡胶类、聚氯乙烯胶泥类和沥青玛蹄脂类等；常温施工式填缝料有：聚氨酯焦油类、氯丁橡胶类、乳化沥青橡胶类等。

混凝土强度必须达到设计强度的 90% 以上时，方能开放交通。

第三节　滑模摊铺机铺筑施工工艺

一、滑模摊铺工艺流程

滑模式摊铺机的机架支承在四个液压缸上，可以通过控制机械上下移动，以调整摊铺机铺层厚度。这种摊铺机一次可完成摊铺、震捣、整平等多道工序。

滑模摊铺水泥混凝土路的施工基准设置有基准线、滑靴、多轮移运支架和搬动方铝管等多种方式。根据我国当前的基层平整度现状，滑模摊铺水泥混凝土路面的施工基准线设置宜采用基准线方式。

（1）基准线形式

基准线设置形式视施工需要可采用单向坡双线式、单向坡单线式和双向坡双线式三种。单向坡双线式基准线的两根基准线间的横坡应与路面一致。单向坡双线式基准必在另一侧具备适宜的基准，路面横向连接摊铺的横坡应与已铺路面一致。双向坡双线式基准线的两根基准线直线段应平行且间距相等，并对应路面高程，使路拱靠滑模摊铺机调整自动铺成。滑模摊铺机应具备两侧四个水平传感器和一侧两个方向传感器，沿基准线滑行，摊铺出路面所要求的方向、平面、高程、横坡、板厚、弯道等。

（2）基准线器具

①基准线材料：应使用 3 ～ 5mm 的钢绞线，总长度不少于 3km。

②基准线桩具：基准线桩宜使用直径 12mm 的圆钢筋，总高度宜为 120cm，一端打尖，每根桩应配备一个架臂和扣和一个夹线臂。架臂扣在基准线桩上可上下移动并固定，使夹线臂可左右移动并固定。基准线桩具不少于 300 套。

③基准线安装器具：紧线器 5 个、固定扳手 2 把、大锤 2 把、水准仪或全站仪 1 台、水准尺 2 杆、钢卷尺 2 把。

（4）基准线设置

①基准线横向支距：基准线桩固定位置到摊铺面板边缘的横向支距应根据滑模摊铺机侧模到传感器的位置而定，一般 2 ～ 4 履带跨中摊铺，两侧路面边缘宽度宜不小于 1m，最小不得小于 0.65m。基准线上的标高应为其所在位置的路面边缘高程计入支距横坡高度

后，加上设定的架设高度。

②基准线横向间距：基准线的横向间距为摊铺宽度加一侧（单线）或两侧（双线）横向支距。双线式基准线的垂直横向线间距应相等，单线式基准线到摊角边缘间距应相等。

③基准线桩纵向间距：平面直线段应小于等于10m，圆曲线段视弯道半径大小，一般可为5～7m；在小半径弯道或山区极小半径回头弯道上，内侧宜回密到2.5～5m，外侧宜为3.5～7m；平面缓和曲线段和纵断面竖曲线段宜为5～10m。实际设置基准线桩距离可小于上述值，但不得大于给定尺寸。

④基准线桩固定：基层顶面到夹线臂的高度宜为45～75cm，自基准线所在位置的路面边缘高程算起的基准线统一架设高度宜为25～50cm。基准线桩夹线臂夹口到桩的水平距离宜为30cm。夹线臂到桩顶垂直距离宜为15cm。基准线桩应牢固打入基层15～25cm。当打入困难时，应采用电钻钻孔后再钉牢固。

⑤基准线长度：一根基准线的最大长度不得大于450m。超过此长度并需要继续摊铺时，应续接基准线，续接方式应通过同一个过渡桩的夹线臂口平顺连接。

⑥基准线张紧：基准线两端应各设一个紧线器，并应偏置在基准线桩外侧30～50cm处。在第一根桩与紧线器之间，应设一根扯线桩，扯线桩的夹臂应低于基准线桩夹线臂，扯线桩应钉牢固，不因弯道水平拉力而倾斜。基准线必须张紧，每侧基准线应施加大于等于1kN的拉力。张紧后基准线上的垂度不应大于1.0mm，基准线应先张紧，再扣进夹线臂槽口。

⑦已铺路面上设置基准线：连接摊铺路面或悬臂式连接摊铺硬路肩路缘石时，在已铺路面上设置基准线，可采用20cm×20cm混凝土底座锚固基准线桩，或使用角钢焊接基准线桩。设置时，每5m插入路面已切割的缩缝槽内，用木楔摸紧，在路面上基准线高度宜用15～30cm。

⑧中央路拱：根据摊铺机的不同，有抛物线和折线路拱两种设置。在有中央路拱的平曲线及缓和曲线路段。

⑨最小弯道半径和最大纵坡：在山区公路上可施工带超高时，滑模摊铺机的最小弯道半径不应小于50m；带加长侧模板的滑模摊铺机可施工的最小弯道半径不应小于75rn，否则应使用其他方式摊铺。摊铺机满负荷施工的最大纵坡上坡宜为5%，下坡宜为6%；施工山区路面的极限纵坡为7%，如果大于7%，应缩窄摊铺，基准线桩桩距应加密到3.5～5m。

（5）基准线精度

滑模摊铺水泥混凝土路面基准线设置精度应符合要求。施工时宜达到规定值，验收时应满足最大允许偏差值的规定。基准线宜在摊铺前一天完成设置。基准线设置好以后，应进行校核复测，并注意防止弯道和渐变段出现差错。

（6）施工要求

基准线设置好以后，禁止扰动。摊铺时，严禁碰撞和振动。一旦碰撞变位，应立即重新测量设定。基准线接头不得大于 1cm。每 100m 基准线不得多于 2 个接头。多风季节施工时，应缩小基准线间距。风力达到 5 ~ 6 级时，应停止施工。

二、混凝土搅拌

（1）搅拌站的配套容量和每台搅拌楼的配套设备应满足本规程的要求——水电供应可靠，原材料应充足，最少不得小于当天施工用量。

（2）配料精度

每台搅拌楼在投入生产前，必须通过法定计量部门标定，并试拌正常。在标定有效期满或搅拌楼搬迁安装完毕后，均应重新标定。施工中应经常校验搅拌楼计量精度。滑模混凝土应配备和采用有计算机自动称料和砂含水量自动反馈控制系统的搅拌楼进行生产，不得使用手动配料，禁止使用体重法计量的简易自落滚筒式搅拌机拌和。在搅拌过程中还应打印出每盘或连续称料的配料数据和误差，按需要打印每天（周、旬、月）对应摊铺桩号混凝土配料的统计数据及误差。

（3）外加剂使用

外加剂应以溶液掺加。外加剂溶液浓度应根据配合比试验确定的外加剂掺量，在间歇搅拌楼上，按所配备的外加剂溶液筒的容量和每盘水泥用量计算得出。连续式搅拌应按流量比例控制加入外加剂。加入搅拌锅的外加剂应充分溶解，并防止不同的外加剂溶液因比重不同而分层富集。外加剂溶液应于施工前一天配制好，并在施工中连续不断地搅拌均匀。

（4）拌和质量检验与控制

①施工开始及搅拌过程中都应按规定的频率检验坍落度、坍落度损失、含气量、泌水量、混凝土凝结时间、砂石料含水量及混凝土容重等，并按标准方法预留规定数量的弯拉强度试件。在寒冷或炎热气候下施工，混凝土拌和机出料时的温度应分别控制在 10℃ ~ 35℃ 之间，并应加测原材料温度、拌和物的温度、坍落度损失率和凝结时间等。

②混凝土拌和物应均匀一致，不得有未加水的干料、未拌匀的生料和离析等现象，干料和生料禁止用于路面摊铺。一台搅拌楼每盘之间和其他搅拌楼之间，混凝土拌和物的坍落度允许误差为 ±1cm。试拌及滑模摊铺时的坍落度，应按最适宜滑模摊铺的坍落度值加上当时气温下运料所耗时间的坍落度损失值确定。在雨天或阵雨后，应按砂石料实际含水率及时微调加水量。

（5）最短搅拌时间

应根据拌和物的黏聚性（熟化度）、均质性及强度稳定性由试拌确定最短搅拌时间。一般情况下，单立轴式搅拌机总拌和时间为 80 ~ 120s；双卧轴式搅拌机总拌时间为 30 ~ 35s；连续式（双锅）搅拌楼的最短搅拌时间不得少于 40s，最长搅拌时间不宜超过高限值 2 倍。在保证拌和物质量的前提下，应科学编制搅拌计算机程序，合理压缩搅拌时间，以增加滑模混凝土的产量。

三、混凝土运输

（1）一般规定

应根据施工进度、运量、运距及路况，按照本规程的规定配备车型和车辆总数。总运力应比总拌和能力略有富余。

（2）运输时间

运输到现场的混凝土拌和物的坍落度有所损失，但必须适宜滑模摊铺。摊铺完毕允许最长时间，应根据气温及摊铺现场拌和物达到规定的工作性历时确定，并宜短于拌和物的初凝时间 1 股，运输允许最长时间宜短于摊铺允许最长时间 0.5h。混凝土拌和物从搅拌机出料到运输、摊铺完毕的允许最长时间应符合规定。

（3）运输技术要求

①运送混凝土的车辆，在装料时，应防止混凝土离析，每装一盘料应挪动一下车位，卸料落差高度不得大于 2m。驾驶员必须了解拌和物的运输、摊铺完毕的允许最长时间，超过摊铺允许最长时间的混凝土不得用于路面摊铺。混凝土一旦在车内停留超过初凝时间，应采取紧急措施处理，防止混凝土硬化在车箱内或车罐内。

②混凝土运输过程中要防止漏浆、漏料和污染路面。烈日、大风、雨天和冬季施工时，应遮盖自卸车上的混凝土。运输车辆在每次装混凝土前，均应将车箱清洗干净并洒水湿润。

③使用翻斗车运输混凝土时，最大运输半径不宜超过 20km，超过时，宜采用搅拌罐车运输混凝土。

四、钢筋安装和混凝土布料

（1）钢筋安装技术要求

滑模摊铺钢筋混凝土路面、桥面、双层钢筋网桥头搭板及连接胀缝支架，在布料时，钢筋网和支架刚度均必须焊接加强。

①单层钢筋混凝土路面的钢筋网应有 4 ~ 6 根 / ㎡ 焊接支架钢筋。

②在铺装桥面钢筋网之前，应先焊接梁之间的横向连接钢筋，并不应小于 3 根 / ㎡，后安装锚固钢筋，再将钢筋网与锚固钢筋焊接，数量应为 4 ~ 6 m/ ㎡。层间剪应力大处（如梁端）取大值，剪应力小处（如跨中）可取小值。

③桥头搭板或通道上部双层钢筋网，应焊接环形箍筋，数量不少于 4 ~ 6 根 / ㎡。

④搭板端部钢筋必须与胀缝钢筋支架相焊接，焊接点不应少于 4 个 /m。

⑤钢筋混凝土路面和桥面单层钢筋网、桥头搭板双层钢筋网及连接胀缝钢筋支架的两侧宽度应小于摊铺宽度 3cm，纵向工作缝与后铺的横向连接路面应采用侧向加密拉杆形式。桥面钢筋网横向钢筋应连续。双车道摊铺的桥面板或搭板中间均不插拉杆，不切纵缝，使钢筋网整体连续。桥面板宜在反弯矩部位切缝，并用接缝钢筋补强。斜交桥涵的变形板全

部在钢筋混凝土搭板上调整，锐角加密焊接钢筋网补强。滑模施工的水泥混凝土路面均宜为矩形板，并取消边缘和角隅补强钢筋。

（2）混凝土布料技术要求

①滑模摊铺普通水泥混凝土路面，必须有专人指挥车辆均匀卸料。滑模摊铺时，机前的最高料位高度不得高于松方控制板上缘，料位的正常高度应在螺旋布料器叶片上缘以下，亦不得缺料。

②采用布料机施工，松铺系数应视坍落度大小由试铺确定，当坍落度在 1 ~ 5cm 时，松铺系数宜在 1.08 ~ 1.15 之间；坍落度为 3cm 时，松铺系数宜控制在 1.1 左右。布料机与滑模摊铺机之间的施工距离应控制在 5 ~ 10cm。热天日照强，风大，取小值；阴天，湿度大，无风，可取大值。

③采用布料机以外的布料方式摊铺钢筋混凝土路面、桥面或搭板时，禁止任何机械直接开上钢筋网。宜在钢筋外侧使用挖掘机或吊斗均衡卸料布料，也可使用便桥板凳加吊车汽车直接卸料或挖掘机布料，但均不得缺料。

五、滑模摊铺水泥混凝土路面

（1）滑模摊铺前，应对施工现场准备工作进行检查。

①检查板厚：每 20m 垂直于两侧基准线挂横线，用钢尺单车道测 3 点、双车道测 5 点垂直高度，减去基准线设定高度，即为单个板厚，3 ~ 5 个值的平均值为该断面平均板厚。每 200mm 个断面的均值为该路段平均板厚。路段平均板厚不应小于设计板厚；断面平均板厚不应比设计板厚薄 5mm；单个板厚极小值不应比设计板厚薄 10mm。不满足上述要求时，应采取有效措施保证板厚。

②检查辅助施工设备机具：拉毛养护机、布料机械、发电机等应全部到场并试运转正常。端模板、手持振捣棒、抄平梁、传力杆定位支架、拉杆、拉毛耙、工作凳、拖行工具、养护剂及其喷洒工具等所有施工器具和工具，应全部到位并状态良好。

③检查基层：基层局部破损应修补整平，基层上的裂缝应处理完毕，摊铺路面的基层及履带行走部位均应清扫干净并洒水湿润，积水应扫开。

④横向连接摊铺检查：前次摊铺路面纵缝的溜肩胀宽部位应切割顺直。前次摊铺安装的侧边位杆应校正扳直，缺少的拉杆应钻孔锚固植入。纵向施工缝的上半部缝壁应填充饱满的沥青。

（2）滑模摊铺机工作参数初设

对滑模摊铺机所有机构工作部件应进行正确施工位置的初步设定，并将这些正确施工参数通过试铺调整固定下来，正式摊铺时宜根据情况变化进行微调。

①振捣棒下缘位置应在挤压板最低点以上、横向间距不宜大于 45cm 处均匀排列；两侧最边缘振捣棒与摊铺边缘距离不宜大于 25cm。

②挤压底板前倾角宜设置 3° 左右。提浆夯板位置宜在挤压底板前缘以下 5 ~ 10mm 之间。无需设前仰角的滑模摊铺机可将挤压底板前后调水平。

③设超铺角的滑模摊铺机两边缘超高程根据料的稠度应在 3 ~ 8mm 间调整。带振动搓平梁的滑模摊铺机应将搓平梁前沿调整到与挤压板后沿高程相同，搓平梁的后沿比挤压底板后沿低 1 ~ 2mm，并与路面高程相同。

（3）滑模摊铺机首次摊铺位置校准

首次摊铺前，应在直线路段采用钉桩或基准线法校准滑模摊铺机挤压底板四角点高程和侧模前进方向。四个水平传感器控制挤压底板四角高程，两个方向传感器进行导向控制。按路面设计高程、横坡度或路拱测量设定 2 ~ 3 根基准线或 4 ~ 6 个桩，将六个传感器全挂上两侧基准线，并检查传感器的灵敏度和反应方向。开动滑模摊铺机进入设好的桩位或线位，调整水平传感器立柱高度，使滑模摊铺机挤压底板恰好落在精确测量设置好的木桩或基准线上，同时，调整好滑模摊铺机机架前后左右的水平度。令滑模摊铺机挂线自动行走，再返回校核 1 ~ 2 遍，正确无误后，方可开始摊铺。

（4）初始摊铺路面参数校正

在开始摊铺的 5m 内，必须对所摊铺出的路面标高、边缘厚度、中线、横坡度等技术参数进行复核测量。机手应根据测量结果，在滑模摊铺机行进中及时缓慢地反向旋转滑模摊铺机上水平传感器立柱手柄，校准挤压底板摊铺路面的高程和横坡，误差应在规定值范围内。及时调整拉杆打入深度及压力和抹平板的压力及边缘位置。检查摊铺中线时，应在设方向传感器的一侧，通过钢尺测量基准线到滑模摊铺机侧模前后的横向距离，有误差时，缓慢微调前后两个方向传感器架立横梁伸出的水平距离，消除误差。禁止停机剧烈调整高程、中线及横坡等，以免严重影响平整度等质量指标。滑模摊铺机从起步到调整直至正常摊铺，应在 10m 内完成，并应将滑模摊铺机工作参数设置固定保护起来，不允许非操作手更改或撞动。第二天的连接摊铺，应先检查滑模摊铺机挤压底板四个角点的位置，再将滑模摊铺机后退到前一天做了侧向收口工作缝的路面内，从挤压底板前缘对齐工作缝端部开始摊铺。

（5）滑模摊铺机的操作要领

①机手操作滑模摊铺机应缓慢、匀速，连续不间断地摊铺。滑模摊铺速度，根据拌和物稠度和设备性能可控制在 0.5 ~ 2.0m/min 之间，一般宜为 1m/min。当料的稠度发生变化时，先调振捣频率，后改变摊铺速度，不得在料多时追赶，然后随意停机等待，间歇摊铺。

②摊铺中，机手应随时调整松方高度控制板进料位置，开始应设略高些，以保证进料。正常状态下保持振捣仓内砂浆料位高于振捣棒 10cm 左右，料位高低上下波动宜控制在 ±4cm 之内。

③滑模摊铺机以正常摊铺速度施工时，振捣频率可在 6 000 ~ 11 000r/min 之间调整，宜采用 9 000r/min。应防止混凝土过振、漏振、欠振。机手应随时根据混凝土的稠度大小，调整摊铺的速度和振捣频率。当混凝土显得偏稀时，应适当降低振捣频率，加快摊铺速度，

但最快不得超过 3m/min，最小振捣频率不得小于 6 000r/min；当新拌混凝土偏干时，应提高振捣频率，但不得大于 11 000r/min，并减慢摊铺速度，最小摊铺速度宜控制在 0.5 ~ 1m/min。滑模摊铺机起步时，应先开启振捣棒振捣 2 ~ 3m/min，再推进，脱离混凝土后，应立即关闭振捣棒。

④滑模摊铺纵坡较大的路面，上坡时，挤压底板前仰角宜适当调小，同时适当调小抹平板压力；下坡时，前仰角宜适当调大，抹平板压力也宜调大。抹平板合适的压力宜为板底 3/4 长度接触路面抹面产生的压力。

⑤滑模摊铺弯道和渐变段路面时，单向横坡，使滑模摊铺机跟线摊铺，应随时观察并调整抹平板内外侧的抹面距离，防止压跨边缘。摊铺中央路拱时，计算机控制条件下，输入弯道和渐弯段边缘及拱中几何参数，计算机自动控制生成路拱；手控条件下，机手应根据路拱消失和生成几何位置，在给定路段范围内分级逐渐消除或调成设计路拱。

⑥摊铺单车道路面，应视路面的设计要求配置一侧或双侧打纵缝拉杆的机械装置。侧向拉杆装置的正确插入位置应在挤压底板的中下或偏后部。拉杆打入分手推、液压、气压几种方式，压力应满足一次打（推）到位的要求，不允许多次打入。同时摊铺两个以上车道时，除侧向打拉杆装置外，还应在假纵缝位置中间配置一个以上中间的拉杆自动插入装置，该装置有机前插和机后插两种。前插时，应保证拉杆的设置位置；后插时，要保证其插入部位混凝土的密实度。带振动搓平梁和振动修复的滑模摊铺机应选择机后插入式，其他滑模摊铺机可使用机前插入式。打入的拉杆必须处在路面板厚的中间位置。中间和侧向拉杆打入的高低误差不宜大于 ±3cm，倾斜及前后误差不宜大于 ±4cm。

⑦机手应随时密切观察所摊铺的路面效果，注意调整和控制摊铺速度、振捣频率、夯实杆、振动搓平梁和抹平板位置、速度和频率。软拉抗滑构造表面砂浆层厚度宜控制在 4mm 左右，硬刻槽路面的砂浆表层厚度宜控制在 2mm 左右。

⑧连接摊铺时，滑模摊铺机一侧履带上前次水泥混凝土路面的时间应控制在养护 7d 以后，最短不得少于 5d。同时，钢履带底部应铺橡胶垫或使用有挂胶履带的滑模摊铺机。纵向连接摊铺路面时，应对连接纵缝部位人工进行修整，连接纵缝的横向平整度符合不同公路等级的要求，并用钢丝刷刷干净黏附在前幅路面上的砂浆，应刷出粗细抗滑构造。

（6）滑模摊铺中出现问题的处置

滑模摊铺的表面应平滑，几何形状规矩，不应出现麻面、拉裂、塌边、溜肩等病害现象，出现问题应立即查找原因，迅速采取措施。

①摊铺中应经常检查振捣棒的工作情况。发现在路面横断面某处多次出现麻面或拉裂现象，表示该处的振捣棒出了问题，必须停机检查或更换该处的振捣棒。摊铺后，发现路面上留有振捣棒拖出的发亮的砂浆条带，则表明振捣棒位置偏深，必须调整正确位置至振捣棒底缘在挤压底板的后缘高度以上。

②在摊铺宽度大于等于 8m 的双（多）车道路面时，若左右卸了两车稠度不一致的混凝土时，摊铺速度应按偏干一侧设置，并应将偏稀一侧的振捣棒频率迅速调小。

③滑模摊铺路面出现横向拉裂现象，应从如下几方面进行检查：

a.拌和物局部或整体过干硬、离析，集料粒径过大时，不适宜滑模摊铺，或在该部位摊铺速度过快，否则会使振捣频率不够，导致混凝土因未振动液化而拉裂，应降低摊铺速度，提高振捣频率。

b.挤压底板的位置和前仰角设置是否变化，前倒角时必定拉裂，前仰角过大，亦可能拉裂，应在行进中调整前两个水平传感器，即改变挤压底板为适宜的前仰角，消除拉裂现象。

c.拌和物较干硬或等料停机时间较长，起步摊铺速度过快，也可能拉裂路面。等料停机时间较长时，应间隔15min开启振捣棒振动2～3min，再缓慢推进。

④当混凝土供应不上，或搅拌楼出现机械故障等情况时，停机等待时间不得超过当时气温下混凝土初凝时间的2/3；超过此时间，应将滑模摊铺机开出摊铺工作面，并做施工缝。当滑模摊铺机出现机械故障，应紧急通知后方搅拌楼停止生产。在故障停机时间内，滑模摊铺机内混凝土尚未初凝的情况下，如能够排除故障，则允许继续摊铺；否则，应尽快将滑模摊铺机开出摊铺工作面。故障排除后，重新起步摊铺。

（7）滑模摊铺结束后必须做的工作：

①将滑模摊铺机驶离工作面，先将所有传感器从基准线上脱开，并解除滑模摊铺机上基准线自动跟踪控制，再升起机架，用水冲洗掉黏附的混凝土，已硬结在滑模摊铺机上的混凝土，应轻敲打掉。清理干净后，应对与混凝土接触的机件喷涂废机油或吹（揩）干防锈。同时，对滑模摊铺机进行当日保养，加油加水，打润滑油等。

②设置横向施工缝。应先将从滑模摊铺机振动仓内脱出的厚砂浆铲除丢弃，然后设置施工缝端模和侧模，插入拉杆和传力杆，并用水准仪测量面板高程和横坡。为使下次摊铺能紧接施工缝开始，两侧模板应向内各收进2～4cm，且宜小不宜大，长度与滑模摊铺机侧模板等长或略长。软做横向施工缝应符合本规程的技术要求。可采用第二天硬切齐施工缝端部做法，切缝部位应满足平整度、高程和横坡要求，可使用缩缝传力杆钢筋支架，上部锯开，下部凿除混凝土，也可锯开后在端部垂直面上钻眼，插入传力杆，再连接施工。连接接头施工，除应测量高程和横坡外，辅以人工振捣密实，应采用长度3m以上抄平器保证端头和结合部位的平整度。

六、滑模摊铺混凝土路面接缝施工

（1）纵向接缝

混凝土板的纵缝必须与路中线平行。纵缝间距（即板宽）应根据滑模摊铺机摊铺宽度、路面总宽、车道分隔线和硬路肩位置综合确定。钢筋混凝土路面、桥面、搭板纵缝由设计和滑模摊铺机摊铺宽度确定。

①纵向缩缝。当水泥混凝土路面使用滑模摊铺机一次摊铺两个车道宽度时，应设置纵

向缩缝，其位置宜按车道宽度设置。拉杆靠滑模摊铺机配备的中间拉杆插入装置在滑模摊铺过程中自动控制间距压入，其构造采用假缝拉杆型。缩缝上部的槽口，应采用硬切缝法施工，切缝技术要求符合本规程的规定。

②纵向施工缝。当滑模摊铺机一次摊铺宽度大于路面总宽度时，有纵向施工缝。其位置宜与车道线一致，构造采用平缝加拉杆型。纵向施工缝的拉杆，在前一次摊铺时，应采用滑模摊铺机的侧向拉杆装置插入。根据滑模摊铺机拉杆装置的方式，插入时的拉杆或为直的或为 L 形的。L 形拉杆长度较短，应按拉杆长度和间距进行等拔出强度换算。连续摊铺前，应将 L 形拉杆板直，再摊铺连接部分路面。

（2）横向接缝

①横向施工缝。每天摊铺结束或摊铺中因故中断，且中断时间超过初凝时间的 2/3 时，应设置横向施工缝。横向施工缝应与路中心线垂直，位置宜与胀缝或缩缝相重合。横向施工缝应采用焊接牢固的钢制端头模板，构造采用平缝加传力杆型，且每 1.5m 不应少于 1 个钉钢轩的垂直固定孔。端模上插入传力杆的水平孔间距为 30cm，内径为 33mm，边侧传力杆到自由边距离不宜少于 15cm。每根传力杆必须在端模上离孔口外侧 10cm 处通过横梁焊接内径 33mm、长度 5cm 的短钢管进行水平位置固定，其施工应符合规程技术要求。

②胀缝设置。

a. 胀缝间距：滑模摊铺水泥混凝土路面的胀缝设置间距视施工季节气温确定。热天施工，不宜设胀缝；春秋季节施工，两个构造物间距应大于等于 500m；冬季低温施工，当两构造物间距大于等于 350m 时，宜在两个构造物之间的路面中间位置设一道胀缝。构造物、平纵曲线等处的胀缝按《公路水泥混凝土路面设计规范》（J℃ J012）的规定设置。

b. 滑模摊铺机水泥混凝土路面胀缝钢筋支架：其构造应采用加强钢筋支架加传力杆型，加强钢筋支架一侧宽度应大于等于 50cm，总宽度大于等于 100cm。支架纵向钢筋和箍筋间距为 20cm。胀缝板应与路中心线垂直，缝壁垂直，缝隙宽度一致，缝中完全不连浆。

c. 连接桥头搭板位置的胀缝：其加强钢筋支架应与钢筋网一侧焊接，焊接点不应少于 4 个 /m。也可在钢筋混凝土搭板一侧取消胀缝支架，直接焊接在双层钢筋网上，并增加箍筋，数量不得少于原有支架。

③胀缝施工。滑模摊铺水泥混凝土路面的胀缝宜采用的前置法施工，也可采用预留胀缝位置，热天再施工胀缝，但应设胀缝加强传力杆钢筋支架。前置法施工时，应预先加工好胀缝钢筋支架，传力杆无沥青涂层的一端焊接在支架上，接缝板夹在两支架之间。施工前运至现场，无布料机（件）时，待摊铺至胀缝位置前方 1～2m 处，将支架准确定位，用钢轩将支架和胀缝板锚固在基层上，保证支架不推移、胀缝板不倾斜，然后卸料或布料，并用手持振捣棒振实胀缝板两侧的混凝土，使滑模机摊铺通过；有布料机（件）时，应将带传力杆的缩缝支架和胀缝支架提前安装固定，采用侧向上料方式施工。中间胀缝位置宜与缩缝重合。连接搭板的胀缝，在滑模连续铺装搭板和桥面前，应与钢筋网同时加工安装好。胀缝宜不待混凝土硬化，即剔除胀缝上部的混凝土，嵌入 2cm×2cm 的木条，修整

好表面。在填缝之前，凿去接缝板顶部的木条，涂黏结剂后，嵌入多孔橡胶条或灌填缝料。胀缝板及钢筋支架两侧，宜各适于摊铺宽度3cm。

④横向缩缝。缩缝应等间距布置，一般采用5m板长。不宜采用1/6斜缩缝和不等间距的缩缝。当不得不调整板长时，最大板长应小于或等于5.5m，最小板长不宜小于板宽。在路面上的平面交叉口横向变宽度处的缩缝，可以设计并切割成小转角的折线，在有拉杆的纵缝处，缩缝切口必须缝对缝。板锐角处，应设角隅钢筋补强。

在重、中、轻交通量的公路水泥混凝土路面上，横向缩缝可采用假缝型，不设传力杆。在邻近胀缝或路面自由端的三条缩缝内，横向缩缝采用假缝加传力杆型、前置式传力杆钢筋支架的构造。传力杆无涂料一侧焊接，有涂料一侧绑扎。

在特重交通量的水泥混凝土路面和收费站广场的全部缩缝宜设传力杆。传力杆可用滑模摊铺机配备的传力杆自动插入。插入装置在摊铺时植入，或使用钢筋定位支架前置法施工。无论哪种方式，都应在路钢缩缝切割位置做标记，保证切缝在传力杆中间以上。前置式缩缝的钢筋定位支架必须有足够的刚度，传力杆应准确定位，于摊铺之前在基层表面放样，并用钢钎将其锚固在基础上，用手持振捣棒振实传力杆高度以下的混凝土，然后进行滑模摊铺。

⑤传力杆及胀缝板设置精度。传力杆和胀缝板设置精度应符合要求。

（3）切缝

横向缩缝与施工缝上部的槽口应采用切缝法施工。切缝方式有全部硬切缝、软硬结合切缝和全部软切缝三种。采用哪种切缝方式视施工地区下午1～3时最高温度与凌晨1～3时最低温度的温差决定。

前后连接摊铺，对先摊铺好的混凝土板沿切缝已断裂的地方，应做上记号，后摊铺路面切缝时，已断开的缩缝应提前软切缝。纵向缩缝可全部硬切缝，最长时间不宜超过48h。

七、滑模摊铺混凝土路面修整

（1）摊铺过程中的修整

滑模摊铺机应采用自动抹平板装置进行抹面，以消除表面气孔和石子移动带来的缺陷。自动抹平板的压力不可过大，应随摊铺的纵坡变化随时调整。适宜的抹平板压力是路面不出现影响平整度的"W"形砂浆棱。对表面上少量局部麻面和明显缺料部位，应在挤压板后或搓平梁前，最迟在抹平板前表面补充适量砂浆，由搓平梁和抹平板机械修整。滑模摊铺的混凝土面板在下列情况下，可用人工进行局部少量修整。

①人工操作抹面抄平器修整摊铺机后表面的缺陷时，禁止整个表面用加铺薄砂浆层修补路面标高。

②对打侧向拉杆时被挂坏的侧边；滑模摊铺机连续铺装桥面时上桥梁台阶，振捣漏料

部位；抹平板未抹到的边缘；及出现倒边、塌边、溜肩现象处，应顶侧模或上部支方铝管边缘补料修整。左右连接摊铺的纵缝处应进行适量修整。

③对滑模摊铺机起步摊铺段及施工接头，应采用水准仪抄平，采用大于 3m 的方铝管边测边修整。

（2）路面硬化后的修整

如果混凝土路面已硬化，并发现施工接头或局部平整度不满足要求时，要在水泥混凝土路面摊铺后 3～10d 内，用最粗级磨头的水磨石机研磨到规定平整度。

八、滑模摊铺水泥混凝土路面抗滑构造的施工制作

①滑模摊铺机后宜设钢支架，拖挂 1～3 层叠合麻布、帆布或棉布，洒水湿润后，软拖制作细观抗滑构造。布片接触路面的拖行长度以 0.7～1.5m 为宜，细度模数偏大的粗砂，拖行长度取小值，偏细中砂，取大值。人工修整过的路面，细观抗滑构造已被抹掉，必须再拖麻袋处理，以恢复细观抗滑构造。也可不拖毛，直接使用抹平板抹出"鱼鳞"形细观抗滑构造，以增强耐磨性，前提是横向摩阻力系数应满足要求。修整表面时，应使用木抹。

②当日施工进度超过 500m 时，宏观抗滑构造制作宜选用拉毛机械施工，没有拉毛机时，可采用人工拉槽方式。在混凝土表面泌水完毕 20～30min 内应及时进行拉槽，拉槽深度应为 2～3mm，槽宽 3～5mm，槽间距 15～25mm。可施工等间距和非等间距的抗滑槽，在考虑减小噪声时，宜采用后者。每耙之间衔接间距应保持一致。

③采用硬刻槽方式制作宏观抗滑构造时，其几何尺寸与②款相同，硬刻槽机重量宜重不宜轻，最小整刻宽度不应小于 50cm，硬刻槽时不应掉边角。路面摊铺 3d 后可开始硬刻槽，并宜在两周内完成。

④对平整度不佳的路面施工接头、桥面、桥头搭板，局部经磨平达标后，应采用人工凿毛或喷砂法做出细观抗滑构造，宏观抗滑构造可采用硬刻方式制作。

9.混凝土路面养护

（1）养护方式选择

混凝土板抗滑构造软拉制作完成后应立即养护。滑模摊铺水泥混凝土路面宜采用喷洒养护剂及保湿覆盖的方式养护。在雨季或养护用水充足的情况下，也可采用覆盖砂、旧麻袋、草袋、草帘、稻草等洒水湿养护方式，不宜使用围水养护方式。昼夜温差大的地区，路面摊铺后 3d 内宜采取覆盖保温措施防止发生裂缝和断板。

（2）养护剂养护

水泥混凝土路面采用喷洒养护剂养护时，养护剂喷洒剂量、成膜厚度、适宜的喷洒时间应通过现场试验确定。喷洒养护剂的厚度应足以形成完全封闭的薄膜；喷洒应均匀，养膜厚度应一致；喷洒后的表面不得有颜色差异；喷洒时间宜在表面混凝土泌水完毕后进行；

喷洒高度宜控制在 0.5 ~ lm。除喷洒上表面外，面板两侧也应喷洒。单独采用一种养护剂时，保水率应达到 90% 以上，一般不应小于 300mL/ ㎡原液，也可采用两种养护剂喷洒两层或喷一层养护剂再加覆盖。当水泥混凝土路面泌水较多时，应延迟喷洒养护剂时间，待泌水基本结束后再喷洒养护剂。

（3）盖塑料薄膜养护

盖塑料薄膜的时间，以不压没细观抗滑构造为准。薄膜厚度（韧度）应合适，宽度应大于覆盖面 60cm。两条薄膜对接时，搭接宽度不应小于 40cm，薄膜在路面上应加细土或砂盖严实，并防止被钢筋挂烂及被风吹破或掀走。养护期间应始终保持薄膜完整，薄膜破裂时应立即补盖或修补。

（4）覆盖洒水湿养护

使用麻袋、草袋等覆盖物养护，应及时洒水。在任何气候条件下，均应保证覆盖物底部在养护期间始终处于潮湿状态，并由此确定每天洒水遍数。

（5）养护时间

养护时间应根据混凝土弯拉强度增长情况而定，当大于等于设计弯拉强度的 80% 时，可停止养护。一般养护天数宜为 14 ~ 21d，不应少于 14d。掺粉煤灰的水泥混凝土路面，最短养护时间不宜少于 28d。

（6）养护期保护

混凝土板在养护期间和填缝前，严禁人、畜、车辆通行，在达到设计强度 40%，撤除养护覆盖物后，行人方可通行。在路面养护期间，如行人、牲畜、畜力车、人力车、汽车确需横穿平面道口，应搭建临时便桥。

10. 冬季和夏季施工

（1）冬季施工

根据施工工地的气温条件，当室外平均气温连续 5 天低于 5 天时，混凝土板应按冬季施工进行。

①采用强度高的（42.5MPa 以上）硅酸盐水泥、普通水泥、快凝水泥、掺早强剂的水泥或增加水泥用量时，水灰比不应小于 0.45。

②混凝土混合物浇筑的温度不应低于 5℃。当气温在 5℃ 以上或混凝土浇筑温度低于 5℃ 时，应将水加热，或将水和集料同时加热，但混合料拌和物不应超过 35℃，水不应超过 60℃，砂、石不应超过 40℃。加热搅拌时，水泥应最后投入。

③混凝土面层上覆盖蓄热保温材料，必要时加盖养护暖棚。

（2）夏季施工

①因温度过高，促使夏季施工混凝土中水分蒸发过快，再加上水泥的水化易出现干缩裂缝。因此，当室外气温在 30 ~ 35℃ 时，混凝土板应按夏季施工进行。

②混凝土混合料运输时应加以遮盖，尽可能缩短运输和施工时间。浇筑前对基层表面和模板进行洒水湿润；浇筑完毕后及时覆盖，加强洒水养护。

③搅拌站加设遮阴棚和挡风设施，以减少水分蒸发。

④气温高时尽量避开中午施工，可以夜间进行施工，防止因温度影响而引起缩裂。

⑤遇雨应停止施工，并对终凝前的混凝土面层采取防雨保护措施。

第四节　水泥混凝土路面施工质量控制与验收

水泥混凝土路面的施工质量控制管理与检查验收是保证路面施工达到高质量的关键环节，必须引起高度重视。

一、水泥混凝土路面施工质量控制

1. 建立完备的质量检验和管理体系

水泥混凝土路面的施工应根据全面质量管理的要求，建立健全有效的质量保证体系，实行严格的质量、工期和投资控制、工序管理与岗位责任制度，对施工各阶段的质量进行检查、控制、评定，达到所规定的质量标准，确保施工质量的稳定性。

2. 建立社会监理和政府监督体制

对水泥混凝土路面的施工应实行监理制度，除施工企业按规定项目、批量或频率进行自检外，工程监理应按有关规定进行质量检查与认定，各级质监站及工程建设单位（业主）应对工程质量进行监督。

二、施工前材料检查

1. 准备和调研工作

在施工准备阶段，依据施工经验和规模，应对工程附近的水泥厂、钢材厂、电厂、外加剂厂、砂石料场、施工沿线水源、电力供应状况等进行踏勘和实地调研。对原材料质量、品种和规格是否符合建设混凝土路面；原材料的供应量、供应强度和供给方式、运距等；施工沿线在何处适合建设大型混凝土搅拌站；可否取得商品混凝土等，做到心中有数。通过调研优选，或符合要求的厂商原材料技标，确定原材料优先供应厂商和替补厂商。并请这些厂商向试验室提供试验和检验的原材料。

第八章 公路工程项目施工管理

第一节 公路工程项目进度管理

一、施工进度计划编制依据及原则

（一）施工进度计划编制依据

公路工程项目施工进度计划是对工程实施过程进行管理的前提。因此，在工程开始施工前，必须制定一份科学、合理的工程项目进度计划，确定一个合理的计划工期。计划工期在确定时应依据：

第一，合同或上级规定的开工、竣工日期。

第二，工程图纸。

第三，各类定额。

第四，劳动力、材料、机械供应情况。

第五，主导工程的施工方案（施工顺序、施工方案、作业方式）。

第六，有关施工现场的水文、地质、气象和经济资料。

第七，已建成的同类工程或相似项目的实际工程进度情况。

承包商在接到中标通知书后，应认真阅读技术规范、设计图纸，并对现场的地形地貌、征地拆迁等情况进行认真调查研究，做好相关的施工组织设计，编制切实可行、符合合同、又能指导施工的施工计划。

（二）施工进度计划编制原则

在编制施工进度计划前，必须深入做好调查研究，充分估计可能发生的各种情况。安排进度计划时，应扣除法定的节假日，估计雨季或其他原因需停工的时间，指令工期或合同工期与这些必要的停工时间之差，根据实际安排施工作业时间。另外，还要考虑在机械设备、工程材料、劳动力及施工日期上保留一定的机动时间，以防止出现意外时可以进行调整和补救。

在制定施工进度计划时，应该遵守以下原则：

1.确保工期的原则

以合同工期为目标，符合合同条件及技术规范。根据工程量、业主的总体施工计划和阶段施工计划，编制和调整实施性施工计划，并以此为基础进行生产要素的资源配置，确保工期进度及工程质量。

2.均衡生产和重点突出的原则

既要保证重点工程，又要兼顾一般项目。对于重点项目，预料可能的施工障碍及变化，着重考虑相应的施工方案和措施，优先安排，重点保障，组织专业化施工，力争提前竣工。其余工程按照均衡生产的原则组织施工。各项工程的施工计划均衡、紧密配合，还应留一定的调整余地，以适应施工中实际变化的情况。

3.技术创新与管理创新的原则

工程建设中积极推进技术创新和既有技术成果的转化，优化施工方案；积极进行管理创新，工程进度实行适时网络技术，始终把握关键线路，优化生产要素配置，努力提高作业效率，保证施工进度。施工组织及施工方法、施工方案、施工工艺及施工顺序均应合理安排。

4.合理分段、科学组织的原则

结合项目的工程数量和技术要求合理划分作业区段，分段应清楚明了，便于管理，标明施工中全部活动及其他活动的相关联系，充分利用人力及设备。同时，在施工中，应优化施工组织管理，根据具体情况可采取平行作业、顺序作业或者流水作业的方法组织施工。

（三）进度计划的主要作用

第一，通过项目计划确定项目各项任务范围，并制定各项任务的时间表，阐明每项任务必需的人力、物力、财力并确定预算，保证项目顺利实施和目标实现。

第二，可借以确定项目各成员及工作的责任范围以及相应的职权，以便按要求去指导和控制项目的工作，减少风险。

第三，通过计划科学地组织和安排，可以保证有秩序地实施，合理地协调项目各工作之间的关系，提高项目的整体效益。

第四，可作为分析、协商及记录项目范围变化的基础。这样就为项目的跟踪控制过程提供了一条基线，用以衡量进度、记录各种偏差及决定预防或整改措施，便于对项目进度进行管理。

二、施工进度计划的编制

（一）施工进度计划的主要内容

根据工程项目实施的阶段，工程项目进度计划可分为总体进度计划及年、月进度计划。对于某些重要项目，如桥梁、隧道、立体交叉等，还要单独编制关键工程进度计划。

1. 总体进度计划

工程项目的施工总进度计划是用来指导工程全局的，是工程从开工到竣工各个主要环节的总体进度安排，起着控制工程总体及各个单位工程或各个施工阶段工期的作用。承包商在接到中标通知书之日起，在合同条件约定时间内，提交一份格式和细节都符合监理工程师规定的工程总进度计划以取得监理工程师的同意。总体进度计划的编制可以采用横道图、斜线图、进度曲线或网络计划图，但不论采用何种方式，在总体进度计划中，均应包括工程项目的合同工期、完成各单位工程及各施工阶段所需要的工期、最早开始和最后结束时间、各单位工程及各施工阶段需要完成的工程量及现金流动估算、各单位工程及施工阶段所需配备的人力和机械数量、各单位工程或分部工程的施工方案和施工方法等。

2. 年、月进度计划

比较大的工程项目需要编制年度和月进度计划，年度进度计划要受工程总体进度计划的控制，而月度进度计划又受年度进度计划的控制。

（1）年度进度计划：

年度进度计划统一安排全年的年度施工任务，确定各项年度生产指标，根据年度季节、气候的不同，合理安排施工进度。因此，在年度进度计划中应反映：本年度计划完成的单位工程及施工阶段的工程项目内容、工程数量及投资指标，施工队伍和主要施工设备的数量及调配顺序，不同季节及气温条件下各项工程的时间安排，在总体进度计划下对各分项工程进行局部调整或修改的详细说明等。因此，在年度计划的安排中，应重点突出组织顺序上的联系，如大型机械的转移顺序、主要施工队伍的转移顺序等。首先安排重点、大型、复杂、周期长、占劳动力和施工机械多的工程，优先安排主要工种或经常处于短线状态的工种施工任务，使其能连续工作。

（2）月度进度计划：

月度进度计划可以确定月度施工任务，如：本月施工的工程项目，主要的工程量，有谁完成及其相互的配合，指导施工作业，进行月度施工各项指标的平衡、汇总，以便综合衡量完成的工程数量和工程投资，作为考核月度施工进度情况的依据。因此，在月度施工进度计划中应反映：本月计划完成的各项工程内容及顺序安排，完成本月及各项工程的工程数量及投资额，完成各分项工程的施工队伍及人力和主要设备的配额，在年度计划下对各单位工程或分项工程进行局部调整或修改的详细说明等。

3. 关键工程进度计划

关键工程进度计划是指在一个公路工程项目中起控制作用的关键工程，如某一桥梁工程、隧道工程或立体交叉工程的进度计划。由于关键工程的施工工期常常关系到整个工程项目施工总工期的长短，因此，在施工进度计划的编制过程中将单独编制关键工程进度计划。关键工程进度计划中应包括：具体施工方案和施工方法，总体进度计划及各道工序的控制日期，现金流动估算，各施工阶段的人力和设备的配额及运转安排，施工准备及结束清场的时间安排，对总体进度安排计划及其他相关工程的控制、依赖关系和说明等。

（二）施工进度计划的形式及其编制方法

施工进度计划一般用横道图、斜线图、网络计划图等表示。

1. 横道图

横道图又称甘特图，是美国工程师亨利·甘特在第一次世界大战期间创造的一种生产进度表达方法。横道图以时间为横坐标，以各分项工程或施工工序为纵坐标，按一定的先后施工顺序和工艺流程，用带时间比例的水平横道线对应项目或工序持续时间的施工进度计划图表。

横道图一般由两大部分组成：左面部分为主要表格，包括编号、工程名称、施工方法、工程量或工作量的单位及数量等；右面部分为指示图表，用水平横道线形象地表示出分项工程或施工工序的施工进度，其线条长度代表施工持续时间长短，线条位置表示施工过程，线条上方的数字表示该项目所需的劳动力数量。

横道图可以方便地表达施工计划的总工期和各分项工程或施工工序的持续时间，便于计算完成施工计划所需的劳动力、材料、机械设备及资金等各种资源用量。横道图编制施工进度计划优点有：简单、形象、直观、易懂，便于检查和计算资源用量。但横道图不能很好地表达各分项工程或施工工序之间的逻辑关系，无法反映工作的机动使用时间，反映不出关键工作，不能定量分析。计划执行过程中实施计划偏离原计划时，只能进行局部简单调整，施工期限与地点关系无法表达，无法进行施工组织及施工方案的比较与优化。因此，横道图只适用于编制集中性工程进度计划、材料供应计划或简单工程进度计划。

2. 斜线图

斜线图又称为垂直图法或垂直坐标表示法。以纵坐标表示施工工期，横坐标表示里程或工程位置，各施工项目的施工进度则以不同形式的斜线或垂线表示。

由此可见，斜线图与横道图相似，在斜线图中，各分项工程或施工工序的相互关系、施工紧凑程度及施工速度十分清楚，工程的分布情况和施工日期也十分清楚，可直接确定各时间点上施工队伍所在的施工位置和应完成的工程数量。但斜线图不便于将工序划分很细，不能反映各项目或工作之间的复杂关系，不能确定工作的机动时间及关键工作，不能用计算机进行定量分析，计划的编制及修改工作量较大，不能进行计划方案的比较及优选等。因此，斜线图主要用于里程较长、等级较低、管理较粗的施工组织。

3. 网络计划图

（1）网络计划技术的基本原理

网络计划技术是 20 世纪 50 年代国外陆续出现的一种计划管理新方法。由于这种方法是将计划的工作关系建立在网络模型中，把计划的编制、协调、优化和控制有机结合起来，所以称为网络计划技术。其基本原理是：首先，根据工作间的相互关系及其工作先后顺序流程绘制工程项目施工进度计划网络图；其次，通过计划找出计划中的关键工作及关键线路；最后，通过不断调整、改善网络计划，选择最优的方案付诸实施。

（2）网络计划方法

网络计划技术有许多方法，主要有关键线路法（CPM 技术）、计划评审技术法（PERT）、流水作业网络作业、搭接网络计划、图例评审法、决策网络计划法等。

①关键线路法（CPM 技术）

CPM 技术是计划中所有工作都必须按既定的逻辑关系全部完成，且对每项工作只估计一个固定的持续时间的网络计划技术。CPM 技术适合于有经验的工程项目，其任务时间是肯定单一的。它将时间和成本都看成是可控制的变量，要求对时间和成本估算要力求准确。这种方法同样借助于网络表示各项任务及所需时间，并表示出各项任务之间的相互关系，从而找出计划的关键路线。这种方法很好地反映了项目中任务间错综复杂的工作关系，便于统筹安排众多工作人员与各个工作环节，便于对资源进行合理的安排。关键线路法作为项目计划与进度控制系统理论，已成功运用于许多大型复杂项目上。

②计划评审技术法（PERT）

计划评审技术是计划中所有工作都必须按既定的逻辑关系全部完成，但工作的持续时间不肯定，应进行时间参数估算，并对按期完成任务的可能性做出评价的网络计划技术。因此，属于非肯定型网络计划，其理论基础是假设项目持续时间以及整个项目完成时间是随机的，且服从某种概率分布。PERT 采用悲观工期、乐观工期和最可能工期三种情况估算不确定性较大的任务时间，计算出整个工程项目在某个时间内完成工期的概率。

③流水作业网络计划

流水作业网络计划是我国土建工程技术人员在 20 世纪 70 年代研制的一种新型网络计划技术。它综合运用流水施工和网络计划的特点，计划中工作安排以保证连续均匀为出发点，体现流水作业原理的网络计划技术，为流水施工网络计划提供了简便有效的方法。

④搭接网络计划

搭接网络计划指网络计划中前后工作之间可能有多种顺序关系的肯定性网络计划技术，能反映工作间的各种搭接关系，可大大简化网络图的形成和计算工作，特别适用于高等级公路及大型工程项目施工进度计划安排。

⑤图例评审法

图例评审法也称为随机网络计划是计划中工作与工作之间的逻辑关系都具有不肯定性质，且工作持续时间也不肯定，而按随机变量进行分析的网络计划技术，是一种广义的随机网络分析方法，主要用于编制施工进度计划中的排队、存储及可靠度分析等诸多统筹问题。

⑥决策网络计划法

决策网络计划法是计划中某些工作是否进行要依据当前工作执行结构作决策，并估计相应的任务完成时间及实现概率的网络计划技术。

（3）网络计划技术的作用

网络计划方法能够充分反映各项工作之间的相互制约、相互依赖的关系，可以区分关键工作和非关键工作，找到关键线路，反映各项工作的机动时间；能提供项目管理的诸如总工期、每项任务的最早开始时间和最迟开始时间、最早完成时间和最迟完成时间、总浮时和自由浮时等许多信息，有利于加强管理；不仅能完整揭示一个项目所包含的全部任务以及它们之间的关系，而且还能根据数学原理，应用最优化技术，揭示整个项目的关键任务并合理安排计划中的各项任务。因此，网络计划技术对于项目进展中可能出现的工期延误等问题能够防患于未然，并进行合理地调整，从而使项目管理人员能依照计划的执行情况，对未来进行科学的预测，使得计划始终处于项目管理人员的监督和控制之中，以达到最佳的工期、最少的资源、最低的成本完成所控制的项目。根据国内统计资料，工程项目的计划与管理应用网络计划技术，可平均缩短工期20%，节约费用10%左右。

（4）网络计划技术的特点

网络计划技术既是一种科学的计划方法，又是一种有效的科学管理方法，适用于计划复杂，特别是大型且复杂的工程项目。其基本特点如下：

①网络计划技术能清楚地表达各任务之间的关系。项目中的相关任务构成一个有机的整体，使人们对复杂项目以及难度大的项目做出有序而可行的安排。

②利用网络计划图，通过计算，可以找出对全局有影响的关键线路和关键任务。便于人们集中力量抓住主要矛盾，确保进度计划的实现。

③利用网络计划图，可以计算出非关键任务的机动时间。这样做有利于在实际任务中利用这些机动时间，合理分配资源、调整任务顺序、降低成本、提高管理水平。

④能够利用计算机绘图、计算、优化、调整和跟踪管理，整个控制、统计与分析等管理过程都可由计算机完成，为实现企业自动化管理创造了条件。

（5）网络图的概念

网络图是网络计划技术的基础。它是用图解的方式表示一个项目中各组成要素之间的逻辑关系，并形成时间的流程图。一个项目是由许多任务组成的，如果有了初步的计划，就可按照这个计划和各任务之间的相互衔接关系，画出一个用箭头和圆圈来表示它们依存关系的时间流程图解模型，称为网络图。网络图是沿着时间展开的。网络图是由节点、箭线、路线三部分组成。不同类型的网络图，节点与箭线表示的意义有所不同。路线又称线路、路径，在网络图上由总开工节点开始，沿箭线的方向，通过一系列任务到达终点所形成的一条通路叫做路线。路线上所有任务的持续时间之和称为该条路线的长度。一个网络图有多条路线，其中最长的路线称为关键路线，关键路线上的各个任务称为关键任务，关键路线的长度就是总工期。关键任务提前或推迟，对总工期有直接影响。找出关键路线并重点加以管理和控制，这是网络计划技术的特点和精华之一。网络图可以用于详细的项目计划编制，在执行阶段，可以作为进度计划编制备选方案的分析和控制工具。

（6）网络图的分类

网络图的种类繁多，按照网络图标准方式的不同，可分为双代号网络和单代号网络。

①单代号网络图

单代号网络图又称单节点网络图。它是用节点　　　表示任务，用节点间的箭头连线表示任务之间的逻辑关系。箭尾节点为前置任务，箭头所指节点为后继任务。它支持四种逻辑关系：FTS（结束—开始），后继任务的开始取决于前置任务的结束，只有前置任务结束，后继任务才能开始；FTF（结束—结束），后继任务的结束取决于前置任务的结束，只有前置任务结束，后继任务才能结束；STS（开始—开始），后继任务的开始取决于前置任务的开始，只有前置任务开始，后继任务才能开始；STF（开始—结束），后继任务的结束取决于前置任务的开始，只有前置任务开始，后继任务才能结束。

单代号网络图表达逻辑关系简洁明了，而且能反映各种逻辑关系。随着网络计划技术的发展，以及计算机技术在项目管理上的应用，国外所有基于网络计划技术的项目管理软件现在都只采用单代号网络图这种形式。

②双代号网络图

双代号网络图又称双节点网络图。在双代号网络图中，节点表示一个任务的开始或结束，而两个节点之间的箭线才表示一个任务，同时任务之间的逻辑关系通过节点来表示。由于在双代号网络计划图中两个节点对应一个任务，故称为双代号网络图。

三、项目初始进度计划的优化

初始的进度计划可能在时间方面超出要求，在资源方面出现供不应求或不平衡的情况；或者在时间和资源方面的潜力尚未得到最佳的发挥。因此要使项目进度计划如期实现，并使项目工期短、资源消耗少、成本低，就必须优化和改进初始的进度计划。狭义的进度计划的优化是指对初始网络计划的调整和优化方法。是在初始计划形成后，根据已构建的网络计划模型和各任务的时间参数分别为解决进度计划的工期、成本和资源等问题所作的分析和计算。广义的进度计划的优化，是指在进度计划形成的全过程中对进度计划的优化。进度计划优化的内容包括工期优化、成本优化、资源优化等。

四、施工进度计划的实施

施工项目进度计划的实施就是按施工进度计划开展施工活动，落实和完成计划。施工项目进度计划逐步实施的过程就是项目施工逐步完成的过程。为保证项目各项施工活动，按施工进度计划所确定的顺序和时间进行，以及保证各阶段进度目标和总进度目标的实现，应做好下面的工作：

第一，检查各层次的计划，并进一步编制月（旬）作业计划。

第二，综合平衡，做好主要要素的优化配置。

第三，层层签订承包合同，并签发施工任务书。

第四，全面实行层层计划交底，保证全体人员共同参与计划实施。

第五，做好施工记录，掌握现场实际情况。

第六，做好施工中的调度工作。

第七，预测干扰因素，采取预控制措施。

第三节 公路施工项目进度计划调整及优化

公路工程进度受自然因素影响较大，尤其是天气、工艺环节、组织方式、机械等因素的影响很大，实际施工进度往往与计划发生偏差，施工组织及进度控制具有很大的困难和风险。因此，在施工进度出现偏差时，需要动态调整与优化，修改、制定新进度计划并执行，为公路工程施工进度管理提供服务。

一、施工进度计划检查

在施工项目的实施过程中，进度计划的不变是相对的，变是绝对的；平衡是相对的，不平衡是绝对的。实际进度与计划进度完全一致几乎是不可能的。要经常检查施工实际进度情况，与计划进度相比较，要密切关注关键工作，避免造成工作盲目和被动。若出现偏差，应分析产生偏差的原因及对原计划的影响程度，采取一定的措施加强调整后续进度计划，使进度符合目标要求。

进度检查主要是了解工程进度是否发生了延误，即正在施工的各工程或分项工程的实际进度与计划进度相比有无偏差。若正在施工的工程出现延误，则可能会影响后续工程的开工时间及原定工期。因此，需对原工程计划和现金流动计划进行调整，施工进度计划在实施中的调整必须依据施工进度计划检查结果进行。

二、公路工程施工进度偏差识别

进度偏差的识别与分析是项目进度管理的一个重要环节，同时又是进度计划调整的基础。常用的进度偏差识别方法有 s 型曲线比较法、横道图检查法、香蕉曲线比较法和前锋线比较法。

（一）横道图检查法

横道图比较法是一种反映进度实施进展状况的方法。在项目实施中检查实际进度收集的信息，经整理后直接用横道线并列标于原计划的横道线处，进行直观比较的方法。根据工程项目实施中各项任务的速度不同，以及提供的进度信息不同，分为：匀速进展横道图比较法、双比例单侧横道图比较法、双比例双侧横道图比较法。

1.匀速进展

匀速进展是指工程项目中，每项任务的实施进展速度都是均匀的，即在单位时间内完成的任务都是相等的，累计完成的任务量与时间呈线性变化。该方法只适用于任务从开始到完成的整个过程中，其进展速度是不变的，累计完成的任务量与时间成正比。若任务的进展速度是变化的，用这种方法就不能进行实际进度与计划进度之间的比较。

2. 双比例单侧横道图比较法

双比例单侧横道图比较法是适用于任务的进度按变速进展的情况下，实际进度与计划进度进行比较的一种方法。该方法在表示任务实际进度的涂黑粗线同时，并标出其对应时刻完成任务的累计百分比，通过该百分比与其同时刻的计划累计百分比来比较任务的实际进度与计划进度。这种比较法，不仅适合于进展速度是变化情况下的进度比较，还能提供某一指定时间二者比较的信息。当然，这要求实施部门按规定的时间记录当时的任务完成情况。

3. 双比例双侧横道图比较法

将表示任务进度的涂黑粗线，按检查时间和完成的百分比交替绘制在计划横道线上下两侧，其长度表示该时间内完成的任务量。任务计划完成累计百分比标于横道线上方，任务实际完成累计百分比标于横道线下方的检查日期处，通过两个上下相对的百分比来比较该任务的实际进度与计划进度。

2.S 型曲线比较法

对于大多数项目来说，单位时间的资源消耗，通常是中间多而两头少，即前期资源消耗较少，中间阶段单位时间投入的资源量较多，在到达高峰后又逐渐减少直至项目完成，累加后的曲线呈 S 型变化。在 S 型曲线图上有两条曲线，一条是按计划时间累计完成任务量的 S 型曲线，另一条是按项目的各检查时间实际完成的任务量绘制的曲线。

（1）S 曲线的概念

S 曲线即工程进度曲线，也称现金流动曲线，因其曲线形状呈 S 而得名。S 曲线以工期为横轴，以累计完成的工程费用百分比或累计完成的工程量的百分比为纵轴的图表化曲线。是针对横道图监控工程进度时，计划进度与实际进度的比较只能在各个分项工程或工作之间，无法对整个工程进度情况进行全局性的管理这一不足而提出的。

一般情况下，项目施工初期应进行临时工程建设，或各项施工准备工作、劳动力和施工机械的投入逐渐增多，每天完成的工作量逐渐增加，因此施工速度逐渐加快，即工程进度曲线的斜率逐渐增大，此阶段的曲线呈凹形；在项目施工稳定期间，施工机械和劳动力投入量大而保持不变时，若不出现意外作业时间损失，且施工效率正常，则每天完成的工作量大致相等，这时施工速度近似为常数，工程进度曲线的斜率几乎不变，该阶段曲线接近为直线；在项目实施后期，主体工程项目已经完成，剩下修理加工及清理现场等收尾工作，劳动力和施工机械逐渐退场，每天完成的工作量逐步减少，此时，施工速度也逐步变慢，即工程进度曲线的斜率逐步变慢，此阶段的曲线为凸形。

（2）S 曲线图的作用

由于 S 曲线是工程进度曲线也是现金流动曲线，所以，在公路工程项目施工进度及费用管理中均可使用。其在工程中的具体作用如下：

①判断编制的施工进度计划是否合理

合理的施工进度计划曲线形状大致呈 S 形，劳动力、材料和施工机具设备供应及工程费用使用分配符合一般规律。若工程初期曲线不是凹形，或施工稳定期间曲线不是直线，或工程后期曲线不是凸形等，就说明施工中资源配置违背了一般规律，应对计划进行重新修订。

②监控施工进度计划

当实际进度按计划进度正常施工时，其实际进度与计划进度曲线相吻合，此时说明实际进度正常。但在进度计划实际中，如果实际进度比计划进度提前，则实际进度曲线用虚线表示，应在 S 曲线上方，此时说明实际施工速度比计划速度快，照此施工，工期会提前。如果实际进度比计划进度滞后，则虚线表示的实际进度在 S 曲线下方，此时实际进度比计划进度慢，如此施工，工期将延后。

③工程计量及费用支付的依据

S 曲线是工程进度与累计完成的工程量或工作量的百分比图表化曲线，也是工程项目实施中进度与现金流动关系曲线。项目实施期间完成了多少工程量或工作量，在实际进度曲线上一目了然。

（3）S 型曲线的信息表达

比较两条 S 型曲线可以得到如下信息：

①项目的实际进度与计划进度比较情况；

②项目进度超前或拖后的时间；

③项目实际任务量的完成情况；

④项目后期的进度预测。

因此，使用 S 曲线能够有效对工程的实际进度进行管理，是判断工程全局进度情况的工具。

3. 香蕉曲线比较法

香蕉曲线实际上是由两条 S 型曲线组成的闭合曲线，且这两条 S 型曲线具有同一开始时间和同一结束时间。

其中一条是以各项任务的计划最早开始时间安排进度而绘制的 S 型曲线，称为 ES 曲线；另一条是以各项任务的计划最迟开始时间安排进度而绘制的 S 型曲线，称为 LS 曲线。在项目实施过程中理想的状况是，任一时刻按实际进度描出的点应落在这两条曲线所包的区域内。

4. 前锋线比较法

前锋线比较法是指在时标网络计划中，从检查时刻的时标点出发，首先连接与其相邻任务的实际进度点，由此再去连接与该实际进度点相邻任务的实际进度点。依此类推，将检查组成一条折线的前锋线。前锋线就是根据一定的步骤，通过项目实际进度前锋线来比较和分析实际进度与计划进度的偏差。

三、公路工程施工进度预测

由于公路工程施工过程总是具有很强的随机性和不确定性，实际的施工进程与原始的工程计划可能会存在较大的差异，因此施工需要不断根据实际已经完成的进度内容来调整后期的安排方案，以贴近实际施工过程。已经完成的工程不再具有不确定性，从施工现场采集到这些确定性信息后，根据这些信息对剩余的工程进行预测。在进行公路工程施工进度预测时，应注意以下几点：

第一，进度预测的初始状态根据当前实际施工进度面貌确定。如根据已完成的路基土石方高程、施工时间及顺序形成当前的施工面貌，进行以后工程的预测。

第二，施工参数根据实际施工情况动态调整。在最初的计划制定中，施工参数的选取只能根据经验或者类似工程的数据，如机械配套的选取、设备的数量、服务时间、工序环节等，这样制定的计划可能与实际有一定的出入。现场施工不仅跟机械的性能等有关，还跟操作人员的技术水平、自然因素等相关，因此，在进行后续工作的预测时需要根据实时监控系统反馈的现场施工参数做动态调整分析。

第三，进度预测可以从工程初始到全部工序完成为止，涉及整个施工过程的工程进度；也可以根据实际施工过程中的需要，从任意时刻起始，到任意时刻终止的任意时间段进行进度的预测。

这些表明公路工程施工进度预测和控制工程中，应重视进度控制的动态性、实时性，从而使得预测结果更加符合施工真实情况，实现施工过程的实时控制。针对不同资源水平和施工组织情况，进行施工过程的施工进度、道路行车情况等，对施工进度方案、道路行车运输进行可视化分析，优化施工方案。

四、施工进度偏差分析

施工进度的控制是施工方案优化的关键。基于实时监控的信息，仿真预测未来施工面貌，若与计划存在偏差，分析进度偏差产生的原因并采取相应措施。一般情况下，公路工程进度的调整是不可避免的。因此，应及时了解和掌握工程实际进展情况，分析和检查影响进度偏差的原因，为工程施工进度的调整和控制提供信息依据。进度管理中，尤其要注意对进度偏差的分析，分析步骤为：

第一，分析是否是在施工的关键环节出现了进度偏差。若是，无论偏差大小，都必须及时采取应对措施；若不是，就要进一步比较偏差是否大于总时差。

第二，进度偏差与总时差关系分析。进度偏差大于总时差，采取措施进行调整；如果进度偏差小于总时差，进度偏差不影响总工期。接着要进一步分析进度偏差与自由时差的关系。

第三，进度偏差与自由时差关系分析。进度偏差大于自由时差，对后续工作有影响；进度偏差等于或小于自由时差，则不影响后续工作。

五、公路工程施工进度计划调整及优化

（一）公路工程进度计划调整

在公路工程施工进度控制中，一方面要分析当前形象进度与计划的偏差，另一方面要分析当前施工参数条件下将来的形象进度与计划的偏差。可以根据实际工程施工面貌或动态仿真预测得到的形象面貌与计划形象进度做比较，分析偏差是否存在。若有偏差，则需对施工方案采取适当的调整措施，以尽可能保证计划的施工进度得以顺利实施。

如果发现原有的进度计划已落后、不适应实际情况时，为了确保工期、实现进度控制的目标，就必须对原有的计划进行调整，形成新的进度计划，作为进度控制的新依据。但采取的调整措施到底会对进度带来多大的影响，能否保证工程按期完工等问题仍需要进行分析。可以根据得到调整后的形象进度与计划做比较，分析进度的改善情况，从而评价调整措施的有效性。这样，通过对多个可行的调整方案进行评价分析，从中可寻求出一个较优的调整方案。通常，调整公路工程进度计划的主要方法有以下几种：

第一，采用内外平衡的方法，加大协调攻关力度，理顺各方关系和管理环节，创造有利施工的内外环境。采用一定的激励、奖励措施，发挥员工的主观能动性和创造性，合理加大资源配置，科学施工，以达到施工计划进度的目的。

第二，压缩关键工作的持续时间，不改变工作之间的顺序关系，而是通过缩短网络计划中关键线路上的持续时间来缩短已被拖长的工期。具体采取的措施有：增加工作面，延长每天的施工时间，增加劳动力及施工机械的数量的组织措施；改进施工工艺和施工技术以缩短工艺技术间歇时间，采取更先进的施工方法以减少施工过程或时间，采用更先进的施工机械的技术措施；提高资金数额，对所采取的技术措施给予相应补偿的经济措施；改善外部配合条件，改善劳动条件等其他配套措施。在采取相应措施调整进度计划的同时，考虑选择费用增加较少的关键工作为压缩的对象。

第三，组织搭接作业或平行作业。不改变工作的持续时间，而只改变工作的开始时间和完成时间。这种调整情况有：对于大型工程项目，有多项的单位工程，而这些单位工程之间的制约比较小，从而可调整的幅度比较大，因此比较容易采用平行作业的方法来调整进度计划；对于单位工程项目，由于受工作之间工艺关系的限制，可调整的幅度较小，通常采用搭接作业的方法来调整施工进度计划。

当工期拖延得太多，或采取某种方法未能达到预期效果，或可调整的幅度又受到限制时，还可以同时用这两种方法来调整施工进度计划，以满足工期目标的要求。

在进度管理过程中，若发现有较大延误的事件，应认真处理好这些延误事件。首先，通过进度检查判断其延误是否对工期造成影响。若对工期无影响，一般无需处理。对虽然

还未造成工期延误但本身延误较大的非关键工作也要特别关注，若影响工期，要考察工期将拖延多少。其次，通过现场记录和有关文件或资料分析这些延误事件的原因或责任，若是非承包商原因造成的工期延误，应及时提出索赔意向书，计算索赔金额和时间；若是承包商自身的原因，对工期延误不大的，要加强内部管理、优化资源配置，争取在后续施工中抢回失去的时间；若对工期影响较大，应及时采取加快进度的措施。

（二）公路工程进度计划优化

项目进度计划就是根据项目实施具体的日程安排，规划整个工作项目的工作进展，其目的就是为了控制时间、节约时间，而项目的严格时间要求决定了进度计划在项目管理中的重要性。工程项目进度计划的优化指对项目进度计划进行调整，使之更加经济、高效、符合项目合同工期及质量要求的过程。对进度计划的优化就是通过不断调整计划的初始方案，在满足各种约束条件下的同时按照某个衡量指标来制定最优的计划方案。从以上对进度计划的影响因素来看，资源与费用对进度计划的影响最大，在实际工程中也是最为关注的部分。项目进度计划的优化一般可以通过以下几个途径来实现：

1. 在不增加资源的前提下压缩工期

在进行工期优化时，首先应在保持系统原有资源的基础上对工期进行压缩，如果还不能满足要求，再考虑向系统增加资源。在不增加系统资源的前提下压缩工期有两条途径：一是不改变网络计划中各项工作的持续时间，通过改变某些活动间的逻辑关系达到压缩总工期的目的；二是改变系统内部资源配置，削减某些非关键活动的资源，将削减下来的资源调到关键工作中去，以缩短关键工作的持续时间，从而达到缩短总工期的目的。

2. 平衡资源供应，压缩关键活动工期

从关键路线的定义可以看出，关键路线的长度就是项目的工期，所以要压缩项目工期就必须缩短关键活动时间。将初始网络计划的计算工期与合同指令工期相比较，求出需要缩短的工期，通过压缩关键路线的方法进行多次测试计算直至符合指令工期的要求为止。

在网络计划中，关键线路控制着任务的工期，因此缩短工期的着眼点是关键线路。但是采取硬性压缩关键工作的持续时间来达到缩短工期的目的，并不是很好的办法。在网络计划的时间优化时，缩短工期主要是通过调整工作的组织措施来实现。可以采取以下几种方法：

（1）顺序作业调整为搭接作业

前后工序投入施工的时间间隔（流水步距）越小，施工的搭接程度越高，总工期就越短。

（2）对工程项目进行合理排序

如果一个施工可以分成若干个流水段，不同的流水顺序总工期不同，可以找总工期最短的最优流水次序。

（3）相应地推迟

相应地推迟非关键工序的开始时间。

（4）相应地延长

相应地延长非关键工作的持续时间。将其人力、物力调到关键工作上去，以便达到压缩关键工作持续时间、缩短工期的目的。

（5）从计划外增加资源

因为项目进度计划的总工期是由关键线路的长度决定的。因此，要缩短计划工期，必须压缩关键线路，可以通过增加资源投入等方法来达到压缩工期的目的。

其中，后三种方法，当关键线路压缩以后，原来的次关键线路可能成为新的关键线路，如果其长度仍超过规定工期，则还要对这条线路进行压缩，压缩这条线路上的工序施工时间，直到满足规定工期的要求为止。因此，在压缩工期时，应选择那些既是关键工作，又是组成次关键线路的工作来压缩，将会同时缩短关键线路和次关键线路，从而收到事半功倍之效。

第二节　公路工程项目质量管理

一、公路工程项目质量管理的特点

公路工程施工具有流动性、单体性和很强的综合性，生产周期比较长，质量要求相对较高，易受气候影响和外界干扰等特点。因此公路工程项目的质量管理，要比一般工业产品更难以控制，其特点主要表现在以下方面。

（一）影响质量的因素多而复杂

例如，设计、材料、机械、地形、地质、水文、气象、施工工艺、操作方法、技术措施、环境条件、管理制度、管理水平等，这些因素不仅直接影响工程质量，并且很多因素是综合作用而产生影响。

公路工程施工流动性大，线长点多，工程数量分布不均匀，工程类型比较多，施工环节和工序复杂，每项工程又各具不同功能，不同施工条件，不仅需要进行个别设计，而且要求个别施工，其功能的发挥又必须具有科学的综合整体性，因此对施工的协作性要求也比较高。

公路工程施工周期长，在施工过程当中，各阶段、各环节、各部分必须有条不紊地组织，根据公路工程的结构和材料特点，要求在时间上不间断、空间上不脱节等，因此必须进行严密组织控制。

（二）很容易产生工程质量变异

因为影响公路工程施工项目质量的偶然因素和系统因素多，所以在施工过程中很容易产生工程质量的变异。如材料性能的差异变化、机械设备的正常磨损、操作中的微小变化、气温和湿度的变化等，均会引起偶然性因素的质量变异。

当使用的材料规格、品种有误，施工方法不妥，操作违反规程，机械出现故障，仪表失灵，计算错误等，则会引起系统性因素的质量变异，从而造成工程质量事故。

从以上分析可以得知，在施工中要严防出现系统性因素的质量变异，要将质量变异控制在偶然性因素的范围之内。对于偶然性因素，也应采取针对性的有效措施，并对其影响进行控制，以避免或减少质量变异的发生，或使其影响减小到容许范围内。

（三）容易产生第二判断错误

公路工程施工项目由于工序交接多、中间产品多、隐蔽工程多，若不及时检查工程的内在质量，事后只看其表面现象，就很容易产生第二判断错误，也就是说，容易将不合格的工程，误认为是合格的工程。如路基的压实，对于所用的土料土质有一定要求，对分层填筑和压实也有规定的标准，若不及时检查，其表面质量可能是合格的，但整体压实度达不到规范要求，此时就会产生第二判断错误。因此对于公路工程项目进行质量检查及隐蔽工程验收时，应特别注意加强工程质量的控制。

（四）质量检查不能解体和拆卸

因为公路工程项目建成后，不可能像某些工业产品那样，可拆卸或解体检查其内在质量，或者重新更换零件；即使发现质量有问题，也不可能像其他工业产品那样实行"包换"或"退款"。如公路桥梁混凝土的浇筑，由于不加强振捣，内部会出现较大的孔洞，但建成后无法拆开检查，所以不仅给控制带来很大困难，而且对质量控制提出了更高的要求。

（五）质量受进度与投资的制约

工程实践充分证明：公路工程项目的质量受投资和施工进度的制约较大。正常的情况下，投资大、进度慢，质量自然就会好一些；反之，质量就差一些。由于在工程合同签订后，工程费用、建设工期和施工质量，便以法律的形式确定下来，一般是不允许随意改变的。因此在工程项目实施的过程中，必须正确处理好质量、投资和进度三者之间的关系，使它们达到对立的统一。这就需要在工程项目管理中，采取科学合理、强有力的控制措施，以达到预期的目标。

二、公路工程项目质量管理的主要过程

公路工程项目是由分项工程、分部工程和单位工程所组成的，而所有工程项目的建设，必须通过一道道工序来完成。因此公路工程项目的质量管理是从工序质量到分项工程质量、分部工程质量、单位工程质量的一个系统控制过程。

（一）公路工程质量管理的事前控制

公路工程质量管理的事前控制，即对工程施工前准备阶段进行的质量控制。指的是在

各工程对象正式施工活动开始前，对各项准备工作及影响质量的各种因素和有关方面进行的质量控制。具体包括如下几方面内容：

1. 施工技术准备工作的质量控制

（1）组织施工图纸审核及技术交底

组织施工图纸审核及技术交底这是一项保证工程开工、做好施工准备的重要工作，它将直接影响施工是否顺利，也关系到最终的工程质量如何。对该项工作应当注意以下几个方面：

①要求勘察设计单位按国家现行的有关规定、标准和工程合同规定，建立健全质量保证体系，完成符合质量要求的勘察设计工作。

②在进行施工图纸的审核中，查明资料是否齐全，标注尺寸有无矛盾以及错误，供图计划是否满足组织施工的要求，采用的保证措施是否得当。

③在进行设计时，采用的有关数据及资料是否与施工条件相适应，能否保证施工质量和施工安全。

④为保证工程施工质量，在正式施工前要进行技术交底工作，进一步明确施工中具体的技术要求及应达到的质量要求。

（2）核实和补充技术资料

为保证工程顺利进行和施工质量，在正式施工前还应核实和补充对现场调查及收集的技术资料，这些资料应确保可靠性、准确性和完整性。

（3）审查施工组织设计或施工方案

重点审查施工方法与机械选择、施工顺序、进度安排、平面布置等，看其是否能确保工程组织连续施工；审查所采取的质量保证措施。

（4）建立保证工程质量的必要试验设施

在施工现场建立必要的试验设施，及时取样对工程质量进行检验及评价，对控制公路工程施工质量非常重要，这是各国公路施工的共同经验，也是确保工程质量的需要。

2. 现场准备工作的质量控制

认真进行现场准备工作，使各项准备工作达到有关质量要求，也是保证工程顺利进行和施工质量的重要工作。

现场准备工作的质量控制主要包括：

第一，场地平整度和压实程度是否满足施工质量要求。

第二，测量数据及水准点的埋设是否满足施工要求。

第三，施工道路的布置及路况质量是否满足运输要求。

第四，水、电、热及通信的供应质量等是否满足施工要求。

3. 材料设备供应的质量控制

第一，材料设备供应的程序和供应方式是否符合供货合同中的规定，并进一步检查是否能确保施工顺利进行。

第二，所供应的材料设备的质量是否符合国家有关法规、标准及合同规定的质量要求。设备应具备产品详细说明书及附图；进场的材料应检查验收，主要查验规格、数量、品种和质量，做到合格证、化验单与材料的实际质量相符。

（二）公路工程质量管理的事中控制

公路工程质量管理的事中控制，即对施工过程进行的所有与施工有关方面的质量控制，也包括对施工过程中的中间产品的质量控制。

1.公路工程质量管理的事中控制的策略

公路工程质量管理的事中控制的策略是全面控制施工过程、重点控制工序质量。其具体措施包括：工序交接有检查；质量预控有对策；施工项目有方案；技术措施有交底；图纸会审有记录；配制材料有试验；隐藏工程有验收；器具校正有复核；设计变更有手续；钢筋代换有规定；质量处理有复查；成品保护有措施；行使质控有否决；质量文件有档案。

2.公路工程的技术文件

在公路工程施工过程中，凡是与质量有关的技术文件和资料，都要进行认真整理、编目建档。公路工程的技术文件主要包括：水准点、坐标位置，测量、施工放线记录，沉降、变形观测记录，图纸会审记录，材料合格证明，试验报告，施工记录，隐蔽工程记录，设计变更记录，调试、试压记录，工程竣工验收，施工竣工图等。

（三）公路工程质量管理的事后控制

公路工程质量管理的事后控制，是指对施工过程所完成的具有独立功能和使用价值的最终产品（例如单位工程或建设项目）及其有关方面的质量进行控制。

公路工程质量管理的事后控制内容很多，主要的具体内容包括：组织联动试车；准备竣工验收资料、组织自检和初步验收；对完成的分项工程、分部工程、单位工程进行质量评定；组织竣工验收等。

在以上工作中，竣工验收是一项关系到工程能否交付使用的工作，也是一项要求很高的工作，其标准主要包括以下方面：

第一，按照设计文件规定的内容和工程合同规定的内容完成施工，质量达到现行国家质量标准，能满足生产和使用的要求。

第二，主要生产工艺设备已安装配套，联动负荷试车完全合格，达到设计生产能力。

第三，交工验收的公路工程要路面平整、场地洁净、电器正常、信号准确、设备齐全、一切状态良好，可投入运行。

第四，所要求的技术档案资料齐全，整理工作符合国家的有关规定。

三、公路工程项目质量策划的编制

公路工程项目质量策划应由项目经理主持编制。质量策划作为对外质量保证和对内质量管理的依据文件，应当体现工程项目从分项工程、分部工程到单位工程的过程控制，同时也要体现资源投入到完成工程质量最终检验和试验的全过程控制。公路工程项目质量策划编制的要求，主要包括以下几个方面：

（一）公路工程项目质量目标

公路工程项目质量目标，是指合同范围内（的）全部工程的所有使用功能均应符合设计（或设计变更）图纸的要求。分项工程（项）、分部工程和单位工程的施工质量，要达到既定施工质量验收的统一标准，如《公路工程质量检验评定标准》，合格率达到100%。

（二）公路工程质量管理职责

在公路工程质量管理的过程中，项目经理是所建工程质量的第一责任人。不仅要对工程施工是否符合设计、验收规范及质量标准的要求负责，还要对各阶段、各工序按期交工负责。项目经理可委托项目副经理或技术负责人，具体负责工程质量策划和质量文件实施及日常质量管理工作；当工程有变更时，负责变更后工程质量文件活动的控制和管理。

1.公路工程质量管理的内容。具体管理的内容包括以下几个方面：

第一，对所建公路工程的准备、施工、安装、交付和维修等，以及对整个过程质量活动的控制、管理、监督和改进负责。

第二，对公路工程所用的进场材料、机械设备的合格性负责。材料和设备进场后，要按照有关规定进行检查、检验，确保用于工程的材料及设备是合格的。

第三，当公路工程由几个分包商共同完成时，必须对分包工程质量的管理、监督和检查负责。

第四，对于设计和合同中存在特殊要求的工程和部位，负责组织有关人员、分包商和用户按照规定实施，指定专人进行相互联络，解决相互间接口发生的问题。

第五，对关系到工程质量的施工图纸、技术资料、项目质量文件、记录的控制和管理负责。

2.公路工程质量管理的职责

在公路工程施工过程中，不同岗位的不同质量管理人员，应当在项目经理的领导下，各自尽到不同的职责，为工程质量管理贡献自己的力量。

第一，工程项目副经理对工程进度负责，调配人力、物力，保证按照图纸和规范进行施工，协调同业主、分包商的关系，负责结果审核、整改措施和质量纠正措施的实施。

第二，施工队长、工长、测量员、试验员、计量员，在项目质量副经理的直接指导下，负责所管部位和分项施工全过程的质量，使其全部符合图纸和规范的要求，有更改者符合更改要求，有特殊规定者符合特殊要求。

第三，材料员、机械员对进场的材料、构件和机械设备，要进行质量验收或退货、索赔；有特殊要求的物资、构件和机械设备，要执行质量副经理的指令；对业主提供的物资和机械设备，负责按照合同规定进行验收；对分包商提供的物资和机械设备，也应按照合同的规定进行验收。

3. 公路工程项目资源提供

项目资源提供是在保证满足工程质量、工期等合同要求的前提下，对项目实施过程中所发生的资源，通过计划、组织、控制和协调等活动，实现预定质量目标的一种科学管理活动。它主要通过技术、经济和管理活动达到质量预定目标。

公路工程项目资源提供，主要主要包括：

第一，规定项目人员流动时进出人员的管理程序。

第二，规定人员进场培训的内容、考核和记录等。

第三，规定对新技术、新材料、新工艺、新设备和新结构等修订的操作方法、技术培训等。

第四，规定施工所需的临时设施、支持性服务手段、施工设备及通信设备等。

4. 工程项目实现过程策划

工程项目实现过程策划，主要内容包括：

第一，规定施工组织设计或专项项目质量的编制要点及其接口关系。

第二，规定重要施工过程的技术交底和质量策划要求。

第三，规定新技术、新材料、新工艺、新设备和新结构的策划要求。

第四，规定重要施工过程验收的准则或技艺评定方法。

5. 工程施工各项资源控制

工程施工各项资源控制，主要是指材料、机械、设备、劳务及其试验等采购的控制。由施工企业自行采购的工程材料、工程机械设备、施工机具等，质量计划应做出如下规定：

第一，对供方产品标准及质量管理体系的要求。

第二，选择、评估、评价和控制供方的方法。

第三，必要时对供方质量计划的要求及引用的质量计划。

第四，材料及设备等采购的法规要求。

第五，有可追溯性要求时，要明确追溯内容的形成，记录、标志的主要方法。

第六，需要的特殊质量保证证据等。

6. 工程施工工艺过程控制

工程施工工艺过程控制，是指工程从合同签订到交付使用全过程的质量控制做出规定。即对工程的总进度计划、分段进度计划、分包工程进度计划、中间交付的进度计划等，分别作出过程识别和质量管理规定。工程施工工艺过程控制，主要内容包括：

第一，规定工程实施全过程各阶段的质量控制方案、措施、方法及特别要求等。

第二，规定工程实施过程中需要的程序文件、作业指导书（例如工艺标准、操作规程、具体工艺等），作为施工方案和措施必须遵循的办法。

第三，规定对隐蔽工程、特殊工程进行质量控制、质量检查、鉴定验收及中间交付的方法。

第四，规定工程实施过程中需要使用的主要施工机械、设备、工具的技术和工作条件、具体运行方案、操作人员上岗条件和资格等内容，作为对施工机械设备的质量控制方式。

第五，规定对各分包单位项目上的工作表现及其工作质量进行评估的方法、评估结果送交的有关部门、对分包单位的具体管理办法等，以此控制分包单位。

7. 成品保护交付过程控制

成品保护交付过程控制，是保证已完成工程质量的重要措施，也是工程质量管理的组成部分。成品保护交付过程控制，其内容主要包括：

第一，规定工程实施过程在形成分项工程、分部工程和单位工程的半成品、成品保护方案、具体措施及交接方式等内容，作为保护半成品、成品的准则。

第二，规定工程期间交付、竣工交付、工程收尾、工程维护、验收评价、后续工作处理的方案及措施，作为质量管理的控制方式。

第三，规定重要材料及工程设备的包装防护的方案及方法。

8. 安装和调试的过程控制

安装和调试的过程控制，是指对于工程安装、检测、调试、验评、交付、不合格的处置等内容规定的方案、措施和方式。因为这些工作同其他施工相互交叉、协作配合较多，所以对于交叉接口程序、验证哪些特性、交接验收、检测、试验设备要求、特殊要求等内容要做出明确规定，以便各方面实施时遵循，确保工程的全面施工质量。

9. 检查及试验的过程控制

检查及试验的过程控制，是指对工程施工所用材料、构件、施工条件、结构型式等，在什么条件和时间必须进行检验、试验、复验的规定。对于检查及试验的过程控制，一般包括以下要求：

第一，在公路工程施工现场必须设立试验室，配置相应的试验设备及人员，规定试验人员资格和试验内容；对于特定的试验要求，要规定试验程序及对程序过程进行控制的措施。

第二，当施工现场条件无法满足所需各项试验要求时，要规定委托上级试验或外单位试验的方案和措施；当有合同要求的专业试验条件时，应当规定有关的试验方案和措施。

第三，对于需要进行状态检验和试验的内容，必须规定每个检验试验点所需检验、试验的特性、所采用程序、验收准则、必需的专用工具、技术人员资格、标识方式、记录等要求。

第四，当有当地政府部门要求进行或亲临的试验、检验过程或部位时，要规定该过程或部位在何处、何时、如何按照规定由第三方进行检验和试验。

第五，对于施工安全设施、用电设施、施工机械设备安装、使用和拆卸等，要规定专门安全技术方案、措施、使用的检查验收标准等内容。

第六，要编制施工现场计量网络图，明确工艺计量、检测计量、经营计量的网络、计量器具的配备方案、检测数据的管理和计量人员的资格。

第七，要编制分项工程、分部工程、单位工程和项目检查验收、交付验评的方案，作为工程交工验收时进行质量控制的依据。

第八，编制工程控制测量、施工测量的方案，制订测量仪器配置、人员资格、测量记录控制、标识确认、纠正、管理等方面的措施。

10. 施工中不合格产品控制

施工中不合格产品控制，也是工程施工中质量管理不可缺少的组成部分。

（1）对不合格产品的控制内容

在公路工程施工过程中，对施工中不合格产品的控制，主要应注意以下几方面内容：

①要编制工种、分项工程、分部工程中不合格产品出现的方案、措施，及防止与合格产品发生混淆的标识和隔离措施。

②要明确规定哪些范围不允许出现不合格，一旦出现不合格，要明确哪些允许修补返工、哪些不允许返工、哪些必须局部更改设计或降级处理。

③为了避免或减少质量事故的发生，要编制控制工程质量事故发生的措施，也要编制一旦发生质量事故的处置措施。

（2）对不合格产品的处理职权

由于公路工程施工质量影响因素很多，因此出现不合格

产品是比较正常的现象。当分项工程、分部工程和单位工程不符合设计图纸和规范要求时，工程项目和施工企业各方面对这种情况有以下处理职权：

①质量监督检查部门有权提出返工修补处理、降级处理或作为不合格品处理。

②质量监督检查部门以图纸、技术资料、检测记录为依据，用书面形式向以下各方发出通知：

a. 当分项工程不合格时，通知项目质量副经理和生产副经理。

b. 当分部工程不合格时，通知项目经理。

c. 当单位工程不合格时，通知项目经理和公司主管生产经理。

对于上述返工修补处理、降级处理或不合格处理，接受通知方有权接收或拒绝这些要求。当通知方和被通知方意见不一致且不能调解时，可由上级质量监督检查部门、公司质量主管部门负责人等进行裁决；若仍不能解决时，可向当地政府质量监督部门申请裁决。

四、公路工程项目设计质量控制

勘察设计质量是整个公路工程建设质量控制的源头。回顾公路工程建设的历程，设计人员克服种种困难，为公路工程整体建设水平的不断提高作出了贡献。以质量求生存、向质量要效益、建精品工程、创名牌企业的质量观念早已深入人心。

随着规章制度的逐步健全，公路工程质量管理纳入了法制化轨道。《中华人民共和国公路法》《公路工程勘察设计招标投标管理办法》等一系列法律法规、规章制度的颁布，以及有关公路勘察设计、质量评定、环境保护等方面标准规范的实施，建立了完整的技术

保障体系。特别是《工程建设标准强制性条文》（公路工程部分）的推行，以及工程项目设计实行"双院制"，对保证设计方案安全、经济、合理，提高公路工程设计质量起到了积极作用。

（一）项目设计质量控制依据与措施

1. 项目设计质量控制的依据

根据我国的具体情况，公路工程项目设计质量控制的依据，主要包括以下几方面：

第一，有关工程建设及质量管理方面的法律法规，例如，城市规划、建设用地、市政管理、环境保护、质量管理、投资管理等。

第二，有关工程建设方面的技术标准，例如：各种设计规范、规程、标准、设计参数的定额及指标等，以及各种公路工程的施工技术规范和验收标准等。

第三，建设项目的审批文件，例如：项目建议书及其审批文件、项目可行性研究报告及其审批文件、项目环境影响报告及其审批文件和上级有关批文等。

第四，建设项目设计的准备文件，例如，体现设计意图的规划设计大纲、设计纲要、设计合同，以及经有关部门审查同意的设计监理大纲和监理细则等。

第五，反映项目建设过程中和建成后所需要的有关技术、资源、经济、社会协作等方面的协议、数据和资料等。

2. 项目设计质量控制的措施

（1）加强设计标准化工作

标准是对工程设计中的重复性事物和概念所做的统一规定。是以科学技术及先进经验的综合成果为基础，经过有关方面协商一致，并由有关主管机构批准，通过制订、发布和实施，为设计提供共同遵守的技术准则和依据。加强设计标准化是科研成果转化为生产力、推广应用先进技术的有效途径，在促进技术进步、科技创新，确保设计质量方面起着非常重要的作用。

（2）编制好设计纲要等指导性文件，即设计策划

设计策划是指针对合同项目而建立的设计质量目标，并规定质量控制要求，重点是制订开展各项设计活动的计划，明确设计活动内容及其职责分工，配备合格设计人员和资源。项目的设计策划要形成文件，一般以项目设计计划的形式编制作为项目设计管理和控制的主要文件。文件中应当体现规划、设计意图，符合现行规范和规程的规定，满足可行性报告和设计任务书的要求，依据要齐全可靠，方案要合理可行，同时积极改革传统的设计方法和手段，努力提高设计质量和效率。

（3）建立健全原始资料档案

原始资料是进行项目设计的基本依据，在正式进行设计前，必须建立健全相关的原始资料档案。原始资料必须符合规范、规程的规定，及时进行编录、核对、整理，不得遗失或是任意涂改。设计单位也要及时收集在施工中和投产后对设计质量的意见，建立工程设计质量档案，对意见进行认真分析研究，不断改进工作，提高设计质量。

（4）设计接口质量控制

设计接口是在设计过程中，为了设计部门以及各设计专业之间能够做到协调和统一，必须明确规定并切实做好设计部门与其他部门、设计部门内部各专业间以及装置（工区）间的设计接口。设计的组织接口和技术接口应当制订相应的设计接口管理程序，由技术管理部门组织评审后实施。设计过程中要严格按照规定的程序进行设计接口管理，以确保项目设计的质量。

（5）严把方案选择与审核

工程项目设计方案的合理性和先进性是项目设计质量的基础，重要项目的设计方案必须要经过认真研究讨论。设计方案包括总体方案和专业设计方案。对于公路工程建设项目，总体方案特别应当注意设计规模、生产工艺及技术水平的审核；专业设计方案的选择与审核，重点是在设计参数、设计标准、设备和结构选型、功能和使用价值等方面，看其是否满足适用、经济、安全、可靠等方面的要求。

（6）进行设计验证工作

设计验证是确保证计输出满足设计输入的重要环节，是对设计产品的质量检查，通过检查和提供客观证据，证明设计输出是否能满足设计输入的要求。

只有符合资格要求的人员才能够承担相应级别的验证工作。设计验证除上述方法之外，还可采用其他方法进行：例如变换方法进行计算；将新设计与已证实的类似设计进行比较；进行试验和证实；对发表前的设计阶段文件进行评审等。设计者要按照校审意见进行修改，完成修改并经确认后的设计文件，才能进入下道工序。

（7）建立健全成品校审制度

设计文件的校审是对设计所做的逐级检查和验证检查，以确保设计满足规定的质量要求。设计校审应当按照设计过程中规定的每一阶段进行。对阶段性成果和最终成果的质量，应当按照规定程序进行严格校审。具体内容包括：对计算依据的可靠性，成果资料的数据和计算结果的准确性，论证证据和结论的合理性，现行标准规范执行的情况，各阶段设计文件的内容和深度，设计文字说明的准确性，图纸的清晰与准确，成果资料的规范化和标准化等。

（8）建立健全设计文件会签制度

工程设计文件完成之后，设计人员应当在设计文件上签字，对所设计的文件负责。对于结构和技术比较复杂的大型工程，应当组织有关人员进行会审，审核不合格的设计成果不得盖章出图，最后对正式的设计文件要进行会签。

设计文件实行会签制度，是确保各专业设计相互配合和正确衔接的必要手段。通过会签，可以消除专业设计人员对设计条件或相互联系中的误解、错误或遗漏，这是保证项目设计质量的重要环节。

（9）对于设计更改的控制

设计更改是指设计过程中或设计完成后，由于用户变更或项目变更而导致的设计更改，这将对设计进度、质量和费用产生直接的影响。因此，工程设计单位应制订相应的设计更改控制程序，一旦发生设计更改时，应严格按照规定的程序办理，以便保证设计质量。

（二）工程项目初步设计阶段的质量控制

工程项目初步设计是确定建设项目、工程投资、施工方案和质量高低的关键环节。为保证工程项目初步设计的质量，必须做好初步设计前的准备工作，明确初步设计的主要内容，搞好初步设计文件的编制与审定。

1.初步设计前的准备工作

在工程项目进行初步设计前，必须要做好明确设计委托，核准设计用的原始依据，落实设计的基础资料，扩大前期的服务等准备工作，这些都是确保初步设计质量的前提。归纳起来，初步设计前的准备工作，主要包括基础资料收集和进行设计准备两大类。

（1）基础资料收集

在公路工程正式进行初步设计前，应根据国家的有关规定、工程的实际情况、工程设计中的要求等收集有关的资料。在一般情况下，主要包括：

①取得填写项目齐全、具体明细的设计任务书或设计委托书。

②取得工程设计立项和规模投资等方面的上级批准文件。

③通过建设工程项目设计招标形式，与建设单位签订工程设计合同和有关协议书。

④在正式开始初步设计前，首先要核实设计任务、工艺设计文件和使用要求等。

⑤为搞好公路工程项目的必须取得拟建工程的地形图及勘察报告等地质资料。

⑥若拟建工程为改造工程设计，应当取得改建、扩建工程的原有设计文件和资料。

⑦在正式开始初步设计前，要取得工程所在地区有关气象、水文、地震等基础资料。

⑧在正式开始初步设计前，要落实城市规划、消防、人防、环保等方面提出的要求。

⑨设计部门应当根据设计任务的轻重缓急、均衡作业的原则，及时安排设计任务。

（2）进行设计准备

①按照设计工作分级管理的原则，根据工程设计任务的性质、特点及工作量，由设计院、设计室研究确定参加工程设计的主要人员。

②为保证工程项目的设计质量符合合同要求，要组织有关设计人员进行现场踏勘，深入了解工程实际的环境条件。

③对于确实需要外出进行调研的项目，应当认真做好调研内容和地点的考察，做到目标明确、时间紧凑、效果明显。

④适时召开有关人员会议，重点研究设计任务书、工艺和使用要求、设计进度安排等方面的前提条件以及实行限额设计，开展目标创优和组建QC小组等实施计划。

2.明确初步设计主要内容

根据我国公路建设的实践，初步设计的主要内容包括以下几个方面：

第一，设计原则为可行性研究报告和审批文件中的设计原则，设计中所遵循的主要方针、政策和设计的指导思想。

第二，工程项目的建设规模，分期建设及远景建设规划，企业专业化协作和装备水平，工程建设的地点、占地面积，征地数量，总平面布置和内外交通、外部协作条件。

第三，确定生产工艺流程生产工艺流程为各专业主要设计方案和工艺流程。

第四，产品方案主要产品和综合回收产品的数量、规格、等级、质量；原料、燃料、动力来源、用量、供应条件；工程项目主要材料用量；主要设备数量、选型、配置。

第五，在工程项目进行设计的过程中，对于新技术、新工艺、新材料、新设备和新结构的采用情况。

第六，工程项目组成的主要建筑物、构筑物，公用和辅助设施，生活区建设；必要的抗震和人防措施。

第七，综合利用情况，环境保护和"三废"治理。这是工程初步设计中的新增内容，尤其是环境保护和"三废"治理，是工程建设项目能否获得批准的关键。

第八，在工程项目设计中的生产组织、工作制度和劳动定员，以及工程施工过程中的生产组织、工作制度和劳动定员。

第九，工程项目的各项技术经济指标，这是衡量和评价工程设计质量具体的量化指标。

第十，确定工程项目的建设顺序、建设期限，是编制工程设计进度和施工计划的主要依据，也是确保工程设计的重要措施。

第十一，总概算及经济评价，如成本、产值、利润、税金、投资回收期、贷款偿还期、净现值、投资收益率、盈亏平衡点、敏感性分析、资金筹措、综合经济评价等。

第十二，附件、附表、附图，包括设计依据的文件批文、各项协议批文、主要设备表、主要材料明细表、劳动定员表等。

3. 初步设计文件编制与审定

（1）初步设计文件编制

根据上级主管部门对初步设计方案提出的审查意见，进行必要的修改和补充，并在此基础上研究拟定进行初步设计的工作计划。

根据国家现行有关初步设计内容和深度的规定要求，精心组织各专业人员同步进行设计文件的编制工作，并及时协调解决各专业之间的矛盾和问题，保证整个工程项目设计文件内容的完备与统一。

（2）初步设计文件审定。

①根据设计院、所（室）两级管理的规定，设计院各专业的总工程师和所（室）各专业的主任工程师，应当有计划、有重点地抓好设计的跟踪指导和目标创建工作。

②在工程设计中严格执行方针政策、技术法规，对于规定的面积规模、工程投资、设计标准等进行严格控制，对于各专业设计中的重大方案性、前提性问题，要进行进一步的深化和落实。

③院、所（室）各专业总工程师、各专业主任工程师，对院、所（室）两级工程的初

步设计文件，要认真组织综合审查，填写初步设计指导检查意见，并按照要求在设计文件上进行签署。

④在上级主管部门召开初步设计审查会之前，设计总负责人应组织各专业人员认真做好准备。在审查会汇报时，有条理、有层次、有重点地说明设计意图及特点，认真维护设计的科学性和公正性，对直接影响设计质量的客观因素和问题明确提出，提请领导尽快研究解决，并认真做好会议记录。

4.施工图初步设计前质量控制方法

第一，收集和熟悉项目原始资料，充分领会工程建设意图。首先，要核查已批准的"项目建议书"、"可行性研究报告"、工程项目选址报告、城市规划部门批文、土地征用使用要求、工程环境要求；工程地质和水文地质勘察报告、区域图、地形图；动力、资源、气象、设备、人防、消防、地震烈度、交通运输、生产工艺、基础设施等资料；有关设计规范、规程、标准和技术经济指标等，分析、研究并整理出满足设计要求的基本条件。其次，要充分掌握和理解建设单位对工程项目建设的要求、设想和各种意图。

第二，选择适宜的项目总目标论证方法。对于建设单位所提出的项目总投资、总进度和总质量目标，必须进行认真的分析研究，论证实现项目总目标的可行性。在确定的总投资数限定下，分析论证项目的规模、设备标准、施工水平等是否能够达到建设单位预期的水平，施工进度目标能否实现；在工程进度目标的限定下，要满足建设单位提出的项目规模、设备标准、施工水平等，估算需要的总投资数额。在论证时，应依据已建类似工程各种指标，结合目前各种情况出现的变化，并分析项目建设中可能遇到的风险。

第三，进行初步设计时，要以初步确定的工程规模和质量要求作为基础，将论证后所得的总投资和总进度切块分解，最终再确定投资规划和进度规划。

第四，为了避免设计不符合建设单位的要求，造成多次设计修改甚至出现设计纠纷，建设单位应尽量与设计单位达成限额设计条款。

（四）施工图设计阶段的质量控制

施工图设计阶段是公路工程设计的成果阶段，也是确保设计质量、提高设计水平的后期考核验收阶段。在施工图设计阶段的工序控制中，必须切实保证抓好文件的深度，坚持限额设计，提高出手质量，加强综合会审，落实创优目标，严格质量评定等项工作。

1.充实工程设计技术准备

第一，在进行图设计之前，必须取得正式审查批复文件，核实各级主管部门在对工程初步设计所做的调整中需要严格控制的指令性标准。

第二，深入落实在满足施工图设计内容及深度要求中所需要的有关规划、消防、人防、环境、公用、市政、电力、通信及施工安装等方面的必备资料和依据的文件。

第三，根据初步设计的审查批复文件和各有关方面的合理意见、建议，进一步改进和完善工程设计。

第四，落实设计条件及要求，商定工程设计的进度，组织拟定统一技术条件和质量保证措施，认真填写有关表格，准备开始施工图设计。

2.施工图设计的主要内容

（1）施工图设计委托书的主要内容

施工图设计委托书的主要内容包括：工程项目设计的依据；经批准的初步设计及批准部门核发的设计条件；批准的满足施工图设计的勘察资料、地形地貌资料、水文地质和工程地质资料等；施工地点的自然状况资料和有关部门及地方政府签订的外部条件正式协议书；施工条件、地方材料和有关建筑、设备的技术经济数据、资料；其他有关工程项目设计资料。

（2）施工图设计文件的主要内容

施工图设计是以图纸为主的工程实施性技术文件，应主要包括：设计图封面、图纸目录、设计说明、设计图纸和工程预算等，并以子项为编排单位。各专业的工程计算书应当进行校审，签字后整理归档。设计图纸应包括以下主要内容：

①图纸目录。图纸目录就是表明图纸顺序的说明，不仅便于进行查找，且显示图纸的不同类型。在一般情况下，先列出新绘制的图纸，再列出选用的标准图或重复利用图。

②设计说明。设计说明就是设计书的首页，主要包括：结构安全等级；公路地基情况；设计活荷载、设备荷载、结构材料、品种、型号、规格、强度等；标准构件图集及施工注意事项等。

③设计图纸。设计图纸主要包括：基础平面图、基础详图；结构平面布置图、结构构件详图及节点构造图等。

④其他图纸。其他图纸主要包括：各专业设计方案的平面图、立面图、剖面图及其详图或构造图等。

3.施工图设计阶段质量控制方法

（1）实行跟踪式设计，实现审核制度化

为有效控制设计质量，必须对设计过程进行质量跟踪。设计质量跟踪不是监督设计人员画图，也不是监督设计人员的结构计算，而是要定期对设计文件进行审核，在必要时，也进行核查，发现不符合质量标准和要求的，立即指令设计单位进行修改，直到符合规定的标准为止。

设计质量控制的主要方法，即在设计过程中各阶段设计完成时，以设计招标文件、设计合同、监理合同、政府有关批文、各项技术规范和规定、气象条件、地区其他自然条件及相关资料、文件作为依据，对设计文件进行深入细致的审核。在各设计阶段设置审查点，审核设计文件质量，如规范符合性、结构安全性、施工可行性等，审核工程大概预算总额，设计进度完成情况，并与相应标准和计划值进行分析比较。

（2）采用多种方案比较法

一个工程建设项目，有多种设计方案，各设计方案均具有其特点和优势。在进行公路工程项目设计质量审核时，对设计人员所定的设计标准、结构方案、施工方法等各种方案进行了解和分析，有条件时应进行两种或多种方案的比较，从中择优，确定出设计方案。

（3）协调各相关单位关系

一个工程建设项目的设计质量如何，并不是一个专业设计室所决定的，而是所有设计人员水平和集体力量的体现，也是设计单位与其他单位共同努力的结果。所以在进行工程设计的过程中，设计人员、各个部门和社会有关部门，都要支持和配合设计工作，齐心协力提高设计质量。

五、公路工程项目施工质量控制

（一）施工准备阶段的质量控制

工程施工准备是整个工程施工过程的开始，是工程施工中必须进行的一项重要工作。工程实践证明，只有认真做好施工准备工作，才能够顺利地组织施工，为保证和提高工程质量、加快施工速度、缩短建设工期、降低工程成本提供可靠的基础。

公路工程施工准备阶段质量控制工作的基本任务包括：掌握施工项目工程的特点；了解对施工总进度的要求；摸清工程施工的基本条件；编制施工组织设计；全面规划和安排施工力量；制订合理的施工方案；组织好施工中的物资供应；做好现场"五通一平"和平面布置；兴建施工用的临时设施等，为现场施工做好一切准备工作。公路工程施工准备工作内容很广泛，主要有技术准备、物质准备、组织准备和现场准备等。

1. 公路工程施工的技术准备

（1）图纸会审及技术交底

通过对施工图纸的研究和会审，可广泛听取使用人员、施工人员的意见，弥补在设计上的一些不足，以集思广益的方式提高设计质量；可使施工人员了解设计意图、技术要求、施工难点、注意重点，为保证施工质量打好基础。

技术交底是施工企业极为重要的一项技术管理工作，其目的是使参与建筑工程施工的技术人员与工人熟悉和了解所承担的工程项目的特点、设计意图、技术要求、施工工艺及应注意的问题。根据建筑工程施工的复杂性、连续性和多变性的固有特点，各级建筑施工企业必须严格贯彻技术交底责任制，加强施工质量检查、监督和管理，以达到提高施工质量的目的。

（2）编制好施工组织设计

公路工程施工是一项比较复杂的工作，需要组织多工种、多专业、多单位协同配合。为了在质量、进度、效益均得到保证的情况下，完成公路工程项目的建设任务，就必须编制一个统筹全局、科学安排的工作方案，那就是施工组织设计或施工方案。

施工组织设计或施工方案是指导公路工程施工的重要技术经济文件，而确保工程施工质量的各项技术措施是其中的重要组成内容。在编制施工组织设计或施工方案时，主要应做好以下工作：

①根据工程实际情况和质量、工期要求，与有关单位签订承发包合同和分包合同。

②根据建设单位和设计单位提供的设计图纸及有关技术资料，结合拟建工程的施工条件编制施工组织设计。

③及时编制并提出工程施工材料、劳动力和专业技术工种培训计划，以及施工机具、仪器的需用量计划。

④及时参与工程全部施工图纸的会审工作，对设计中的问题和有疑问之处，应随时解决和弄清，要协助设计部门消除图纸上的差错。

⑤属于国外引进的工程项目，应当认真参加与外商进行的各种技术谈判和引进设备的质量检验，以及包装运输质量的检查工作。

在施工组织设计编制阶段，质量管理工作除了上述几个方面外，还要着重制订好质量管理计划，编制切实可行的质量保证措施和各项工程质量的检验方法，并相应的准备好质量检验测试的器具。质量管理人员应参加施工组织设计的会审，以及各项保证工程质量技术措施的制订工作。

2.公路工程施工的物质准备

施工物质的质量是保证工程质量的基础，必须根据工程对材料的要求，选择材料供应厂家，做到合理组织材料的供应，确保施工正常进行；合理地组织材料使用，减少材料的损失，降低工程材料的费用。

对公路工程施工物质准备，最为关键问题是加强材料的检查验收，严把材料的质量关。在这个方面，主要是应做好以下工作：

（1）严格控制材料质量。

①对用于公路工程的主要材料，应在订货前，要求供应商提供样品或看样订货，对材料性能、质量标准、适用范围和施工要求必须有详细说明。

②对用于公路工程的主要材料，在进场时，必须具备正式的出厂合格材质化验单，如果不具备或对检验证明有影响时，应当对材料补做检验。

③工程中所有使用的各种构件，必须具备生产厂家批号和出厂合格证。钢筋混凝土和预应力混凝土构件，均应按规定的方法进行抽样检验。

④凡是用于重要结构、部位的材料，在使用时，必须仔细地进行核对，查其材料的品种、规格、型号、性能符合要求；材料认证不合格时，不允许用于工程中。

⑤凡属标志不清或认为有质量问题的材料，应进行抽样检验；对于进口的材料和重要结构、部位所用的材料，则应进行全部检验。

⑥材料质量抽样和检验的方法，应符合相关规范标准的要求，应当能反映该批材料的质量性能。对于重要的构件或非匀质的材料，还应适当增加采样的数量。

⑦在施工现场配制的材料，例如混凝土、砂浆、防水材料、防腐材料、绝缘材料等的配合比，首先应进行配合比设计，并提出试配的要求，经试配检验合格后才能使用。

（2）材料质量控制内容

材料质量控制的内容主要包括：材料质量的标准、材料的性能、材料取样、试验方法、材料的适用范围和施工要求等。

①材料质量标准材料。质量标准是用以衡量材料质量的尺度，也是作为验收、检验材料质量的依据。不同的材料有不同的质量标准，国家和有关行业均有具体的规定，掌握材料的质量标准，就便于可靠地控制材料和工程质量。

②材料质量检验进行材料。质量的检验，是确保材料质量的重要技术措施。材料质量检验的目的，是通过一系列检测手段和方法，将所取得的材料性能数据与材料的质量标准相比较，借以判断材料质量的可靠性，决定是否能够用于工程，同时还有利于掌握材料的信息。

a. 材料质量检验方法。材料质量检验方法主要包括书面检验、外观检验、理化检验和无损检验四种。

材料质量书面检验。书面检验是通过提供的材料质量保证资料、试验报告等进行审核，取得认可后才能够使用。

材料质量的外观检验。外观检验是对材料从品种、规格、标志、外形尺寸等方面进行直观检查，判断其是否存在质量问题。

材料质量的理化检验。理化检验是借助试验设备和仪器对材料样品的化学成分、机械性能等进行科学鉴定。

材料质量的无损检验。无损检验是在不破坏材料样品的前提下，利用超声波、X射线、表面探伤仪等进行检测。

b. 材料质量检验程度。根据材料信息和保证资料的具体情况，材料质量检验程度分为免检、抽检及全检三种。

免检。免检即免去质量检验过程。对于有足够质量保证的一般材料，以及实践证明质量长期稳定且质量保证资料齐全的材料，可予以免检。

抽检。抽检就是按随机抽样的方法对材料进行抽样检验。当对材料的性能不清楚，或对质量保证资料有怀疑，或是成批生产的构配件，均应按照规定的比例进行抽样检验。

全检。全检又称全部检验。凡对进口的材料、设备和重要工程部位的材料及贵重的材料，都应进行全部检验，以确保材料和工程质量。

c. 材料质量检验取样。材料质量检验的抽样必须有代表性，即所采取样品的质量应能代表该批材料的质量。所以在采取试样时，必须按照规定的部位、数量及采选的操作要求进行。

d. 材料抽样检验判断。抽样检验一般主要适用于对原材料、半成品或成品的质量鉴定。因为这类材料或产品的数量大或检验费用高，不可能对产品逐个进行检验，特别是破坏性和损伤性的检验更不适用。通过抽样检验的方法，可大概判断出整批产品是否合格。

（3）材料的选择和使用

如果工程材料的选择和使用不当，将会严重影响工程质量，甚至会造成质量事故。为此必须针对工程特点，根据材料的性能、质量标准、适用范围和施工要求等方面进行综合考虑，慎重地选择和使用材料。

（4）施工机械设备选用

施工机械设备是实现施工机械化、提高工程质量和生产效率的重要物质基础，是现代道路施工中不可缺少的设备，对施工项目的质量有着直接的影响。为此施工机械设备的选用，必须综合考虑施工现场的条件、道路结构形式、施工工艺和方法、机械设备性能、施工组织与管理等各种因素并进行多方案比较，使之合理装备、配套使用、有机联系，以充分发挥机械设备的效能，力求获得较好的综合经济效益。

工程施工实践证明，机械设备的选用，应着重从机械设备的选型、机械设备的主要性能参数和机械设备使用操作要求三个方面进行控制。

①施工机械设备的选型。施工机械设备的选择，应本着因地制宜，按照技术上先进、经济上合理、性能上可靠、生产上适用、使用上安全、操作上方便和维修上简便的原则，使选用的机械设备具有工程的适用性，具有保证工程质量的可靠性，具有使用操作的方便性和安全性。

②机械设备的性能参数。机械设备的主要性能参数是选择机械设备的主要依据，应根据工程的特点、施工条件和已确定的机械设备形式，来选定具体的机械。但要特别注意所选用的机械设备必须满足施工进度和施工质量的要求。

③机械设备使用操作。要求合理地使用机械设备，正确地进行操作，是确保工程施工质量的重要环节。在机械设备的使用操作中，应贯彻"人机固定"的原则，实行定机、定人、定岗位的"三定"制度。操作人员必须认真执行各项规章制度，严格遵守基本操作规程，防止出现安全质量事故。

机械设备在使用的过程中，要尽量避免发生故障，尤其是要预防出现人为的损坏。造成事故的主要原因包括：

a.操作人员违反安全技术操作规程和保养规程。

b.操作人员技术不熟练或麻痹大意，或未经过专门技术培训。

c.施工机械设备保养和维修不良。

d.施工设备在运输和保管中不当。

e.施工方法不合理和指挥错误。

f.气候条件和作业条件的影响等。

对以上这些可能的原因都必须采取相应措施，严加防范。

3.公路工程施工的组织准备

公路工程施工组织准备，主要包括：建立强有力的项目组织机构，集结施工水平和管理水平较高的施工队伍，对施工队伍及全体员工进行施工前的入场教育等。

4.公路工程施工的现场准备

公路工程施工现场准备，主要包括：控制网、水准点、标桩的测量校正；施工现场的"五通一平"工作；生产、生活等临时设施的准备；组织施工机具及建筑材料进场；拟定有关试验、试制和技术进步项目研究计划；编制季节性施工措施；制定施工现场管理制度等。

（二）施工过程中工序质量控制

公路工程项目的施工过程，是由一系列的相互关联、相互制约的工序构成。工序质量是工程实体质量的基础，其质量好坏将直接影响工程项目的整体质量。要想达到公路工程项目的质量总目标，首先必须严格控制施工过程中的工序质量。

1.工序质量控制的内容

公路工程工序质量控制主要包括两方面的控制，即对工序施工条件的控制和对工序施工效果的控制。

（1）工序施工条件的控制

工序施工条件的控制包括以下两个方面：

①施工准备方面的控制。即在工序施工之前，应对影响工序质量的因素或条件进行监控。要控制的内容通常包括：

a.人的因素，如施工操作者和有关人员是否符合上岗要求。

b.材料因素，如材料质量是否符合标准，能否使用。

c.施工机械设备的条件，如其规格、性能、数量能否满足要求，质量有无保障。

d.采用的施工方法及工艺是否恰当，产品质量有无保证。

e.施工的环境条件是否良好等。

这些因素或条件应当符合规定的要求或保持良好状态。

②施工过程中对工序活动条件的控制。对影响工序产品质量的各因素的控制不仅体现在开工前的施工准备中，而且还应贯穿于整个施工过程中，包括各工序、各工种的质量保证与强制活动。在施工的过程中，工序活动是在经过审查认可的施工准备的条件下展开的，要注意各因素或条件的变化。若发现某种因素或条件向不利于工序质量方面变化，应及时予以控制或纠正。

在各种因素中，投入施工的物料如材料、半成品等，以及施工操作或工艺是最活跃和易变化的因素，应予以特别的监督与控制，使它们的质量始终处于控制之中，符合标准及要求。

（2）工序施工效果的控制

工序施工效果主要反映在工序产品的质量特征和特性指标方面。对工序施工效果控制就是控制工序产品的质量特征和特性指标是否达到设计要求及施工验收标准。工序施工效果质量控制通常属于事后质量控制，其控制的基本步骤包括：实测、统计、分析、判断、认可或纠偏。

2.公路工程的工序分析

在公路工程的施工过程中，有许多因素影响着工程质量。但是这些因素并不是同等重要的，重要的影响因素只是少数，往往是某个因素对工程质量起决定性作用，处于主导和支配地位，只要控制了重要的影响因素，质量就可以得到保证。因此，施工中的任何一个要素，均可能在工序质量中起关键作用，必须认真对施工中的工序进行分析。

工程工序的分析，概括讲，即要通过分析找出对工序的关键或重要质量特性起支配性作用的全部活动。对于这些支配性的要素，要制定成标准，加以重点控制。工程实践证明：不进行工序分析，就无法搞好工序的控制，也就无法保证工序质量。工序质量无法保证，工程质量自然也无法保证。所以工序分析是施工现场质量体系的一项重要基础工作。

工程工序分析一般可按三个步骤、八项活动进行，具体如下：

第一步，用因果分析图法进行工序分析，通过分析在书面上找出支配性要素。此步骤主要包括以下五项活动：

第一，选定分析的工序。对关键、重要工序或根据以往经验认为经常发生问题的工序，都可以作为工序的分析对象。

第二，根据所选定的分析工序和人员组成情况，确定进行工序分析的具体人员，并明确任务，落实责任，以便将工序分析工作搞好。

第三，对经常发生质量问题的工序，应掌握其现状及问题点，并确定改善和提高工序质量的目标，使工序质量达到规范要求。

第四，组织召开工序分析会议，应用因果分析图法进行工序分析，从中找出工序中的支配性要素，以便采取相应的技术措施进行改进。

第五，根据因果分析图法分析找出的工序支配性要素，拟订提高工序质量对策计划，决定试验方案。

第二步，根据以上分析和拟订的提高工序质量对策计划，进行实施。此步骤只包括一项活动。

第六，按照确定的试验方案进行试验，找出质量特性与工序支配性要素之间的关系，经过反复认真审查，确定试验结果。

第三步，在进行以上分析的基础上，制定相关的工序施工标准，控制工序支配性要素。此步骤包括两项活动。

第七，将试验核实的支配性要素编入工序质量表，并纳入施工标准或规范，落实责任部门或人员，并经有关部门批准。

第八，各部门或有关人员对属于自己负责的支配性要素，要按照标准规定实行重点管理，并随时检查实施的结果。

3.工序质量控制点的设置

在工序质量控制中设置质量控制点，主要是指为了保证工序质量而确定的重点控制对象、关键部位或薄弱环节。设置工序质量点是保证工序质量达到规定要求的必要前提，因此监理工程师在拟定质量控制点计划时，应当予以详细考虑，并用制度来保证落实。对于质量控制点，一般事先要分析可能出现质量问题的原因，再针对生产原因制定对策与措施。

（1）质量控制点设置原则

公路工程质量控制点设置的原则，是根据公路工程的重要程度，即质量特性值对整个工程质量的影响程度来确定。因此，在设置质量控制点时，首先要对施工的工程对象进行全面分析、比较，以明确质量控制点；然后进一步分析所设置的质量控制点在施工中可能出现的质量问题或造成质量隐患的原因，针对隐患的原因，提出相应对策、措施予以预防。由此可见，设置质量控制点，是对公路工程质量进行预控的有力措施。质量控制点通常设置于以下几个部位：

①重要的和关键性的施工环节和部位。

②质量不稳定、施工质量没把握的施工工序和环节。

③施工技术难度大的、施工条件困难的部位或环节。

④质量标准或质量精度要求高的施工内容和项目。

⑤对后续施工或后续工序质量或安全有重要影响的施工工序或部位。

⑥采用新技术、新工艺、新材料施工的部位或环节。

（2）质量控制点的实施要点

公路工程质量控制点的实施要点主要包括：

①实施要点交底。将质量控制点的"控制措施"向操作班组进行认真交底，必须使工人真正了解与掌握操作要点，这是保证"创造质量"，实现"预防为主"的关键。

②进行重点控制。质量控制人员在现场进行重点指导、检查与验收。特别是对于重要的质量控制点，质量管理人员应当进行旁站指导，检查和验收。

③认真进行操作。工人按照作业指导书进行认真操作，确保操作中每个环节的质量。

④做好检查记录。按规定做好检查并认真记录检查结果，取得第一手数据。

⑤进行分析改进。运用数理统计方法不断进行分析与改进（实施 PDCA 循环），直至质量控制点验收合格。

（3）质量见证点与停止点。

①见证点（也称截流点，或简称 W 点）。它是指重要性通常的质量控制点。在这种质量控制点施工前，施工单位应提前（例如 24 小时之前）通知监理单位派监理人员在约定的时间到现场进行见证，对该质量控制点的施工进行监督及检查，并在见证表上详细记录该质量控制点所在的建筑部位、施工内容、数量、施工质量和工时，并签字以作为凭证。若在规定的时间监理人员未能到达现场进行见证和监督，施工单位可以认为已取得监理单位的同意（默认），有权进行该见证点的施工。

②停止点（也称待检点，或简称 H 点）。它是指重要性较高、其质量无法通过施工以后的检验来得到证实的质量控制点。例如无法依靠事后检验来证实其内在质量或无法事后把关的特殊工序或特殊过程。对于这种质量控制点，在施工之前，施工单位应提前通知监

理单位，并约定施工时间，由监理单位派出监督员到现场进行监督控制，若在约定的时间监理人员未到现场进行监督和检查，则施工单位应停止该质量控制点的施工，并按合同规定等待监理人员，或另行约定该质量控制点的施工时间。

第三节　公路工程项目安全管理

一、公路工程施工准备的安全

1.施工测量的安全

第一，在密林草丛间进行施工测量时，应当严格遵守护林防火规定。特别应严禁烟火，并应预防有害动物、植物伤人。

第二，测量人员在高压线和变压器附近工作时，必须保持足够的安全距离。遇到雷雨天气时，不得在高压线和大树下停留。

第三，测量设置的钉桩要注意周围行人的安全，固定时不得在人的对面使锤。钢纤和其他工具不得随意抛掷，以防止伤人。

第四，在公路、街道、市场、交通繁忙的道路上测量时，必须设置专人警戒，防止出现交通阻塞和事故。

第五，在陡坡及危险地段测量时应系安全带，脚穿软底防滑轻便鞋。在桥墩上测量时，应有上下桥墩及防止人体坠落的安全措施。

第六，水文测量人员应穿救生衣。在陡峻的河岸测量时，应有简易便道和防护措施。在通航河流上，测量船应有信号设备。在河道中抛锚时应按照港航监督部门的规定设置信号，并有专人负责观察。夜间进行水文测量时，必须备有足够的照明设备。

第七，冬季在冰上测量时，首先应向当地有关部门了解冰封情况，确认无危险后，方可进行作业。遇有封冰不稳定的河段及春季融冰期间，不得在冰上进行测量。

2.施工机械的安全

第一，施工机械操作人员必须按照机械说明书的规定，严格执行工作前的检查制度和工作中的注意观察制度及工作后的检查保养制度。

第二，施工机械操作人员在工作中不得擅离岗位，不得操作与上岗证不符合的机械，不得将机械设备交给无该机械操作证的人员操作。

第三，施工机械的驾驶室或操作室内应保持整洁，严禁存放易燃、易爆和腐蚀性物品，严禁酒后操作施工机械，严禁机械带病运转或超负荷运转。

第四，机械设备在施工现场停放时，应当停放在安全可靠的地点，关闭好驾驶室或操作室，并要拉上主制动闸。在坡道上停车时，一定要用三角木或石块抵住车轮。夜间机械设备应有专人进行看管，防止出现偷盗和破坏机械设备的现象发生。

第五，放置电动机的地点必须保持干燥，在周围不得堆放杂物和易燃品。启动高压电开关及高压电机时，必须戴绝缘手套，穿上绝缘胶鞋。

第六，用手柄启动的施工机械，应注意手柄倒转伤人，向施工机械内加油时，在附近应当严禁烟火。

第七，柴油和汽油机的正常工作温度应保持在 60-90℃之间，当温度在 40℃以下时不得负荷工作。

第八，对于用水冷却的施工机械，当气温低于 0℃时，机械停止工作后应及时放水或采取其他防冻措施，以防止水冻结后胀裂机体。

二、公路路基工程施工安全

公路路基工程施工，一般分为土方施工、石方爆破施工、基槽开挖和砌筑，在这些工程施工中应分别注意如下安全问题。

（一）土方施工的安全问题

1. 人工挖掘土方时必须遵守以下规定：

第一，开挖土方的操作人员之间必须保持足够的安全距离，横向间距不小于 2 m，纵向间距不小于 3 m。

第二，土方开挖必须按自上而下的顺序放坡进行，严禁采用挖空底脚的操作方法。

2. 高陡边坡处施工必须遵守以下规定：

第一，边坡开挖中如遇到地下水涌出，应当先排水后开挖。

第二，开挖工作应与装运作业面相互错开，严禁上、下双重作业。

第三，弃土下方或滚石危及范围内的道路，应设立警示标志，作业时坡下严禁通行。

第四，坡面上的操作人员对松动的土、石块必须及时清除，严禁在危石下方作业、休息和存放机具。

3. 滑坡地段的土方开挖

应当从滑坡体两侧向中部自上而下进行，严禁全面拉槽开挖，弃土不得堆放在主滑坡区内。开挖挡墙基槽也应从滑坡体两侧向中部分段跳槽进行，并加强支撑，及时砌筑和回填墙背，施工中应当设专人观察，严格防止出现塌方。

4. 在落石与岩堆地段施工

应当先清理危石和设置拦截设施后再进行开挖。其开挖面的坡度应当按照设计进行，坡面上松动的石块应边挖边清除。

5. 岩溶地区施工

应当认真处理岩溶水的涌出，以免导致突发性的坍陷。泥沼地段施工，应当采取必要的防范措施，避免出现人、机下陷。挖出的废土应堆置在合适的地方，防止汛期造成人为的泥土流。

6. 在采用机械开挖土方

应当按照有关施工机械的有关规定进行。

（二）石方爆破的施工安全

1. 爆破工程的作业人员

必须经公安机关或公安机关指定的部门进行培训。考试合格后，持有县级以上公安机关核发的有效操作证件，才能参加爆破工程的施工。

2. 当采用石方爆破方法施工

爆破施工方案必须报请当地公安机关批准后，才能正式组织实施。

3. 当爆破点距村庄太近时，必须采取防震措施：

第一，分散爆破点，每隔 50 m 左右设一个爆破点，依此循环进行。

第二，减少装药量。

第三，采用表层震动爆破法，减轻震动波。

4. 爆破点上空有高压架空线路横穿路基必须采取防护措施

在采取防护措施的同时，在爆破点上部用草袋、胶管帘和安全网三层覆盖，并用钢钎将网绳固定在石缝中，保证爆破碎石飞溅高度不超过 1.0 m，以确保高压架空线路的安全运行。

5. 每次爆破作业结束

每次爆破作业结束之后，必须对施工现场进行认真的清理，防止产生瞎炮和爆炸物的丢失。

第四节　公路工程项目施工技术管理

一、施工准备阶段技术管理

工程项目开工前，要先做好详细而充分的技术准备工作，工程开工后才能有条不紊地顺利进行，避免开工后出现设计问题、现场地形地质与设计资料不符、测量试验不能配合施工、关键材料设备未及时到位等情况，导致工程延误甚至停顿而造成不必要的损失。

对于公路工程项目施工准备阶段的管理内容如下：

（1）对工程项目资料进行交接。需要交接的主要资料有：投标期间的现场考察技术资料、投标答疑资料、投标文件、中标通知书、合同文件、与业主签订的协议、投标承诺、图纸等内容。

（2）设计交桩及导线点复测工作的管理。

（3）图纸复核。

（4）现场核对设计文件。

（5）为实施性施工组织设计和技术方案补充必要的现场调查资料。

（6）划分单位、分部、分项工程。

（7）建立控制测量网。

（8）建立项目试验室并提前做好先期工程试验及配合比相关工作。

（9）为需要提前订购的重要材料和设备提供有关的技术参数、质量要求和最早进场时间。

（10）编制实施性施工组织设计与技术方案。

（11）按业主和上级机关要求及工程具体情况配备项目所需的技术标准、规范、规程及有关技术参考资料。

（12）开工前的技术培训学习。

（13）其他技术准备工作。

二、施工阶段技术管理

在项目开工建设后，应该做的施工阶段的技术管理工程内容如下：

1. 技术交底

技术交底按不同层次、不同要求和不同方式进行，应使所有参与施工的人员掌握所从事工作的内容、操作规程方法和技术要求。

2. 设计变更管理

在施工过程中，施工图的修改权为设计单位及项目设计者所拥有，施工单位应按施工图进行施工。未经设计单位及项目设计负责人允许，施工单位无权修改设计。

3. 材料、构（配）件试验管理

对于施工阶段材料、构（配）件试验管理的内容应符合规定。

三、施工交竣工阶段的技术管理

工程完工后，项目经理部应及时组织有关人员完成施工阶段的技术管理工作，包括编写工程技术总结和完善档案资料。

第五节　公路工程施工招标投标管理

公路工程项目的招投标活动应遵循公开、公平、公正和诚信的原则，根据《公路工程施工招标投标管理办法》《公路工程标准施工招标文件》等招投标文件所规定和各种国家标准、部颁标准、地方标准和技术规范等进行管理。

一、公路工程招标文件的主要内容

公路工程招标文件的主要内容如下：（1）招标公告（或投标邀请书）。

（2）投标人须知。

（3）评标办法。

（4）合同条款及格式。

（5）工程量清单。

（6）图纸。

（7）技术规范。

（8）投标文件格式。

（9）投标人须知前附表规定的其他材料。

招标文件所作的澄清、修改，构成招标文件的组成部分。当招标文件、招标文件的澄清或修改等在同一内容的表述上不一致时，以最后标出的书面文件为准。

二、公路工程投标文件的组成

公路工程投标文件的组成包括：

（1）投标函及投标函附录。

（2）法定代表人身份证明或附有法定代表人身份证明的授权委托书。

（3）联合体协议书（如果有）。

（4）投标保证金。

（5）已标价工程量清单。

（6）施工组织设计。

（7）项目管理机构。

（8）拟分包项目情况表。

（9）资格审查资料。

（10）承诺函。

（11）调价函及调价后的工程量清单（如果有）。

（12）投标人须知前附表规定的其他材料。

第九章 公路工程安全管理

第一节 公路工程安全管理的范围

一、路基工程施工的安全管理

（一）路基工程施工安全管理范围

路基工程施工安全管理的范围包括：土方施工、石方施工、高边坡施工、爆破作业、机械作业、挡护工程等。其中各个管理方面都包含了在过程中起到能动作用的人的管理和施工中的各种机械、工具等的管理以及对施工环境的安全管理，即人们常说的"人、机、料、法、环"五个方面。

（二）路基工程施工安全管理的一般要求

第一，建立健全路基施工安全保障体系。项目经理部应建立健全路基施工安全保障体系，全面落实安全生产责任制，建立相应的安全生产预防、预警、预控、安全检查、隐患排查、事故报告与处理、应急处置等安全生产保障措施。

第二，施工现场布置应有利于生产、方便职工生活。施工现场的临时驻地与临时设施的设置，必须避开泥沼、悬崖、陡坡、泥石流、雪崩等危险区域，选在水文、地质良好的地段。施工现场内的各种运输道路、生产生活房屋、易燃易爆仓库、材料堆放以及动力通信线路和其他临时工程，应按照《公路工程施工安全技术规程》的有关规定绘出合理的平面布置图。

第三，施工现场内的坑、沟、水塘等边缘应设安全护栏；场地狭小，行人和运输繁忙的地段应设专人指挥交通。

第四，路基用地范围内若有通信、电力设施、上下水道（管）等，均应协助有关部门事先拆迁或改造，对文物古迹应妥善保护。下挖工程开挖前，应根据设计文件复查地下构造物（电缆、管道等）的埋置位置及走向，并采取相应的安全防护措施。施工中如发现可疑物品时，应停止施工，报请有关部门处理。

第五，路基施工机械设备应有专人负责保养、维修和看管。各种机械操作手、电工必须持证上岗，同时经常加强对驾驶员、电工及路基作业人员的安全教育。

第六，路基施工现场必须做好交通安全管理工作。夜间施工，路口、边坡顶必须设置警示灯或反光标志，专人管理灯光照明。

第七，现场操作人员必须按规定佩戴个人安全防护用品。机械燃料库必须设消防防火设备。

第八，施工现场易燃品必须分开放置，保证一定的安全距离。

二、路面工程施工的安全管理

（一）路面工程施工的安全管理范围

路面工程施工的安全管理范围包括：沥青路面工程的安全管理、水泥混凝土路面工程的安全管理。其中包括对施工作业人员的安全管理、施工中机械的安全管理、施工环境的安全管理。

（二）路面工程施工安全管理的一般要求

第一，确定施工方案，及时准确发布路面施工信息。

施工前，施工单位应确定施工区的范围以及安全管理的施工方案，对路面情况进行深入细致的分析，并在开工前及时发布施工信息，警告过往车辆要注意施工路段的交通情况，提醒车辆绕道而行，避免车辆拥堵。

第二，详细划分施工区域，设置好安全标志，严格按警告区、上游过渡区、缓冲区、作业区、下游过渡区、终止区来划分施工区域。

第三，施工现场所有施工人员应统一穿着橘黄色的反光安全服，施工时还应设专职的交通协管员和专职安全员，而且安全员分班实行 24 h 施工路段安全巡查。

第四，施工车辆必须配置黄色闪光标志灯，停放在施工区内规定的地点。不得乱停乱放，要摆放整齐，特别在进出施工场地时，要绝对服从专职交通协管员的指挥，不得擅自进出。

第五，在施工区域两端应设置彩旗、安全警示灯、闪光方向标，给施工车辆和社会车辆以提示作用。

三、桥涵工程的安全管理

（一）桥涵工程的安全管理范围

桥涵工程的安全管理范围包括：桩基工程的安全管理、墩台工程的安全管理、墩身、盖梁工程的安全管理、桥面工程的安全管理等。其中各个管理方面都包含了对施工中人的安全管理，机械、工具等的安全管理以及施工环境的安全管理。此外，桥涵工程施工安全还要注意高处作业安全、缆索吊装施工安全、门架超重运输安全、混凝土浇筑安全、泵送混凝土安全、模板安装及拆除安全、脚手架安全、支架施工安全、钢筋制作安全、焊接作业安全等。

（二）桥涵工程施工安全管理的一般要求

第一，高墩、大跨、深水、结构复杂的大型桥梁施工，应对施工现场进行重大安全风险辨识与评估，并制定相应的安全技术措施。工程开工之前，应根据《公路工程施工安全技术规程》的要求制定出相应的安全技术操作规程，并及时向施工人员进行安全技术交底。

第二，施工人员进入施工现场必须正确佩戴个人安全防护用品、用具，严防高处坠落、物体打击、触电或其他各类机械的、人为的伤害事故发生。

第三，施工前应对施工现场安全防护设施、临时用电、临时机电机具、特种设备设施等进行全面的安全检查，确认符合安全要求后方可施工。

（三）桥涵工程施工安全控制要点

1. 明挖基础施工安全控制要点

第一，基坑开挖的方法、顺序以及支撑结构的安设，均应按照施工组织设计中的规定进行。开挖深度超过 5 m（含 5 m）的基坑（槽）的土方开挖、支护、降水工程或地质水文复杂的基坑开挖必须制订详细的施工方案和安全专项方案。

第二，基坑开挖时，要指派专人检查邻近建（构）筑物或临时设施的安全，并留有检查记录。

第三，开挖基坑深度超过 1.5 m 时，为方便上下，必须挖设专用坡道或铺设跳板，其宽度应超过 60 cm。

第四，基坑开挖时要根据土壤、水文等情况，按规定的边坡坡度分层下挖，严禁局部深挖、掏洞开挖。如施工地区狭小或受其他条件限制不能按标准放坡时，应采取固壁支撑措施。遇到有涌水、涌沙及基坑边坡不稳定现象发生时，应立即采取防护加固措施。

第五，基坑开挖过程中应随时检查坑壁边坡有无裂缝和坍塌现象，特别是雨后和解冻时期，必须视具体情况增加坡度或加固支撑。

第六，基坑边缘有表面水时，应采取截流措施。在有大量地下水流的情况下进行挖基时，应配足抽水机具。

第七，采取挖土机械开挖基坑，坑内不得有人作业。

第八，基坑开挖需要爆破时，应按国家现行的爆破安全规程办理。

第九，寒冷地区采用冻结法开挖基坑时，应根据地质、水文、气温等情况，分层冻结、逐层开挖。

2. 筑岛、围堰施工安全控制要点：

第一，人工筑岛，应搭设双向运输便道或便桥。

第二，采用挡土板或板桩围堰，应视土质、涌水、挖深情况，逐段支撑。施工中，遇有流沙、涌沙或支撑变形等异常情况，应立即停止挖掘，并立即撤出作业人员。

第三，采用吸泥船吹砂筑岛，要对船体吃水深度、停泊位置、管路射程及连接方法等，进行严格检查和试验。

第四，挖基工程所设置的各种围堰和基坑支撑，其结构必须坚固牢靠。

第五，基坑抽水过程中，要指派专人经常检查土层变化、支撑结构受力等情况；基坑支撑拆除时，应在现场技术负责人的指导下进行。

3. 钢板桩及钢筋混凝土板桩围堰施工安全控制要点：

第一，钢板桩围堰是一种比较传统的深水基础施工方法。使用钢板桩围堰时，要根据施工条件和安全要求及水深、地质等情况适当选择桩长，准确确定围堰尺寸、钢板桩数量、打入位置、入土深度和桩顶标高，使之既不影响水上施工，又不会伤及水下桩基等构造物。

第二，插打钢板桩（包括钢筋混凝土板桩）围堰前应对打桩机、卷扬机及其配套机具设备、绳索等，进行全面检查，经试验、鉴定合格后方可施工。

第三，钢板桩起吊应听从信号指挥，吊起的钢板桩未就位前，插桩桩位处不得站人。

第四，插打钢板桩宜插桩到全部合龙，然后再分段、分次打到标高。插桩顺序：在无潮汐河流，一般是从上游中间开始分两侧对称插打至下游合龙；在潮汐河流，有两个流向的关系，为减少水流阻力，可采取从侧面开始，向上、下游插打，在另一侧合龙。插打钢板桩时，如因吊机高度不足，可改变吊点位置，在转换吊点时，必须先挂后换，使新吊点吃力后，并确定牢固，才能拆除原吊点。

第五，桩锤一般采用振动桩锤。钢板桩在锤击下沉时，初始阶段应轻打。

第六，使用沉拔桩锤沉拔板桩时，桩锤各部机件、连接件要确保完好，电气线路、绝缘部分要良好绝缘。

第七，拔桩时，应从下游向上游依次进行。遇有拔不动的钢板桩时，应立即停拔检查，可采取射水、振动等松动措施，严禁硬拔。

第八，采用吊机船拔除钢板桩，应指派专人经常检查吊机船的吃水深度、拔桩机或吊机受力情况，拔桩机和吊机应安装"限负荷"装置，以防超负荷作业。

第九，钢筋混凝土板桩采用锤击下沉时，桩头和桩尖部位，应采取加固措施。

4. 钻孔灌柱桩基础施工安全控制要点：

第一，钻机就位后，对钻机及其配套设备，应进行全面检查。

第二，各类钻机在作业中，应由本机或机管负责人指定的操作人员操作，其他人不得登机。

第三，每次拆换钻杆或钻头时，要迅速快捷，保证连接牢靠。

第四，采用冲击钻孔时，应随时检查选用的钻锥、卷扬机和钢丝绳的损伤情况。当断丝已超过 5% 时，必须立即更换；卷扬机套筒上的钢丝绳应排列整齐。

第五，使用正、反循环及潜水钻机钻孔时，对电缆线要严格检查；钻孔过程中，必须设有专人，按规定指标，保持孔内水位的高度及泥浆的稠度，以防塌孔。

第六，钻机停钻，必须将钻头提出孔外，置于钻架上，严禁将钻头停留孔内过久。

第七，采用冲抓或冲击钻孔，应防止碰撞护筒、孔壁和钩挂护筒底缘。提升时，应缓慢平稳，钻头提升高度应分阶段（按进尺深度）严格控制。

5. 人工挖孔桩安全控制要点：

第一，严格施工队伍管理，施工人员必须经过安全培训，严格按施工方案进行。

第二，施工现场必须备有氧气瓶、气体检测仪器。

第三，施工人员下孔前，先向孔内送风，并检测确认无误，才允许下孔作业。

第四，施工所用的电气设备必须加装漏电保护器，孔下施工照明必须使用 24V 以下安全电压。

第五，采用混凝土护壁时，必须挖一节、打一节，不准漏打。

第六，孔下人员作业时，孔上必须设专人监护，监护人员不准擅离职守，保持上下通话联系。

第七，发现情况异常，如地下水、黑土层和有害气体等，必须立即停止作业，撤离危险区，不准冒险作业。

第八，每个桩孔口必须备有孔口盖，完工或下班时必须将孔盖盖好。

第九，作业人员不得乘吊桶上下，必须另配钢丝绳及滑轮，并设有断绳保护装置。

第十，挖孔作业人员，在施工前必须穿长筒绝缘鞋、头戴安全帽、腰系安全带，井下设置安全绳。

第十一，井口周边必须设置不少于周边 3/4 范围的围栏，护栏外挂密目网。

第十二，作业人员严禁酒后作业，不准在孔内吸烟，不准带火源下井。

第十三，井孔挖出的土方必须及时运走，孔口周围 lm 内禁止堆放泥土、杂物，堆土应在孔井边 1.5m 以外。

第十四，井下人员应轮换工作，连续工作不宜超过 4h。

第十五，井孔挖至 5m 以下时，必须设置半圆防护板，遇到起吊大块石时，孔内人员应先撤至地面。

6. 墩台施工安全控制要点：

第一，就地浇筑墩台混凝土，施工前必须搭设好脚手架和作业平台，模板就位后，应立即用撑木等固定其位置，以防倾倒砸人。

第二，用吊斗浇筑混凝土，吊斗提降，应设专人指挥。

第三，在围堰内浇筑墩台混凝土，应安设梯子或设置跳板，供作业人员上下。

第四，凿除混凝土浮浆及桩头，作业人员必须按规定佩带防护用品。严禁风枪对准人。

第五，拆除模板，应划定禁行区，严禁行人通过。

7. 滑模施工安全控制要点：

第一，高桥墩（台）、塔墩、索塔等高层结构，采用滑模施工时，应按照高处作业的安全规定，加设安全防护设施，穿戴好个人防护用品，并根据工程特点，编制单项施工方案及其安全技术措施，并向参加滑模施工人员进行安全技术交底。

第二，采用滑板施工，滑模及提升结构应按设计制作和施工，并严格按照施工设计安装。作业前要对滑升模板进行验算和试验，并应有足够的安全系数。顶杆和提升设备，应符合墩身的形状和要求。

第三，当塔墩等高层建筑采用爬模施工方法时，应进行特殊设计，在工厂制作。爬升架体系、操作平台、脚手架等，要保证具有足够的刚度和安全度。

第四，操作平台上的施工荷载应均匀对称，不得超负荷。

第五，浇筑混凝土，不得用大罐漏斗直接灌入，防止冲击模板。

第六，模板每次提升前应进行检查，排除故障，观察偏斜数值。提升时，千斤顶应同步作业。

第七，操作平台的水平度、倾斜度应经常检查，发现问题应及时采取措施。

第八，主要机具、电器、运输设备等，应定机定人，严格执行交接班制度。

第九，为防止模板发生倾斜、扭转。滑模施工宜采用油压千斤顶，并保持同步提升。

第十，支座安装，应按设计施工。采用盆式橡胶支座，可在场地装配后，整体或部分吊装就位。

第十一，拆除滑模设备时，应做好安全防护措施。拆除时可视吊装设备能力，分组拆除或吊至地面上解体，以减少高处作业量和杆件变形。

8.预制构件安装作业安全控制要点：

第一，装配式构件（梁、板）的安装，应制订安装方案，并建立统一的指挥系统。施工难度、危险性较大的作业项目应组织施工技术、指挥、作业人员进行培训。吊装作业所使用的起重设备都应符合国家关于特种设备的安全规程，并进行严格管理。

第二，吊装作业应根据吊装构件的大小、重量，选择适宜的吊装方法和机具，不准超负荷。

第三，吊钩的中心线，必须通过吊体的重心，严禁倾斜吊卸构件。

第四，起吊大型及有突出边棱的构件时，应在钢丝绳与构件接触的拐角处设垫衬。

第五，单导梁、墩顶龙门架安装构件时，各节点应连接牢固，在桥跨中推进时，悬臂部分不得超过已拼好导梁全长的1/3；墩顶或临时墩顶导梁通过的导轮支座必须牢固可靠。导梁上的轨道必须平行等距铺设，墩顶龙门架使用托架托运时，托架两端应保持平衡稳定，行进速度应缓慢。龙门架顶横移轨道的两端应设置制动枕木。

第六，预制场采用千斤顶顶升构件装车及双导梁、桁梁安装构件时，千斤顶使用前，要做承载试验。构件进入落梁或其他装载工具横移到位时，应保持构件在落梁时的平衡稳定；顶升T梁、箱梁等大吨位构件时，必须在梁两端加设支撑。预制场和墩顶装载构件的滑移设备要有足够的强度和稳定性，牵引（或顶推）构件滑移时，施力要均匀；双导梁向前推进中，应保持两导梁同速进行。

第七，架桥机安装构件时，架桥机组拼、悬臂牵引中的平衡稳定及机具配备等，均应按设计要求进行；架桥机就位后，为保持前、后支点的稳定，应用方木支垫。构件在架桥上纵、横向移动时，应平缓进行。

9. 上部混凝土结构施工安全控制要点：

第一，作业前，对机具设备及其拼装状态、防护设施等进行检查，主要机具应经过试运转。

第二，施工中，应随时检查支架和模板，发现异常状况应及时采取措施。支架、模板拆除，应按设计和施工的有关规定的拆除程序进行。

第三，就地浇筑水上的各类上部结构，要按照水上作业的安全规定进行施工、作业。

10. 悬臂浇筑法施工安全控制要点。

第一，施工前，应组织有关人员进行安全技术交底，制定安全技术措施。挂篮组拼后，要进行全面检查，并做静载试验。

第二，施工操作人员进入现场时，必须戴安全帽。高空作业人员要体检，有不适病症的人员严禁上岗。托架、挂篮上的施工遇 6 级以上大风应停止作业。

第三，施工托架、挂篮安装时必须先安装好走道、栏杆，所有的栏杆使用扣件或绑扎成围，并检查其安全可靠性；托架、挂篮作业平台边缘必须设场脚板，以防止台上杂物坠落伤人。

第四，预应力张拉现场内与该工作无关的人员严禁入内，张拉或退楔时，千斤顶后面不得站人，以防预应力筋拉断或锚具弹出。

第五，设立桥面临时护栏。为保证施工人员在高空处的作业安全，防止材料、机具等物体从已浇筑好的桥面上坠落伤人，在已浇筑过的梁段上焊制安装 1.2m 高度的桥面临时护栏，作业区范围内使用安全网封闭施工。

第六，夜间施工要有良好的照明设备，危险地段设危险标志和缓行标志，配备足够的交通值勤人员，组织好过往行人及车辆，确保人员车辆的安全。

第七，使用连接器的锚点和吊带，必须在精轧螺纹钢筋端头做好油漆记号。安装时要保证钢筋安装到位，一般伸入连接器内不少于 8cm。

第八，一个挂篮主桁的后锚共需 4 根精轧螺纹钢筋，一个挂篮后锚总共需要 8 根精轧螺纹钢筋锚固，挂篮行走到位后要及时锚固好。

第九，顶升挂篮的千斤顶、提升挂篮的葫芦要确保完好，严禁超负荷工作。

第十，4 根前吊带受力要均匀。在调整标高时，4 根吊带就要调好，不能先调好 2 根之后在没有仪器监控的情况下调另外 2 根。

第十一，挂篮行走时，要确保吊带、模板等与挂篮分离，并派专人观察行走是否正常，挂篮、模板与箱梁或其他物品是否发生摩擦、牵挂，发现行走异常应立即停止，查明原因处理后再开始行走。

第十二，挂篮行走要对称进行，行走前要弹出纵向轴线，在轨道上划出行走控制刻度线，行走时两侧行程要保持一致，轴向正确。

第十三，挂篮行走到一定位置后，要及时对腹板外侧、底板进行修饰、打磨，使混凝土外观一致，对轻微错台，用扁钻子剔平，不得随意涂抹，吊带孔也要及时封堵。

11.顶推及滑移模架法施工安全控制要点：

第一，采用顶推法施工，在墩台上也要有足够的工作面，以便更换滑道及留出安装支座的空间，并应验算在偏压情况下墩台结构的安全度。

第二，顶推施工所用的机具设备、材料在使用前，应全面检查、验收和试验。

第三，设计应提供主梁最大悬臂状态下允许挠度值及顶推各阶段的墩顶反力和顶推力，应换算为油压读数和允许的墩顶位移值，以便控制位移量。

第四，采用多点顶推或单点顶推，其动力均应有统一的控制手段，使其能达到同步、纠偏、灵活和安全可靠。

第五，上下桥墩和梁上作业时，应设置扶梯、围栏、悬挂安全网等安全防护设施。

第六，顶推施工中，应有统一的指挥信号。必要时，应备有便利的现场通信设备。

第七，用滑移模架法浇筑箱梁混凝土时模架支撑于钢箱梁上，其前后端桁架梁必须用优质高强度螺栓连接好并拧紧。

第八，上岗作业必须穿防滑鞋、戴安全帽。拆卸底模人员，必须挂好安全带。

12.预应力张拉施工安全控制要点：

第一，预应力钢束（钢丝束、钢绞线）张拉施工前，应检查张拉设备工具是否符合施工安全的要求。压力表应按规定周期进行检定。油泵开动时，进、回油速度与压力表指针升降保持一致，并平稳、均匀。

第二，后张法张拉时，应检查混凝土强度，必须达到设计要求强度后，方可进行张拉。

第三，钢束张拉应严格按规定程序进行。张拉作业中，应集中精力，仪表要看准，记录要准确无误。若出现异常现象（如：油表振动剧烈，发生漏油，电机声音异常，发生断丝、滑丝等），应立即停机进行检查。

第四，张拉钢束完毕，退销时，应采取安全防护措施，防止销子弹出伤人。张拉时和完毕后，对张拉施锚两侧均应妥善保护，不得压重物。

第五，先张法张拉施工，除遵守张拉作业一般安全规定外，先张法张拉台座结构，应满足设计要求。张拉前，对台座、横梁及各种张拉设备、仪器等进行详细检查，合格后方可施工；先张法张拉中和未浇筑混凝土之前，周围不得站人和进行其他作业。浇筑混凝土时，严防振动。

13.跨线桥及通道桥涵施工安全控制要点：

第一，公路桥跨越铁路或其他线路时，施工前，应编制专门的安全施工组织设计或安全专项方案。

第二，公路桥跨越铁路或其他线路时，施工期间，特别是梁体吊装阶段，应在施工现场及两端足够远处适宜地点设置人员和通信设备。要避免在列车通过的情况下，进行吊梁安装作业。

第三，对结构复杂、施工期较长的大型立交桥施工前，应编制专门的安全施工组织设计，确保不发生影响通车及坠物伤人事故；制订架梁吊装施工方案及安全技术措施，向作业人员进行安全技术交底和培训；配备通信设施，确保在紧急情况下，能够妥善处理发生的事故。

14.斜拉桥、悬索桥施工安全控制要点：

第一，斜拉桥和悬索桥（吊桥）的索塔施工，属于高处或超高处作业。应根据结构、高度及施工工艺的不同情况，制定相应的专门的安全施工组织设计、安全作业指导书（操作细则）。

第二，索塔分节立模浇筑前，应搭好脚手架、扶梯、人行道及护栏。浇筑塔身混凝土，应按规定挂好减速漏斗及保险绳，漏斗上口应堵严，以防石子下落伤人。

第三，塔底与桥墩为铰接时，施工中必须将塔底临时固定。斜缆索全部安装并张拉完成后，方可撤除风缆并恢复铰接。

第四，施工期间，应与当地气象站建立联系，密切注意天气变化，大风、雷雨时，应立即停止作业。

第五，随着索塔升高，防雷电设施必须相应跟上，防雷系统未完善前，不得开工。

第六，缆索的制作与安装作业应该做到：缆索施工时，不得撞伤锚头；缆索的防护层，不得有折损或磨伤；悬索桥的主索及斜拉桥的斜缆索，应进行破断试验，其破断力应满足设计要求；主索及斜缆索顶张拉时，应选择适当场地，埋设足够强度的地锚。对张拉设备，应严格检查，以确保安全。

第七，悬索桥施工中，临时架设的工作索、牵引索安装完毕后，应对索具、吊具等进行全面、仔细检查。

第八，悬索桥采取重力式锚碇时，对锚碇体的施工，应按照有关安全规定浇筑混凝土或砌体工程。锚碇体必须达到坚实牢固。

四、隧道工程施工的安全管理

（一）隧道工程施工的安全管理范围

隧道工程施工的安全管理范围包括：隧道施工爆破作业的安全管理；隧道内运输的安全管理；隧道施工支护的安全管理；隧道施工衬砌的安全管理；隧道施工中通风、防尘、照明、排水，以及防火、防瓦斯的安全管理等。

（二）隧道工程施工安全管理的一般要求

第一，隧道工程施工必须根据国家有关安全生产的法律法规、标准规范、施工组织设计等编制分部分项工程安全专项施工方案。

第二，隧道施工作业前，必须进行超前地质预报，全面了解地质状况。根据围岩等级进行钻爆设计，选择合适的施工方法和施工工艺，合理安排施工工序。

第三，洞外施工场地应平整不积水，应对车辆人员通道、出碴、进出材料、结构加工等进行合理布置，通畅有序。弃渣场地应设置在不堵塞河流、不污染环境、不毁坏农田的地段。

第四，隧道钻爆作业前，应对通风、排水、用电、通信进行专项设计；动力电线应与照明线路分开布设，照明器材及用电设备应根据隧道类型选用防爆型或非防爆型。

第五，分部分项工程作业前，必须逐级向作业人员进行安全技术交底，交底人和被交底人应在交底书上签字。

第六，隧道施工所有进出洞的人员必须本人签字登记，并应建立完善的交接班制度和进出洞翻牌制度。

第七，隧道爆破工和炸药库保管员必须经过公安机关的专业培训并取得作业资格证方可上岗作业。

第八，进洞作业机动车辆应安装尾气净化装置或采取其他净化措施，防止有害气体洞内积聚对作业人员造成伤害。

第九。隧道软弱围岩施工应遵循"超前探、管超前、短进尺、弱（不）爆破、强支护、勤量测、紧衬砌"的原则，施工组织围绕这一原则开展施工。

第十，在 2 m 以上的洞口边坡和平台上作业时，应遵守高处作业安全操作规程。

第十一，应制订详细的隧道施工安全生产事故应急救援预案，建立完善的应急救援体系，配备应急救援人员和必要的应急救援物质，并定期进行救援演练。

五、水上工程的安全管理

（一）水上工程施工的安全管理范围

水上工程施工的安全管理范围包括：针对水上施工的安全培训和安全技术交底；针对水上施工气象、水文、海域、航道、海上紧急避险等外界施工环境的安全管理；针对水上交通、浮吊等施工机械的安全管理等。

（二）水上工程施工安全管理的一般要求

第一，水上工程施工应严格按照《中华人民共和国海上交通安全法》《中华人民共和国内河交通安全管理条例》《中华人民共和国水上水下活动通航安全管理规定》及其他有关规定，制定相应的施工安全措施。

第二，在船舶通航的大江、大河、大海区域进行水上施工作业前，必须按《中华人民共和国水上水下施工作业通航安全管理规定》的程序，在规定的期限内，向施工所在地海事部门提出施工作业通航安全审核申请，批准并取得水上水下施工许可证后，方可施工。

第三，水上作业施工前，应了解江、河、海域铺设的各种电缆、光缆、管道的走向，按规定采取有效措施予以保护，防止电缆、光缆及水下管道遭到损坏。

第四，项目应制订水上作业各分项工程安全实施方案和水上作业安全技术措施，防止施工便桥、平台、护筒口、模板施工低于水位，影响施工和行洪；对参加水上施工作业人员必须进行水上作业的安全知识教育和专项技术培训，并做好安全交底工作。

第五，水上施工必须在作业人员必经的栈桥、浮箱、交通船、水上工作平台、临时码头上配备安全防护装置和救生设施。

第六，进行水上夜间施工时，要有充足的灯光照明，尽量避免单人操作，特别是电焊作业时，最少安排两人相互监护。

第七，施工项目要与地方气象部门、海事部门建立工作联系，及时了解和掌握施工水域的气候、涌潮、浪况、潮汐、台风等气象信息，正确指导安全施工。

第八，作业人员进入水上作业时，必须穿好救生衣，戴好安全帽。乘坐交通船上下班时，必须等船停稳后，方可从指定的通道上下船。严禁从船上往下跳跃，防止拥挤、推拉、碰撞、摔伤或滑落水中。

第九，作业人员乘坐交通船必须有序上下，乘员必须穿救生衣入仓。航行途中乘船人员不得随意走动或倚靠船舷，严禁打闹、嬉戏及随意动用交通船上的救生用具和消防器材。交通船严禁超员超载。

第十，参加水上施工的船舶（打桩船、浮吊、驳船、拖轮、交通船）必须证照齐全，按规定配备足够的船员。船舶机械性能良好，能满足施工要求，并及时到海事监督部门签证。

第十一，在浮箱上作业时，要注意来往船只航行时引起的涌浪造成浮箱颠簸，以防作业人员摔伤或被移位物体碰撞、打击，造成伤害。

第十二，航道水域上下游各布置一警示标牌，警示过往船舶不得随意进入施工航道。临时施工栈桥设置警示防雾灯，通航口位置设置导航灯，防止过往船舶撞击。

第十三，遇有六级以上大风、大浪等恶劣天气时，应停止水上作业。

六、陆地工程的安全管理

（一）陆地工程的安全管理范围

陆地工程的安全管理范围包括：各类人员的安全培训考核、特殊工种持证上岗以及各种安全技术交底等针对人的安全管理；针对运输车辆、吊车、装载机、拌和站、摊铺机、压路机等的机械、机具的安全管理；针对施工现场各种安全防护、标志标语等的环境的安全管理。

（二）陆地工程安全管理的一般要求

陆地工程安全管理是以保证公路工程项目在施工过程中以安全为目的的标准化、科学化的管理。其基本任务是发现、分析和控制工程施工过程中的危险、危害因素，建立安全管理体系，制定相应的安全管理措施；对各类从业人员进行安全知识的培训和教育，防止发生安全生产事故、职业病和财产损失。

其中包括：

第一，路基土方工程施工的安全管理。

第二，路基石方工程施工的安全管理。

第三，沥青路面工程施工的安全管理。

第四，水泥混凝土路面施工的安全管理。

以上安全管理要点和相关安全技术要求将在后面的章节中详细阐述。

七、高空工程施工的安全管理

（一）高空工程施工安全管理范围

高空工程的安全管理范围包括：高空作业人员管理；从业人员的安全培训、安全技术交底、现场安全监督检查等；高空作业临边防护及高空作业平台、高空防坠落等现场环境安全管理；高空作业机械、工具、各种用电等物的安全管理。

（二）高空工程施工安全管理的一般要求

第一，高空作业施工前，应逐级进行安全技术教育及交底，落实所有安全技术措施和个人防护用品，未经落实时不得进行施工。

第二，高处作业中的安全标志、工具、仪表、电气设施和各种设备，必须在施工前加以检查，确认其完好，方能投入使用。

第三，悬空、攀登高处作业以及搭设高处安全设施的人员必须按照国家有关规定经过专门的安全作业培训，并取得特种作业操作资格证书后，方可上岗作业。

第四，从事高空作业的人员必须定期进行身体检查，诊断患有心脏病、贫血、高血压、癫痫病、恐高症及其他不适宜高处作业的疾病时，不得从事高处作业。

第五，高空作业人员应头戴安全帽，身穿紧口工作服，脚穿防滑鞋，腰系安全带。在有坠落可能的部位作业时，必须把安全带挂在牢固的结构上，安全带应高挂低用，不可随意缠在腰上，安全带长度不应超过 3 m。作业时要严格遵守各项劳动纪律和安全操作规程，严禁酒后和过度疲劳的人员进行登高作业。

第六，高空作业场所有坠落可能的物体，应一律先行撤除或予以固定。所用物件均应堆放平稳，不妨碍通行和装卸。工具应随手放入工具袋，拆卸下的物件及余料和废料均应及时清理运走，清理时应采用传递或系绳提溜方式，禁止抛掷。

第七，遇有六级以上强风、浓雾和大雨等恶劣天气时，不得进行露天悬空与攀登高处作业。台风暴雨后，应对高处作业安全设施逐一检查，发现有松动、变形、损坏或脱落、漏雨、漏电等现象，应立即修理完善或重新设置。

第八，所有安全防护设施和安全标志等，任何人都不得损坏或擅自移动和拆除。因作业必须临时拆除或变动安全防护设施、安全标志时，必须经有关施工负责人同意，并采取相应的可靠措施，作业完毕后立即恢复。

第九，施工中对高空作业的安全技术设施发现有缺陷和隐患时，必须立即报告，及时解决。危及人身安全时，必须立即停止作业。

第十，高处作业上下应设置联系信号或通信装置，并指定专人负责。

八、爆破工程施工的安全管理

（一）爆破工程施工安全管理范围

爆破工程的安全管理范围包括：对操作人员进行的培训考核、技术交底、考试取证、安全教育等安全管理；对炸药、雷管、导火索以及其他爆破器材等物的安全管理；对爆破现场的安全距离、安全防护、安全警示等的环境的安全管理。

（二）爆破工程施工安全管理的一般要求

在基础工程施工中，常会遇到顽石或岩石等需要爆破作业来解决。爆破施工危险大，施工中导致爆破工程事故的原因主要有两种：一是对爆破材料的品种和特性以及运输与贮存情况不了解，导致装卸、搬运不当引起爆炸造成伤害；二是对引爆材料的选择及其引爆方法等不了解或使用不当造成爆炸。因此，爆破工程施工必须制定相应的安全控制措施。

第一，从事爆破工程的施工单位必须取得相应的爆破资质，方能从事爆破工程施工作业。

第二，爆破工程施工前，施工方案必须报有关部门审批后才能实施。

第三，按照《爆破安全规程》规定，爆破作业人员应参加培训，经考核取得有关部门颁发的相应类别和作业范围、级别的安全作业证，持证上岗。因此，爆破工程施工的作业人员必须按照国家有关规定经过专门的安全作业培训，并取得特种作业操作资格证书后，方可上岗作业。

第四，爆破作业和爆破作业单位爆炸物品的购买、运输、储存、使用、加工、检验与销毁的安全技术要求及管理工作要求，应严格按照《爆破安全规程》的相关规定实施。

九、特种设备的安全管理

（一）特种设备安全管理的范围

特种设备的安全管理范围包括：特种设备的购买、租赁与安装；特种设备持证情况，包括：设备的出厂合格证、检验合格证、使用地报检合格证、操作人员特殊工种证等；特种设备的保养、维修、使用、检验检查记录；操作人员安全教育、技术交底等。

（二）特种设备安全管理的一般要求

第一，特种设备安全管理必须按照《特种设备安全监察条例》的有关要求制定相应的安全管理措施。

第二，塔式（门式）起重机、施工电梯、物料提升机等施工起重机械的操作（也称司驾人员）、指挥、司索人员等作业人员属特种作业，必须按国家有关规定经专门安全作业培训，取得特种作业操作资格证书，方可上岗作业。

第三，起重机械在安装、拆卸、加高作业前，应根据作业特点编制专项施工方案，并进行方案及安全技术交底。

第四，起重吊装作业时周边应置警戒区域，设置醒目的警示标志，防止无关人员进入。

第五，起重吊装作业过程必须遵守起重机"十不吊"原则。

十、电气作业的安全管理

（一）电气作业的安全管理范围

电气作业的安全管理范围包括：配电室的安全管理；配电线路的安全管理；施工现场配电箱与开关箱设置的安全管理；配电箱、开关箱内的电器装置的安全管理；发电机组的安全管理；电动机械设备的安全管理；施工现场照明电器的安全管理；安全电压的具体要求等。

（二）电气作业安全管理的一般要求

第一，施工现场临时用电应按照《施工现场临时用电安全技术规范》的要求，采用TN—S接零保护系统，即具有专用保护零线（PE线）、电源中性点直接接地的220/380 V三相五线制系统。

第二，施工现场临时用电必须按"三级配电二级保护"设置。

第三，施工现场的用电设备必须实行"一机、一闸、一漏、一箱"制，即每台用电设备必须有自己专用的开关箱，专用开关箱内必须设置独立的隔离开关和漏电保护器。

第四，施工现场架空线采用绝缘铜线，架空线应设在专用电杆上，并与地面保持足够的安全距离。

第五，在变压器、电闸箱等用电危险地方，应挂设安全警示牌，如"有电危险""禁止合闸，有人工作"等安全标志。

第六，特殊场所必须采用安全电，压照明供电。

第七，施工现场的电工、电气焊工属于特种作业工种，必须按国家有关规定经专门安全作业培训，取得特种作业操作资格证书，方可上岗作业。

第二节　公路工程安全管理的原则

一、"管生产必须管安全"的原则

"管生产必须管安全"的原则是公路施工企业必须坚持的基本原则，是指企业主管生产的各级管理人员在生产过程中必须坚持在抓生产的同时要抓安全。"管生产必须管安全"的原则体现了"安全为了生产、生产必须安全，体现了在计划、布置、检查、总结、评比生产工作的同时，计划、布置、检查、总结、评比安全生产工作，即实现生产与安全的"五同时"。

二、"谁主管谁负责、一把手负总责"的原则

"谁主管谁负责、一把手负总责"作为企业安全生产的原则。首先明确了企业法定代表人是安全生产第一责任人，对本企业安全生产应负全面责任；分管安全生产工作的副职，在其分管工作中涉及安全生产内容的，也应承担相应的领导责任。企业在制定安全生产领导责任制的同时还应当制定全员安全生产责任制，这样才能保证企业的安全生产管理做到全面覆盖，使安全责任落实到位。真正形成主要领导负总责、分管领导具体抓、其他领导协助办、各部门各司其职、各尽其责、分工负责、齐抓共管的安全生产工作新局面。

三、"预防为主"的原则

"预防为主"的原则，就是把安全生产工作的关口前移，超前防范，建立预教、预测、预想、预报、预警、预防的递进式、立体化事故隐患预防体系，改善安全状况，预防安全事故。在新时期，"预防为主"就是通过建设安全文化、健全安全法制、提高安全科技水平、落实安全责任、加大安全投入、强化有效的安全管理和技术手段，构筑坚固的安全防线。安全生产管理工作应该做到预防为主，减少和防止人的不安全行为和物的不安全状态，这就是对预防为主的原则要求。

四、"动态管理"的原则

即安全管理过程是一个动态的管理过程。随着施工项目进展，安全管理的内容和重点也在发生着变化。所以，在公路工程施工安全管理方面要坚持"动态管理"的原则。

五、"计划性、系统性"原则

安全管理的两个显著特点即计划性和系统性。安全管理和其他管理大同小异，都要将其列入年度或月度计划中去。企业的安全管理要依据企业安全生产实际和上级主管部门的要求，合理确定企业某时期的安全生产方向、目标值以及实现安全目标的主要措施。所以，安全管理要坚持计划性的原则。另外，安全管理作为一种企业管理模式也具有一定的系统性，它包括在企业管理的大系统当中，同时安全管理自身也是一个系统，本身具有一定的整体性、相关性、目的性等。

六、"奖优和罚劣相结合"的原则

在公路工程施工安全管理当中既要采用奖励的管理手段，同时也要采用惩罚的管理手段。奖优要本着"精神鼓励与物质鼓励相结合"的原则，充分体现奖优罚劣。表扬先进、促进后进，形成有效的激励机制，做到奖励和惩罚相结合。

七、"安全第一"的强制性原则

安全第一就是要求在进行生产和其他活动时把安全工作放在一切工作的首要位置。当生产和具体工作与安全发生矛盾时，要以安全为主，生产和其他工作要服从安全，这就是"安全第一"原则。

八、"以人为本、关爱生命、安全发展"的原则

即在公路工程施工安全管理中，要处处做到把人的安全放到首位。以人为本，必须以人的生命为本，关爱生命、关注安全，从而做到安全发展。

九、"四不放过"的原则

"四不放过"的原则是指在发生安全生产事故时必须坚持的处理原则，即事故原因不查清不放过，事故责任人没处理不放过，事故相关者没得到应有的教育不放过，事故的防范措施不落实不放过。

十、"一岗双责"制的原则

实现安全生产"一岗双责"制就是在落实安全生产责任制的基础上，强调每个具体岗位兼有双重责任，即该岗位的本职工作责任和相应的去全生产责任。具体来说，就是企业在安全生产工作中主要负责人负总责，其他副职既要履行分管业务工作职责，又要履行安全生产工作职责；在项目施工中要求各级管理人员在完成施工管理工作的基础上，同时承担着施工中的安全管理工作。

十一、"一票否决"的原则

即对发生重特大事故的项目、部门和单位，将实行安全生产"一票否决"，即取消其参与各类综合性先进单位或先进个人或者干部晋职晋级的资格。"一票否决"也进一步坚持了"实事求是、公平公正、全面考核、公开透明"的安全生产事故处理原则，有助于突出落实安全生产领导责任。

第三节 公路工程安全隐患排查与治理

一、安全生产事故隐患排查的基本概念

安全生产事故隐患（简称事故隐患），是指生产经营单位违反安全生产法律、法规、规章、标准、规程和有关安全生产管理制度的规定，或者因其他因素在生产经营活动中存在可能导致事故发生的物的危险状态、人的不安全行为和管理上的缺陷。排查的依据是国家和有关部门的法律法规等。

排查的事故隐患分为一般事故隐患和重大事故隐患。一般事故隐患是指危害和整改难度较小，发现后能够立即整改排除的隐患；重大事故隐患是指危害和整改难度较大，应当全部或者局部停产停业，并经过一定时间整改治理方能排除的隐患，或者因外部因素影响致使生产经营单位自身难以排除的隐患。

二、安全生产事故隐患排查的目标及内容

公路工程施工安全生产隐患排查的目标是：落实工程项目安全生产主体责任和相关单位的安全管理责任，深入排查治理交通基础设施建设过程中的安全隐患，从而实现"两项达标""四项严禁""五项制度"的总目标。

（一）两项达标

第一，施工人员管理达标：一线人员用工登记、施工安全培训记录、安全技术交底记录、施工意外伤害责任保险等都要符合有关规定。

第二，施工现场安全防护达标：施工现场安全防护设施和作业人员安全防护用品都要按照规定实行标准化管理。

（二）四项严禁

第一，严禁在泥石流区、滑坡体、洪水位下等危险区域设置施工驻地。

第二，严禁违规进行挖孔桩作业，钻孔确有困难的不良地质区，设计单位要进行专项安全设计并按设计变更规定，经批准后实施。

第三，严禁长大隧道无超前预报和监控量测措施施工。

第四，严禁违规立体交叉作业。

（三）五项制度

1.施工现场危险告知制度

按照《公路水运工程安全生产监督管理办法》，严格安全技术交底制度，施工单位负

责项目管理的技术人员，应当如实向施工作业班组、作业人员详细告知作业场所和工作岗位存在的危险因素，并由双方签字确认。在上述场所应设置明显安全警示标志，在无法封闭施工的工地，还应当悬挂当日施工现场危险告示，以告知路人和社会车辆。

2. 施工安全监理制度

按照《建设工程安全生产管理条例》《公路水运工程安全生产监督管理办法》和《公路工程施工监理规范》，开展施工安全监理工作，加大现场安全监管力度。监理单位应当按照法律、法规和工程建设强制性标准进行监理，编制安全生产监理计划，明确监理人员的岗位职责、监理内容和方法，审查施工组织设计中的安全技术措施或专项施工方案，核验施工现场机械设备进场检查验收记录，对危险性较大的工程作业加强巡视检查，督促隐患整改。

3. 专项施工方案审查制度

按照《公路水运工程安全生产监督管理办法》，对下列危险性较大的分部分项工程应当编制专项施工方案，并附安全验算结果，经施工单位技术负责人、监理工程师审查签字确认后实施，由专职安全员进行现场监督。必要时，施工单位对上述所列工程的专项施工方案，还应当组织专家进行论证、审查。

（4）设备进场验收登记制度

按照《公路水运工程安全生产监督管理办法》，施工单位在工程中使用施工起重机械和整体提升式脚手架、滑模爬模、架桥机等自行式架设设施前，应当组织有关单位进行验收，或者委托具有相应资质的检验检测机构进行验收。使用承租的机械设备和施工机具及配件的，由承租单位和安装单位共同进行验收，验收合格的方可使用。验收合格后30天内，应当向当地交通主管部门登记。

（5）安全生产费用保障制度

按照财政部和国家安全生产监督管理总局联合发布的《高危行业企业安全生产费用财务管理暂行办法》，对安全生产费用支取、使用情况纳入监理范畴。建设单位在施工招标文件中应当对安全生产保障措施提出明确要求。施工单位在工程投标报价中应当包含安全生产费用，一般不得低于工程造价的1.5%且不得作为竞争性条件。安全生产费用应当用于施工安全防护用具及设施的采购和更新、安全施工措施的落实、安全生产条件的改善，不得挪作他用。

三、安全生产事故隐患排查涉及的单位

公路工程施工安全生产事故隐患排查治理涉及的单位主要有：各项目建设、勘察、设计、施工、监理等单位。

第四节　安全专项方案与应急救援预案的编制

一、安全专项方案的编制

（一）编制安全专项方案的法律依据

《建设工程安全生产管理条例》第二十六条明确规定：施工单位应当在施工组织设计中编制安全技术措施和施工现场临时用电方案，对下列达到一定规模的危险性较大的分部分项工程编制专项施工方案，并附安全验算结果，经施工单位技术负责人、总监理工程师签字后实施，由专职安全生产管理人员进行现场监督：

第一，基坑支护与降水工程。

第二，土方开挖工程。

第三，模板工程。

第四，起重吊装工程。

第五，脚手架工程。

第六，拆除、爆破工程。

第七，国务院建设行政主管部门或者其他有关部门规定的其他危险性较大的工程。对前款所列工程中涉及深基坑、地下暗挖工程、高大模板工程的专项施工方案，施工单位还应当组织专家进行论证、审查。

（二）安全专项方案编制的主要内容

专项方案编制应当包括以下内容：

第一，工程概况：危险性较大的分部分项工程基本概况、水文地质条件、施工平面布置、施工要求和技术保证条件。

第二，编制依据：相关法律、法规、规范性文件、标准、规范及图纸（国标图集）、施工组织设计等。

第三，分部分项工程影响质量、安全的风险源分析及相关预防措施。

第四，设计计算书和设计施工图等设计文件。

第五，施工准备：包括施工图进度计划、材料与设备计划。

第六，施工部署：包括技术参数、工艺流程、施工方法、施工技术要点。

第七，人员计划：专职安全生产管理人员、特种作业人员等资格要求。

第八，施工控制：检查验收、安全评价、预警观测措施。

第九，应急预案及处置措施。

二、应急救援预案的编制

（一）应急救援预案编制的目的

应急救援预案是针对可能发生的事故，为迅速、有序地开展应急行动而预先制订的行动方案；是为了及时、有效地应对重大生产安全事故，保证职工生命安全与健康和公众生命，最大限度地减少财产损失、环境损害和社会影响而采取的重要措施。

安全生产事故应急救援的预案编制是应急救援体系建设工作的核心内容，是安全生产工作的重要组成部分。通过应急救援的预案编制，建立健全规范、科学、操作性强的应急预案体系，对于提高应对突发事（故）件的能力、保障人民群众的生命财产安全和企业健康发展具有十分重要的意义。

（二）应急救援预案编制的依据

应急救援预案一般依据《中华人民共和国安全生产法》《建设工程安全生产管理条例》《安全生产事故报告和调查处理条例》《公路水运工程安全生产监督管理办法》《生产经营单位安全生产事故应急预案编制导则》等法律法规和本企业安全生产实际编制。

（三）应急救援预案的类型

应急救援预案有综合应急预案、专项应急预案、现场处置方案三种主要类型。

（四）应急救援预案编制的主要内容

第一，总则：编制的目的；适用范围；应急组织体系的确定、工作原则与职责分工；应急响应；信息发布；后期处置；人员物资等保障措施；培训与演练；奖励与处罚等。

第二，生产经营单位危险性分析：危险源与风险分析，主要阐述本单位存在的重点危险源及风险分析结果。

第三，应急组织机构及职责：明确应急组织形式，构成单位或人员，并尽可能以结构图的形式表示出来；指挥机构及职责，明确应急救援指挥机构总指挥、副总指挥、各成员单位及其相应职责。应急救援指挥机构根据事故类型和应急工作需要，可以设置相应的应急救援工作小组，并明确各小组的工作任务及职责。

第四，预防与预警措施：危险源监控、预警提示信息、信息报告与处置等。

第五，应急响应：

（1）响应分级

针对事故危害程度、影响范围和单位控制事态的能力，将事故分为不同的等级。按照分级负责的原则，明确应急响应级别。

（2）响应程序

根据事故的大小和发展态势，明确应急指挥、应急行动、资源调配、应急避险、扩大应急等响应程序。

（3）应急结束

明确应急终止的条件：事故现场得以控制，环境符合有关标准，导致次生、衍生事故隐患消除后，经事故现场应急指挥机构批准后，现场应急结束。

第六，信息发布明确事故信息发布的部门、发布原则，事故信息应由事故现场指挥部及时准确向新闻媒体通报事故信息。

第七，后期处置：主要包括污染物处理、事故后果影响消除、生产秩序恢复、善后赔偿、抢险过程和应急救援能力评估及应急预案的修订等内容。

第八，保障措施：

第一，通信与信息保障。明确与应急工作相关联的单位或人员通信联系方式和方法，并提供备用方案。建立信息通信系统及维护方案，确保应急期间信息通畅。

第二，应急队伍保障。明确各类应急响应的人力资源，包括专业应急队伍、兼职应急队伍的组织与保障方案。

第三，应急物资装备保障。明确应急救援需要使用的应急物资和装备的类型、数量、性能、存放位置、管理责任人及其联系方式等内容。

第四，经费保障。明确应急专项经费来源、使用范围、数量和监督管理措施，保障应急状态时生产经营单位应急经费的及时到位。

第五，其他保障。根据本单位应急工作需求而确定的其他相关保障措施（如交通运输保障、治安保障、技术保障、医疗保障、后勤保障等）。

第九，培训与演练及奖励与处罚：要明确对本单位人员开展的应急培训计划、方式和要求。如果预案涉及社区和居民，要做好宣传教育和告知等工作；明确应急演练的规模、方式、频次、范围、内容、组织、评估、总结等内容；明确事故应急救援工作中奖励和处罚的有关内容。

第五节 公路工程临时用电安全要求

一、公路工程施工施工现场临时用电的基本原则

第一，施工现场的电工、电焊工属于特种作业工种，必须按国家有关规定经专门安全作业培训，取得特种作业操作资格证书，方可上岗作业。其他人员不得从事电气设备及电气线路的安装、维修和拆除。

第二，施工现场的临时用电必须采用 TN—S 接地、接零保护系统，即具有专用保护零线（PE 线）、电源中性点直接接地的 220/380 V 三相五线制系统。

第三，施工现场的临时用电必须按照"三级配电二级保护"设置。

第四，施工现场的用电设备必须实行"一机、一闸、一漏、一箱"制，即每台用电设备必须有自己专用的开关箱，专用开关箱内必须设置独立的隔离开关和漏电保护器。

第五，正确识别"小心有电、靠近危险"等标志或标牌，不得随意靠近、随意损坏和挪动标牌。

二、配电室的安全技术要点

第一，施工现场配电室位置应靠近电源，周边道路畅通，进、出线方便，周围环境灰尘少、潮气少、振动小，无腐蚀介质，无易燃易爆物品；不要设在容易积水的场所或其正下方，并避开污染源的下风侧。尽量靠近负荷中心，以减少线路的长度和导线的截面积，提高配电质量，便于维护。

第二，配电室和控制室应能自然通风，并应采取措施防止雨雪和小动物出人；成列的配电屏（盘）和控制屏（台）两端应与重复接地及保护零线做电气连接。

第三，配电屏（盘）正面的操作通道宽度单列布置不小于 1.5 m，双列布置不小于 2 m，配电屏（盘）后的维护通道宽度不小于 0.8 m，侧面的维护通道不小于 1 m；配电室的顶棚距地面不低于 3 m；配电室内设值班或检修室时，该室外距配电屏（盘）的水平距离应大于 1m，并应有屏障隔离；配电室内的裸母线与地面垂直距离小于 2.5 m 时，应采取遮栏隔离，遮栏下面通行道的高度不小于 1.9 m；配电装置的上端距顶棚不小于 0.5 m。

第四，配电屏（盘）应装设有功和无功电度表，并应分路装设电流、电压表；电流表与计费电度表不许共用一组电流互感器；配电屏（盘）应装设短路、过负荷保护装置和漏电保护器；配电屏（盘）上的各配电线路应编号，并标明用途标记；配电屏（盘）或配电线路维修时，应悬挂停电标志牌，停、送电必须由专人负责。

第五，配电室的建筑物和构筑物的耐火等级应不低于 3 级，室内应配置沙箱和绝缘灭火器；母线均应涂刷有色油漆；配电室的门向外开，并配锁，专人保管。

三、施工现场配电线路的安全技术要点

施工现场的配电线路包括室外线路和室内线路。室内线路通常有绝缘导线和电缆的明敷设和暗敷设；室外线路主要有绝缘导线架空敷设和绝缘电缆埋地敷设两种，也有电缆线架空明敷设的。

（一）室外线路的安全技术要点

第一，室外架空线路由导线、绝缘子、横担及电杆等组成。室外架空线路必须采用绝缘铜线或绝缘铝线，铝线的截面积大于 1 mm2，铜线的截面积大于 10 mm2。

第二，架空线路严禁架设在树木、脚手架及其他非专用电杆上且严禁成束架设；在临近输电线路的建筑物上作业时，不能随便往下扔金属类杂物；更不能触摸、拉动电线或电线接触钢丝和电杆的拉线。

第三，严禁在高压线下方搭设临建、堆放材料和进行施工作业；在高压线一侧作业时，架空线与施工现场地面最小距离一般为 4 m，与机动车道一般为 6 m，与铁路轨道一般为7.5m。

第四，电杆埋设深度宜为杆长的 1/10 加 0.6 m，但在松软地质处应加大埋设深度或采用卡盘等加固。跨越机动车道的成杆应采取单横担双绝缘子；15°～45°的转角杆应采用双横担双绝缘子；45°以上的转角杆应采用十字横担；直线杆采用针式绝缘子，耐张杆采用蝶式绝缘子。

第五，敷设电缆的方式和地点，应以方便、安全、经济、可靠为依据，电缆直埋方式，施工简单、投资省、散热好，应首先考虑；敷设地点应保证电缆不受机械损伤或其他热辐射，同时应尽量避开建筑物和交通设施。

第六，电缆直接埋地的深度不小于 0.6 m，并在电缆上下均匀铺设不小于 50 mm 厚的细砂，再覆盖砖等硬质保护层，并插上标志牌；电缆穿过建筑物、构筑物时须设置套管。

第七，室外电缆线架空敷设时，应沿墙壁或电杆设置，严禁用金属裸线作绑线，电缆的最大弧垂距地面不小于 2.5 m。

（二）室内线路的安全技术要点

第一，在宿舍工棚、仓库、办公室内严禁使用电饭煲、电水壶、电炉、电热杯等较大功率电器。如需使用，应由项目部安排专业电工在指定地点安装可使用较高功率电器的电气线路和控制器。严禁使用不符合安全的电炉、电热棒等。

第二，严禁在宿舍内乱拉乱接电源，非专职电工不准乱接或更换熔丝，不准以其他金属丝代替熔丝（保险丝）；严禁在电线上晾衣服和挂其他东西等。

第三，室内线路必须采用绝缘导线，距地面高度不得小于 2.5 m；接户线在挡距内不得有接头，进线处离地高度不得小于 2.5 m，过墙应穿管保护，并采取防雨措施，室外端应采用绝缘子固定；室内导线的线路应减少弯曲，采用瓷夹固定导线时，导线间距应不小于 35 mm，瓷夹间距应不大于 800 mm，采用瓷瓶固定导线时，导成间距应不小于100 mm，瓷瓶间距应不大于 1.5 m；钢索配线的吊架间距不宜大于 12 m，采用护套绝缘导线时，允许直接敷设于钢索上。

第四，导线的额定电压应符合线路的工作电压；导线的截面积要满足供电容量要求和机械强度要求，但铝线截面应不小于 2.5 mm2，铜线的截面应不小于 1.5mm2，导线应尽量减少分支，不受机械作用；室内线路布置尽可能避开热源，应便于线路检查。

四、施工现场配电箱与开关箱设置的安全技术要点

第一，施工现场临时用电一般采用三级配电方式，即总配电箱（或配电室）、总配电箱以下设分配电箱，再以下设开关箱，开关箱以下就是用电设备。

第二，总配电箱应设在靠近电源的地区；分配电箱应装设在用电设备或负荷相对集中

的地区；分配电箱与开关箱的距离不得超过 30 m；开关箱应由末级分配电箱配电，开关箱与其控制的固定式用电设备的水平距离不宜超过 3 m。

第三，配电箱与开关箱应装设在通风、干燥及常温场所。严禁装设在有严重损伤作用的瓦斯、烟气、蒸气、液体及其他有害介质中，不得装设在易受撞击、振动、液体侵溅以及热源烘烤的场所；配电箱与开关箱周围应有足够两人同时工作的空间和通道，不得堆放任何妨碍操作、维修的物品，不得有杂草、灌木等。

第四，配电箱、开关箱应采用铁板或优质绝缘材料制作，铁板厚度应大于 1.5 mm；配电箱内的电器应首先安装在金属或非木质的绝缘电器安装板上，然后整体紧固在配电箱箱体内；金属板与配电箱箱体应作电气连接。

第五，配电箱、开关箱内的连接线采用绝缘导线，接头不松动，不得有外露带电部分；配电箱、开关箱内的工作零线应通过接线端子板连接，与保护零线接线端子板分设；配电箱、开关箱的金属箱体、金属电器安装板以及箱内电器的不应带电金属底座、外壳等必须做保护接零，保护零线应通过接线端子板连接。

第六，动力配电箱与照明配电箱宜分别设置，如合置在同一配电箱内，动力和照明线应分路设置。

第七，配电箱、开关箱中的导线进线口和出线口应设在箱体的下底面，严禁设在箱体的上顶面，侧面，后面域箱门处；进线和出线应加护套分路成束并做防水弯；导线束不得与箱体进、出口直接接触；进入开关箱的电源线，严禁用插销连接；移动式配电箱、开关箱的进口线、出口线必须采用橡胶绝缘电缆。

第八，配电箱、开关箱应装设牢固、端正，移动式配电箱、开关箱应装设在坚固的支架上，固定式配电箱、开关箱的下底面与地面的垂直距离应大于 1.3 m、小于 1.5 m；移动式分配电箱、开关箱的下底与地面的垂直距离宜大于 0.6 m、小于 1.5 m；所有的配电箱、开关箱必须防雨、防尘。

五、配电箱、开关箱内的电器装置安全技术要点

第一，配电箱、开关箱内的电器装置必须可靠完好，严禁使用破损、不合格电器，各种开关电器的额定值应与其所控制的用电设备的额定值相适应。

第二，每台用电设备应有各自专用的开关箱，必须实行"一机一闸一漏"制，严禁用同一个开关电器直接控制两台及两台以上的用电设备（含插座）。

第三，在停、送电时，配电箱、开关箱之间应遵守合理的操作顺序：

送电操作顺序：总配电箱—分配电箱—开关箱；

断电操作顺序：开关箱—分配电箱—总配电箱。

正常情况下，停电时首先分断自动开关，然后分断隔离开关；送电时先合隔离开关，后合自动开关（出现电气故障时的紧急情况除外）。

第四，使用配电箱、开关箱时，操作者应接受岗前培训，熟悉所使用设备的电气性能和掌握有关开关的正确操作方法。

第五，总配电箱、分配电箱应装设总隔离开关和分路隔离开关、总熔断器和分路熔断器（或总自动开关和分路自动开关）。总开关电器的额定值，动作整定值应与分路开关电器的额定值、动作整定值相适应。

第六，总配电箱还必须安装漏电保护器、电择表、总电流表、总电度表和其他仪器。开关箱内的开关电器必须在任何情况下都可以使用电设备实行电源分离。

第七，开关箱内也必须安装漏电保护器，使用于潮湿和有腐蚀介质场所的漏电保护器应采用防溅型产品。总配电箱和开关箱中的漏电保护器应合理选用，使之具有分级分段保护的功能，漏电保护器至少每月检查一次，确保完好有效。

六、配电箱、开关箱使用与维护的安全技术要点

第一，施工现场所有配电箱、开关箱都要由专人负责（专业电工），所有配电箱、开关箱应配锁，并标明其名称、用途，作出分路标记。

第二，开关箱操作人员应熟悉开关电器的正确操作方法；施工现场停业作业 1 h 以上时，应将动力开关箱断电上锁。

第三，配电箱、开关箱内不得放置任何杂物，不得挂接其他临时用电设备；使用和更换熔断器时，要符合规格要求，严禁用铜丝等代替保险丝。

第四，所有配电箱和开关箱每月必须由专业电工检查、维修一次，电工必须穿戴绝缘防护用品，使用电工绝缘工具；非电工人员不许私自乱接电器和动用施工现场的用电设备。

第五，配电箱的进线和出线不得受外力，严禁与金属尖锐断口和强腐蚀介质接触。

七、自备发电机组的安全技术要点

第一，大型桥梁施工现场、隧道和预制场地，应有自备电源，以免因电网停电造成工程损失和出现事故。

第二，施工现场临时用自备发电机组的供配电系统应采用三相五线制中性点直接接地系统，并须独立设置，与外电线路隔离，不得有电气连接；自备发电机组电源应与外电线路电源联锁，严禁并列运行；发电机组应设置短路保护和过负荷保护。

第三，发电机控制屏宜装设交流电压表、交流电流表、有功功率表、电度表、功率因素表、频率表和直流电流表。

第四，发电机组的排烟管道必须伸出室外。发电机组及其控制配电室内严禁存放储油桶。

第五，在非三相五线制供电系统中，电气设备的金属外壳应做接地保护，其接地电阻不大于 4 欧，且不得在同一供电系统上有的接地、有的接零。

八、电动机械设备的安全技术要点

第一，塔式起重机、拌和设备、室外电梯，滑升模板、物料提升机等需要设置避雷装置的井字架等，除应做好保护接零外，电动机械的金属外壳，还必须有可靠的接地措施或临身接地装置，防止电动机械的金属外壳带电，电流就会通过地线流入地下，从而避免人身触电事故的发生。

第二，电动机械的供电线路必须按照用电规则安装，不可乱拉乱接。

第三，电动施工机械的负荷线，必须按其容量选用无接头的多股铜芯橡胶护套软电缆，其中绿、黄色线在任何情况下只能用作保护零线或重复接地。

第四，每一台电动机械的开关箱内，除应装设过负荷、短路、漏电保护装置外，还必须装设隔离开关，以便在发生事故时，迅速切断电源。

第五，大型桥梁外用电梯，属于载人、载物的客货两用电梯，要设置单独的开关箱，特别要有可靠的极限控制及通信联络。

第六，塔式起重机运行时，要注意与外电架空线路或其他防护设施保持安全距离。

第七，移动电动机械须事先关掉电源，不可带电移动电动机械。

第八，电动机械发生故障需停电检修。同时，须悬挂"禁止合闸"等警告牌或者派专人看守，以防有人误将闸刀合上。

第九，电动机械操作人员要增强安全观念，严格执行机电设备安全操作规程。在操作时，应穿工作服、绝缘鞋等个人安全防护用品，严禁用手和湿布擦电动机械设备或在电线上悬挂衣物。

九、电动工具使用的安全技术要点

第一，施工现场使用的电动工具一般都是手持式的，如：电钻、冲击钻、电锤、射钉枪、电刨、切割机、砂轮、手持式电锯等。按其绝缘和防触电性能可分为三类，即 I 类工具、II 类工具、III 类工具。

第二，一般场所（空气湿度小于 75%）可选用 I 类或 II 类手持式电动工具，其金属外壳与 PE 线的连接点不应少于两处。装设的额定漏电动作电流不大于 15 mA，额定漏电动作时间小于 0.1 S 的漏电保护器。

第三，在潮湿场所或金属构架上操作时，必须选用 n 类或由安全隔离变压器供电的 III 类手持式电动工具，严禁使用 I 类手持式电动工具。使用金属外壳 II 类手持式电动工具时，其金属外壳可与 PE 线相连接，并设漏电保护。

第四，在狭窄场所（锅炉内、金属容器、地沟、管道内等）作业时，必须选用由安全隔离变压器供电的 m 类手持式电动工具。

第五，手持电动工具应配备装有专用的电源开关和漏电保护器的开关箱，严禁一台开关接两台以上设备，其电源开关应采用双刀控制；使用手持电动工具前，必须检查外壳、手柄、负荷线、插头等是否完好无损，接线是否正确（防止相线与零线错接）。

第六，手持电动工具开关箱内应采用插座连接，其插头、插座应无损坏，无裂纹且绝缘良好；发现手持电动工具外壳、手柄破裂，应立即停止使用并进行更换。

第七，手持式电动工具的负荷线应采用耐气候型橡胶护套铜芯软电缆，并且不得有接头。在使用前必须作空载检查，运转正常后方可使用。

第八，作业人员使用手持电动工具时，握其手柄，不得利用电缆提拉，且应穿绝缘鞋、戴绝缘手套。

第九，长期搁置不用或受潮的工具在使用前应由电工测量绝缘阻值是否符合要求。

十、施工现场照明电器的安全技术要点

第一，一般场所选用额定电压为 220 V 的照明器，特殊场所必须使用安全电压照明器，如隧道工程、有高温、导电灰尘或灯具距地高度低于 2.4 m 等场所，电源电压应不大于 36 V；在潮湿和易触及带电体场所的照明电源电压不得大于 24 V；特别潮湿场所、导电良好地面、锅炉或金属容器、管道内工作的照明电源电压不得大于 12 V。

第二，临时照明线路必须使用绝缘导线。临时照明线路必须使用绝缘导线，户内（工棚）临时线路的导线必须安装在离地 2 m 以上支架上；户外临时线路必须安装在离地 2.5 m 以上支架上，零星照明线不允许使用花线，一般应使用软电缆线。

第三，在坑洞内作业，夜间施工或作业工棚、料具堆放场、仓库、办公室、食堂、宿舍及自然采光差等场所，应设一般照明、局部照明或混合照明。在一个工作场所内，不得只设局部照明。

第四，停电后作业人员需及时撤离现场的特殊工程，如夜间高处作业工程、隧道工程等，还必须装设由独立自备电源供电的应急照明。

第五，对于夜间可能影响飞机及其他飞行器安全通行的主塔及高大机械设备或设施，如塔式起重机外用电梯等，应在其顶端设置醒目的红色警戒照明。

第六，正常湿度（≥75%）的一般场所，可选用普通开启式照明器。

第七，潮湿或特别潮湿（相对湿度大于 75%）的场所，属于触电危险场所，必须选用密闭性防水照明器或配有防水灯头的开启式照明器。

第八，含有大量尘埃但无爆炸和火灾危险的场所，属于触电一般场所，必须选用防尘型照明器，以防灰尘影响照明器安 全发光。

第九，有爆炸和火灾危险的场所，亦属触电危险场所，应按危险场所等级选用防爆型照明器。

第十，存在较强振动的场所，必须选用防振型照明器。

第十一，有酸碱等强腐蚀介质场所，必须选用耐酸碱型照明器。

第十二，一般 220 V 灯具室外高度不低于 3 m，室内不低于 2.4 m；碘钨灯及其他金属卤化物灯安装高度宜在 3 m 以上。

第十三，任何灯具必须经照明开关箱配电与控制，应配置完整的电源隔离、过载与短路保护及漏电保护电器；路灯还应逐灯另设熔断器保护；灯具的相线开关必须经开关控制，不得直接引人灯具。

第十四，进入开关箱的电源线，严禁用插销连接。

第十五，暂设工程的照明灯具宜用拉线开关控制，其安装高度为距地面 2 ~ 3m，职工宿舍区禁止设置床头开关。

十一、施工现场安全用电技术档案八个要点

第一，施工现场用电组织设计的全部资料。

第二，修改施工现场用电组织设计资料。

第三，用电技术交底资料。

第四，施工现场用电工程检查验收表。

第五，电气设备试、检验凭单和调试记录。

第六，接地电阻，绝缘电阻，漏电保护器漏电动作参数测定记录表。

第七，定期检（复）查表。

第八，电工安装、巡检、维修、拆除工作记录。

十二、触电事故的原因分析

（一）缺乏电气安全知识，自我保护意识淡薄

电气设施安装或接线由非专业电工操作，而是由自己安装。安装人又无基本的电气安全知识，装设不符合电气基本要求，造成意外的触电事故。发生这种触电事故的原因都是缺乏电气安全知识，无自我保护意识。

（二）违反安全操作规程

施工现场中，有人图方便，不用插头，在电箱乱拉乱接电线；还有人在宿舍私自拉接电线照明，在床上接音响设备、电风扇，有的甚至烧水、做饭等，极易造成触电事故；也有人凭经验用手去试探电器是否带电或不采取安全措施带电作业，或带着侥幸心理在带电体（如高压线）周围作业，不采取任何安全措施，违章作业，造成触电事故等。

（三）不使用 TN—S 接零保护系统

有的工地未使用 TN-S 接零保护系统，或者未按要求连接专用保护零，无有效的安全保护系统。不按"三级配电二级保护""一机、一闸、一漏、一箱"设置，造成工地用电使用混乱，易造成误操作并且在触电时，安全保护系统未起可靠的安全保护效果。

（四）电气设备安装不合格

电气设备安装必须遵守安全技术规定，否则由于安装错误，当人身接触带电部分时，就会造成触电事故。如电线高度不符合安全要求，太低、架空线乱拉、乱扯，有的还将电线拴在脚手架上，导线的接头只用老化的绝缘布包上，以及电气设备没有作保护接地、保护接零等，一旦漏电就会发生严重触电事故。

（五）电气设备缺乏正常检修和维护

由于电气设备长期使用，因此易出现电气绝缘老化、导线裸露、胶盖刀闸胶木破损、插座盖子损坏等。如不及时检修，一旦漏电，将造成严重后果。

（六）偶然因素

电力线被风刮断，导线接触地面引起跨步电压，当人走近该地区时就会发生触电事故。

第六节　特种设备安全控制要求

一、特种设备的概念及安全管理的必要性

特种设备是指那些涉及生命安全、危险性较大的，使用、管理不当容易发生安全事故的设备。按照《特种设备安全监察条例》规定：特种设备主要包括锅炉、压力容器（含气瓶，下同）、压力管道、电梯、起重机械、客运索道、大型游乐设施和场（厂）内专用机动车辆。这些特种设备数量多、分布广，涉及生产、生活诸方面，是人们日常工作、生活中广泛接触且不可缺少的设备设施。国家对各类特种设备的安全管理十分重视，相继制定了有关方面的法规、标准，有效地降低了特种设备事故的发生。但是，由于近年来各类特种设备的数量急剧增长，在生产制造和使用运营过程中安全问题仍十分严峻，重大安全生产事故隐患依然存在，因此，必须采取强有力的措施，加强对特种设备的安全监管，杜绝各类设备事故，减少人员伤亡和财产损失。

二、特种设备安全控制要求

特种设备安全管理的范围和一般要求在前面章节已经简单地进行了描述，但特种设备的安全管理除了满足上述一般要求外，还必须明确以下安全控制要点：

（一）按照《特种设备安全监察条例》规定

特种设备生产、使用单位的主要负责人应当对本单位特种设备的安全和节能全面负责。

（二）按照《大型起重机械安装安全监控管理系统实施方案》要求

以公路建设、铁路建设、电站建设、船舶修造等行业（领域）为重点，逐步在新造和在用大型起重机械上安装安全监控管理系统，强化大型起重机械技术安全管理和控制，促进现场操作标准化和规范化，实现大型机械安全形势的根本好转。

（三）特种设备安全管理制度

1.特种设备安全责任制

包括各职能部门安全责任制和各岗位安全责任制。

2.特种设备安全规章制度

包括特种设备安装使用、维护保养、监督检查管理制度；特种设备隐患排查和整改制度；特种设备报检制度；特种设备安全培训制度等，特种设备安全技术交底制度；特种设备事故应急救援制度等。

3.特种设备安全操作规程

根据特种设备种类以及相关的法规、安全技术规范的要求，编制特种设备各岗位安全操作规程。

4.特种设备应急救援预案

根据本单位特种设备使用情况，制定重大事故应急救援预案和防范突发事故的应急措施，以便在发生事故时，能果断、准确、迅速地将影响范围缩小到最低程度；配备相应的抢险装备和救援物资；每年至少组织一次救援演练。

（四）特种设备的行政许可

第一，特种设备使用单位应当在设备投入使用前或者投入使用后 30 天内到设备所在地市以上的特种设备安全监督管理部门办理特种设备使用登记。登记标志应当置于或者附着于该特种设备的显著位置。

第二，特种设备行政许可变更。特种设备停用、注销、过户、迁移、重新启用应到特种设备安全监督管理部门办理相关手续。

第三，特种设备作业人员必须持证上岗。特种设备作业人员必须经有关主管部门考核合格，取得国家统一格式的证书方可上岗操作。作业人员必须与企业办理聘任手续并到有关部门备案。

（五）特种设备定期检验

1特种设备报检

特种设备使用单位应在特种设备检验合格有效期届满前 1 个月向特种设备检验检测机构提出定期检验要求（各特种设备的检验日期可从检验报告、合格标志查看）。

2.特种设备报检要求

起重机械报检时，必须提供保养合同、有效的作业人员证件。

3. 特种设备换证

特种设备检验合格后，携带使用证、检验合格标志、检验报告、保养合同、保养单位的保养资质到有关主管部门办理年审换证手续。

（六）特种设备安全培训

发生特种设备事故的原因主要表现为人的不安全行为或者设备的不安全状态。按照《特种设备安全监察条例》要求，特种设备使用单位应当对特种设备作业人员进行特种设备安全、节能教育和培训，保证特种设备作业人员具备必要的特种设备安全、节能知识。因此，对人为因素，应通过培训教育来纠正。特种设备的作业人员包括设备的安装、维修保养、操作等人员。特种设备作业人员在持证上岗的基础上，做到有安全培训计划，有培训记录、有培训考核。

（七）特种设备使用的相关记录

1. 特种设备日常使用状态记录（特种设备运行记录）

根据特种设备的类别做好特种设备日常使用状态记录。对关键岗位的设备，要做到在生产中每隔一定时间就对主机设备的运行参数作完整的记录，每班将设备状况、有无故障、检修内容全部记录在运行日记中，班班交接，并将设备的使用状态全部记录在案。

2. 特种设备维护保养记录

特种设备多为频繁动作的机电设备，机械部件、电器元件的性能状况及各部件间的配合如何，直接影响特种设备的安全运行。因此，对使用的特种设备进行经常性的维修保养是非常重要的。如果本单位没有维修保养能力，则应委托有资质的单位代为维修保养。需要强调的是：一定要委托有资质的单位并签订维修保养合同。建立的设备技术档案，也要有维修保养记录，以备查证。

3. 特种设备检查记录

国家对特种设备实行安全检验制度，其目的是从第三方的立场，公平、公正地进行检验，以确保其安全。国家质检总局已颁布了电梯、施工升降机、厂内机动车辆、游乐设施等监督检验规程。在国家强制检验的基础上，设备的使用单位应根据特种设备类别做好特种设备定期自行检查记录（包括日检、月检、年检记录），每月至少进行一次自行检查，并记录在案。

4. 特种设备运行故障和事故记录。

做好特种设备运行故障和事故记录。当特种设备出现运行故障和事故时，详细记录故障或事故出现的原因、解决方法等。

5. 定期检验整改记录。

将每次定期检验主要存在问题及落实整改情况记录在案。

（八）特种设备档案管理

1. 统一档案盒规格

特种设备的档案盒应统一规格。档案盒侧面应注明设备的类别，盒内要附上有关档案内容目录。

2. 档案分类

（1）文件法规类

将特种设备的法律法规、文件统一存放。

（2）综合管理类

将特种设备安全责任制、管理制度、操作规程、特种设备安全管理机构、管理结构图、专职兼职安全管理员任命书、特种设备使用管理安全责任承诺书等统一存放。

（3）特种设备台账类

使用账本或信息化管理系统对特种设备台账进行管理，账物相符，能方便索引到相应的档案信息。至少包括如下内容：设备分布情况、特种设备台账、特种设备作业管理人员和作业人员台账、技术档案、应急救援ＸＸ等。

（九）特种设备现场安全管理。

1. 悬挂使用登记证

特种设备使用登记证（可使用复印件）应置于特种设备旁边。

2. 安全标志、标识的张贴。

（1）电类合格标志

电梯、大型游乐设施等特种设备的检验合格标志应置于易于为乘客注意的显著位置；起重机检验合格标志应张贴在该设备的电源控制箱的空白处；叉车的检验合格标志应张贴在叉车的显眼位置。

（2）警示标志、安全注意事项

电梯、大型游乐设施等特种设备的警示标志、安全注意事项应置于为乘客注意的显著位置。

（3）禁用标志

特种设备停用后，应将设备的电源断开，在设备显眼的地方张贴"禁止使用"标志。

（4）压力管道标志

在压力管道显眼地方，应标明管道的介质名称及介质流向。

3. 重点监控特种设备标志

纳入本单位安全管理重点监控的特种设备，应在设备明显位置，标注"重点监控特种设备"。

4. 特种设备管理制度、责任制、操作规程的张贴

将特种设备管理制度、责任制、操作规程张贴到相应的部门、工作岗位、特种设备使

用场所。

5. 设备安全运行情况

第一，特种设备的安全附件在校验有效期内，并灵敏可靠；特种设备在许可条件下使用，无异常情况出现。

第二，特种设备作业人员持有效证件上岗（随身携带副证以备检查），对设备运行情况及时进行记录（查验设备运行记录），无违章作业现象。

6. 设备环境情况

设备的工作环境应整洁、明亮通畅，符合安全环保、节能降耗的使用要求。

第十章 公路施工环境保护管理

第一节 交通建设对环境的影响

一、生态系统与生态平衡

（一）生态系统

生态系统是生物群落和复杂的环境条件相结合所构成的自然基本单位。

生态系统由两大部分、四个基本成分组成。两大部分就是生物和非生物环境，或称为"生命系统"和"环境系统。其基本成分是指生产者、消费者、还原者和非生物环境。

（二）生态平衡

如果某生态系统各组成成分在较长时间内保持相对协调，物质和能量的输入、输出接近相等，结构与功能长期稳定，在外来干扰下，能通过自我调节恢复到最初的稳定状态，则这种状态可称为"生态平衡"。

为维持生态平衡，就要保持生物的多样性。生物多样性通常包括三个层次：生态系统多样性、物种多样性、遗传多样性。

生物多样性保护一般有三种方式：就地保护、迁地保护、离体保护。

建立自然保护区和国家公园，是国际上保护生物多样性所采取的最重要的就地保护形式。

自然保护区可划分为三区。

（1）核心区，是保护区的精华所在，是保护对象最集中、特点最明显的地段，需要严格保护，属绝对保护区。

（2）缓冲区，在核心区的外围，是为保护核心区而设置的缓冲地带，一般只允许进行科研观测活动。

（3）实验区，在缓冲区的外围，可以在不破坏生态环境与自然资源的前提下，进行科研、教学实习、生态旅游与优势动植物资源的开发工作。

（三）路域生态系统

路域生态系统是公路项目建成后，随着绿化和生态恢复为主的环保工程的实施，出现了一个新的生态系统，称为"路域生态系统"。系统范围之内，由公路、土壤等非生物环境因子与栖息在其中的生物因子所组成的生态系统，与外界的能量、物质和信息交流密切。它的范围，应包括公路征地范围内的用地宽 50 ~ 70m，数十至数百公里的地带。它的非生物环境包括中央分隔带、土路肩、上下边坡、排水沟、隔离栅、隧道、桥梁、声屏障等构造物及其周围，立交区、服务区、管理所等，还有取弃土场地、临时道路等需要复垦的土地，以及水体、空气等等。

二、交通建设对生态平衡的影响及保护原则

（一）交通建设对生态环境的短期影响

（1）施工车辆穿越田间，扬尘四起，可能使果木庄稼蒙尘，花不受粉，穗不结实，农业减产。

（2）施工车辆碾压草原，造成草死沙扬，或车道成沟，逐渐形成沟壑。

为开辟施工铺道和作业场地，要清除地表植被，有可能影响珍稀物种的生长，亦会加剧水土流失。

（3）筑路民工偷闲行猎，会使公路沿线动物受到威胁。

（4）筑路改变地表排水，会使低地积水。

（5）高填深挖、隧道等地段，可能影响地下水脉，造成泉流涸竭，继而影响人畜饮水，或改变表层土壤的含水量，从而使植被类型发生变化。

（6）路基开挖或堆填会改变局部地貌。深谷高山架桥打洞、劈山开道，会引发塌方滑坡，在地质构造脆弱的地带引起崩塌、滑坡等地质灾害。

（7）挖山弃土、弃石，顺坡滚滑，埋压植被；弃土、弃石随水流失，会淤塞下游河床、水库、湖泊，严重时会形成泥石流。河道架桥或填筑路基，施工场地废水溢流，会污染河水，破坏水生生物生境，有时还会使下游水源地受到影响。

（8）施工作业场地土地固化和水泥、石灰等流失先后进入土壤，影响土壤理化性能。

（二）交通建设对生态环境的长期影响

（1）道路的廊道与分隔效应。

（2）迫近效应：路通则山空鸟兽尽。

（3）诱导效应：要想富先修路。

（4）水文影响。

（5）对土地利用的影响：占用耕地。

（6）生态敏感地区的影响：湿地、荒地、自然保护区、生态脆弱区。

（7）景观影响：空间连续性被破坏。

（三）保护原则

生态保护、恢复与优化的设计和工程实施时，应贯彻的原则：

（1）"工程措施与生物措施并重"的原则。

（2）"因地制宜"的原则。应根据项目周边环境状况，"适地适树、宜林则林、宜草则草、宜荒则荒"。

（3）"临时占地应不低于原生态功能"的原则。

（4）"乡土和归化植物优先、外来物种慎用"的原则。乡土和多年引种已经适应环境的归化植物可被优先采用，而外来物种引种时，则应经过专业论证和小规模实验，避免造成难以控制的生态扩散，进而造成持久的生态危害。

（5）"建设和养护并重"的原则。

三、水土流失及治理

（一）水土流失和土壤侵蚀

水土流失：指在水力、重力、风力等外营力作用下，水土资源和土地生产力的破坏和损失，包括土地表层侵蚀和水土损失。

土壤侵蚀：按照产生侵蚀的外营力和影响侵蚀过程的因素，侵蚀可分为水流侵蚀、冰川侵蚀、雪蚀、风蚀和人为侵蚀。各种侵蚀可以单独作用，也可以综合作用。就世界范围来说，对经济破坏最大的是水蚀和风蚀。

按土壤侵蚀外营力，将全国土壤侵蚀区划分为3个一级区（水力侵蚀为主区、风力侵蚀为主区、冻融侵蚀为主区）。

（二）交通建设项目水土流失特点

（1）侵蚀时期短而集中。土壤侵蚀对公路、航道和港口建设的影响主要集中在施工和运营初期。

（2）侵蚀类型复杂，方式多样。

（3）侵蚀发生具有潜在性和突发性。

（4）侵蚀区域差异大，强度剧烈。

（三）交通建设项目水土保持的指导方针

（1）预防为主，开发建设与防治并重。

（2）积极采用综合的工程措施及生物措施，因地制宜，因害设防。

（3）可根据其工程建设特点采取分区分散防治、重点治理与一般防护相结合。

（4）水土保持与工程建设相结合，恢复和改善工程范围内及周边影响范围的水土保持设施，保证主体工程安全运行。

（5）交通建设水土保持管理与地方水土保持管理相结合。

四、噪声的危害及治理

按照声源类别，噪声可分为交通噪声、工业噪声、施工噪声和生活噪声。

（一）噪声的危害

（1）损伤听力。

（2）造成神经衰弱。

（3）干扰睡眠、交谈、工作、思考。

（4）对视力产生影响，也会造成眼痛、视力衰退、眼花等。

（5）使人胃功能紊乱，出现食欲不振、恶心、消瘦、体质减弱等。

（6）干扰内分泌，使人体血液中油脂及胆固醇升高，甲状腺活动增强并轻度肿大。

（7）对人体心理的其他影响，主要表现为令人烦恼、易激动，甚至失去理智。

（8）对动物的影响，强噪声会使鸟类羽毛脱落、不产卵，甚至内出血，最终死亡等。

（二）噪声大小的度量

环境噪声的度量，不仅与产生噪声的物理量有关，而且还与人对声音的主观听觉感受有关。人耳对声音的感觉不仅和声压级大小有关，而且还和频率的高低有关。根据听觉特性，在声学测量仪器中，设置有"A计权网络"，测得的噪声值较接近人耳的感觉，其测得值称为"A声级"（LA），单位为dB(A)。

等效连续A声级：有时候将某一段时间内连续暴露的不同A声级变化，用能量平均的方法表示该段时间内的噪声大小。在评定非稳定噪声时，等效连续A声级尤为必要。

（三）声屏障常见的声屏障类型有五种。

（1）土堤结构：适用于地广人稀的区域，是最经济的减噪办法，降噪效果为3～5dB(A)。建造此类声屏障所需空地比较大。

（2）混凝土结构：适用于郊区和农村区域，易与周围自然环境相协调，价格便宜，且便于施工与维护。降噪效果为10～13dB(A)。

（3）木质结构：适用于农村、郊区个人住宅或院落且木材资源比较丰富的地区的噪声防护。降噪效果为6～L4dB(A)。

（4）金属和复合材料结构：世界各国普遍使用的结构。材料易于加工，可制成各种形式，安装简便。易于景观设计和规模制造生产，降噪效果也很好。

（5）组合式结构：可根据现场条件、周围环境、景观要求和经济性决定。

声屏障的长度应大于其保护对象沿道路方向的长度。一般来讲，声屏障的外延长度应大于受保护对象到声屏障距离的三倍。

五、水质指标及水处理工艺

（一）水质指标

1. 物理性水质指标

感官物理性状指标，如温度、色度、嗅和味、浑浊度、透明度等；其他物理性状指标，如总固体（TS）、悬浮固体（SS）、溶解固体、可沉固体、电导率（电阻率）等。

2. 化学性水质指标

一般的化学性水质指标，如pH、碱度、硬度、各种阳离子、各种阴离子、总含盐量、一般有机物质等；有毒的化学性水质指标，如重金属、氰化物、多环芳烃、各种农药等。

3. 生物学水质指标

生物学水质指标包括细菌总数、总大肠菌群数、各种病原细菌、病毒等。

（二）交通建设对水环境的影响

（1）生产废水。

（2）施工人员生活污水。

（3）吹填、抛泥、水下炸礁等。

（4）实验室污水。

（三）污水处理方法

（1）废水处理的基本原理为物理法、化学法、生物法等。

（2）自然净化处理工艺主要有污水土地处理、人工湿地、稳定塘。

（3）城市污水处理分为污水一级处理、污水二级处理、污水三级处理三个级别。一级处理又包含常规一级处理和一级强化处理，二级处理又包含常规二级处理和二级强化处理。

一级处理是指应用物理处理方法，即用格栅、沉砂池、沉淀池等构筑物，去除污水中不溶解的污染物。处理的原理是通过物理法实现固液分离，将污染物从污水中分离去除。一级强化处理是在常规一级处理（重力沉降）基础上，增加化学混凝处理、机械过滤或不完全生物处理等，以提高一级处理效果的处理工艺。

二级处理是指应用生物处理方法，通过微生物的代谢作用将污水中各种复杂的有机物氧化降解为简单的物质。处理对象是污水中的胶体态和溶解态有机物。采用的典型设备有生物曝气池（或生物滤池）和二次沉淀池。二级强化处理是指在去除污水中含碳有机物的同时，也能脱氮除磷的二级处理工艺。

三级处理是指进一步去除常规二级处理所不能完全去除的污水中的杂质的净化过程。深度处理通常由以下单元技术优化组合而成：混凝、沉淀（澄清、气浮）、过滤、活性炭吸附、脱氨、离子交换、微滤、超滤、纳滤、反渗透、电渗析、臭氧氧化、消毒等。

六、大气污染及交通建设对大气的污染及治理

（一）PM2.5

PM2.5 是指大气中直径小于或等于 2.5/m 的颗粒物，也称为"可入肺颗粒物"。虽然 PM2.5 只是地球大气成分中含量很少的组分，但它对空气质量和能见度等有重要的影响。PM2.5 粒径小，富含大量的有毒、有害物质，且在大气中的停留时间长、输送距离远，因而对人体健康和大气环境质量的影响大。

（二）交通建设对空气环境的污染

污染主要来源施工扬尘、施工车辆尾气、动力船舶机械产生的尾气、沥青烟气（扬尘和沥青烟气）。

1. 沥青烟气及锅炉烟气

（1）沥青混凝土集中拌和，合理安排沥青混凝土拌和场。

（2）沥青混凝土拌和场不得选在环境敏感点上风向，与其距离应在 300m 以上。

（3）沥青摊铺时污染物影响距离一般在 50m 之内。沥青摊铺和拌和场操作人员应配备口罩、风镜等，实行轮班制，并定期体检。

2. 车辆及机械尾气

（1）加强汽车维修保养，保证汽车正常、安全运行。

（2）加强对施工机械的维修保养，合理安排运行时间，发挥其最大效率。

3. 运输扬尘

（1）加强运输管理，保证汽车安全、文明、按规定车速行驶。

（2）科学选择运输路线。

（3）运输道路应及时洒水，保持路面湿润。如果施工阶段对汽车行驶路面进行洒水以保持路面湿润，可以使空气中粉尘量减少 70% 左右，从而收到很好的降尘效果。

（4）粉状材料应罐装或袋装，粉煤灰采用湿装湿运。

4. 灰土拌和、水泥混凝土拌和扬尘

（1）灰土和水泥混凝土采用集中拌和，采用先进的拌和装置，配套除尘设备。

（2）封闭装罐运输。

（3）尽量减少拌和场。灰土拌和应尽可能采取设置集中灰土拌和场方式进行拌和，不得选在环境敏感点上风向，与其距离应在 300m 以上，以避免扬尘对环境敏感点的直接影响。

（4）拌和场为操作人员配备口罩、风镜等，实行轮班制，并定期体检。

5. 堆场扬尘、锅炉烟气

（1）粉状建材堆放地点选在环境敏感点下风向，距离 100m 以上。

（2）遇恶劣天气加蓬覆盖。

（3）控制堆存量并及时利用，必要时设围栏或洒水防尘。

锅炉选型应采用燃油、燃气等清洁能源锅炉，局部地区若需使用燃煤锅炉的，其燃料组成应符合国家相应的产业政策。

七、固体废物及交通建设固体废物的处理

（一）固体废物的概念

固体废物指在生产、生活和其他活动中产生的丧失原有利用价值或者虽未丧失利用价值但被抛弃或者放弃的固态、半固态和置于容器中的气态物品、物质以及法律、行政法规规定纳入固体废物管理的物品、物质。

从广义上讲，固体废物包括所有经过使用而被弃置的固态或半固态物质，甚至还包括具有一定毒害性的液态或气态物质。

（二）固体废物的危害

（1）占用土地，污染土壤。

（2）污染水体。

（3）污染大气。

（4）影响环境卫生。

（三）生活垃圾的处理

（1）厨房垃圾可收集外运养殖。废旧电池、日光灯管、硒鼓等属于危险废物，需分类收集后运至专门的地点处理。

（2）废纸、包装盒、塑料等可回收。

（3）粪便可进入污水处理，或进行堆肥处理。

（4）对生活垃圾资源化处理的关键是分类收集。

（四）交通建设过程中产生的废料的处理

1. 弃渣等的处理

（1）隧道弃渣、路基弃渣可尽量用于填筑路基或房基。

（2）钻孔泥浆可经沉淀、干化处理后运至弃渣场。

（3）清表表土可收集后用于后期土地复耕或绿化。

（4）清表草被可采用堆肥处理后，用于肥田或工程绿化。

2. 沥青废料的处理

对公路改扩建工程产生的沥青废弃料，应尽量采用。沥青冷（热）再生技术进行回收利用，主要包括：

（1）厂拌热再生技术。

（2）就地热再生技术。

（3）厂拌冷再生技术。

（4）就地冷再生技术。

（5）乳化沥青冷再生混合技术。

（6）泡沫沥青冷再生技术等。

第二节　公路施工环境保护措施

一、环境保护的依据及目标

（一）工程环境保护的依据

（1）国家有关的法律、法规。

（2）国家有关的条例、办法、规定等。

（3）地方性法规、文件。

（4）国家环境标准。

（5）公路水运工程标准规范。

（6）环境影响评价和水土保持报告及批复、环境行动计划等（重要依据）。

（7）工程设计文件。

（8）监理合同、施工合同以及有关补充协议（直接依据）。

（9）施工过程中的会议纪要、文件。

（二）环境保护的目标

环境保护的目标主要有以下4个方面：

（1）主体工程施工过程中的噪声（振动）、废气、污水、固体废弃物等排放达到国家相应标准。

（2）生态环境保护、水土保持等措施符合建设项目环境影响评价文件和水土保持方案的要求。

（3）声屏障、绿化、污水处理等环保工程设施施工符合相应规范和合同规定。

（4）施工期不发生重大环境污染和生态破坏事件。

（三）环境达标要求

任务：保护生态环境，控制污染排放。

范围：施工现场、工作场地、生活营地、施工道路、料场和取弃土场、办公区及附属设施、敏感区等。

内容：噪声、废气、污水、固废等排放达标，施工过程符合敏感区环保要求。

（四）施工中定期监测的项目

（1）空气质量：NO_2、CO、TSP、SO_2。

（2）地表水水质。一般监测项目有 pH、悬浮物（SS）、化学需氧量（COD）、生物需氧量（BOD）、氨氮、石油类等六项。根据工程实际情况，还可视需要监测水温、色度、重金属、总磷（TP）、总氮（TN）、砷（As）、氰化物、挥发酚、活性剂（LAS）、硫化物、溶解氧（DO）等项目。

二、公路施工对环境保护的影响及防治措施

（一）临时施工道路的环保要点

（1）注意临时施工道路的开辟和修筑以及运输车辆的行驶造成的破坏。

（2）对于施工道路边界上可能出现的土质裸露边坡，应有临时防护设施。

（3）施工便道属临时性质工程，载重汽车来往频繁，容易损坏，应及时修补以保持平整，如设立施工道路养护、维修专职人员，随时保持运行状态良好，减少扬尘污染。

（4）运输车辆行驶产生的扬尘影响植物（作物）正常的繁殖和发育过程，应通过路面硬化处理以及定期清扫、洒水抑制扬尘，使路面始终保持湿润。

（5）施工噪声应当符合国家规定的施工场界排放标准（该阶段施工场界噪声的限值为昼间 75dB(A)，夜间 55dB(A)）。

（6）施工结束后，必须恢复临时占用土地原有的土地利用功能。对现场初始的地形地貌、地表植被等自然特征，应有客观的文字描述和完整的影像记录，以作为将来进行恢复的依据和参考。

（二）临时材料堆放场对环境的影响及环保要点

（1）对临时借地范围要有明确的边界，对现场初始的地形地貌、地表植被等自然特征应有客观的文字描述和完整的影像记录，作为将来进行恢复的依据和参考。

（2）水泥、石灰、矿粉等存放点地面应做硬化处理，硬化处理前应剥离地表熟土，并集中保存。施工结束后，去除硬化地面，将保存的熟土回填，并恢复初始地表植被。

（3）材料仓库和临时材料堆放场要防止物料散漏污染。仓库四周应有疏水沟系，防止雨水浸湿，引起物料流失。

（4）沥青、油料、化学物品等不堆放在民用水井及河流湖泊附近，并采取措施，防止雨水冲刷等进入水体。

（5）水泥和混凝土运输应采用密封罐车。

（6）多风天气（或大风来临前）应注意对物料加以覆盖，减少扬尘。

（7）石灰石、电石、雷管、炸药等不得露天堆放，炸药应有专门的仓库。

（三）生活垃圾的环保要点

生活垃圾堆放点应选择 30m 范围内无生活用水和渔用水体的废弃沟凹或废弃干塘。

堆放点应无直通沟道与邻地相通。不得向垃圾点内排放生活污水。垃圾箱和垃圾临时堆放点地面应做硬化处理，周边应保持清洁，并做到每日清运。

生活垃圾应分类收集，电池必须由相关单位回收处理。为防止生活垃圾的二次污染，垃圾箱和垃圾运输车均应采用封闭式。

（四）临时性污水处理设施的环保要点

为收集与处理由临时驻地的住房、办公室、其他建筑物和流动性设施排放的污水，应要求建设方在合适的地点修建容量适当的临时污水处理池，建有化粪池或其他能满足要求的系统，并予以管理、维护。

污水不得排入《地面水环境质量标准》G 3838-2002 中所规定的Ⅰ、Ⅱ类水域；排入其他水域时，必须符合相应的水质标准，不符合时要进行水质处理，如油污水应进行隔油处理。

（五）噪声控制要点

（1）在空间允许的条件下，应将生活、办公及实验区设置在离开噪声敏感点如居民点、学校等 200m 以远的区域。

（2）监理人员应对各生活、办公及实验区内的主要噪声源进行管理，建立档案，并提出隔声、消声、减振等降噪措施，进而监督执行效果。

（3）较大的通风管道安装消声器或采取管壁阻尼减振，管道穿墙（或支撑）处应采用避振喉（或避振吊钩）。

（4）在日常巡视过程中，监理人员应配置噪声仪，在场界四周进行即时监测，噪声标准参照昼间 70dB（A）、夜间 55dB（A）执行。

（六）钻孔灌注桩基础环境保护

1. 泥浆制作

（1）必须设置泥浆沉淀池，用于储存将来使用后废弃的泥浆，场地周围设计必要的拦挡措施防止溢流。泥浆池应尽量选在不宜外溢的地段。

（2）当现场没有可以利用的低洼地时，应自行挖掘或砌筑泥浆池。

（3）泥浆池周围应设置良好的排水系统，以免雨水过大而造成泥浆外溢破坏当地环境。

2. 钻孔施工

（1）钻孔桩必须设置泥浆沉淀池，不得将泥浆直接排入河水或河道中，经沉淀后上清水排放，减小悬浮固体的排放量。大型桥梁通常利用钢护筒作泥浆储备周转，并采用泥浆过滤设备，清除残渣。

（2）废弃的钻孔泥浆以及其他废弃物，应运至事先准备的沉淀池临时储存，待吹干后，运往指定的弃渣场进行永久处置，避免由于水土流失或可能的有毒盐土风化等因素造成农田和水系污染。弃渣不得弃于河道或河滩地，以防抬高河床，淤塞河道。

（3）在水上钻孔时，一般应采取平台施工。应在平台上焊挂钢箱作为泥浆池，应配备专用的泥浆船，用作造浆循环池及废弃泥浆的运输。采取围堰或筑岛施工时，应及时对围堰和筑岛进行清理，以免破坏水体环境，并影响行洪。

（4）海底钻孔施工应采用泥浆船，沼泽湿地钻孔施工应采用泥浆钢箱，以确保泥浆完全不会溢出。

（5）应对施工机械及船只进行严格检查，防止油料泄漏，严禁将废油、施工垃圾等随意抛入水体。

（6）挖孔桩施工时，应选择合适的孔壁支护类型。挖孔时，应注意施工安全。

三、环保工程的内容及施工控制措施

（一）环保工程的任务与范围

环保工程的任务：保证环境保护专项工程的实施。

环保工程的范围：水污染防治工程、噪声控制工程、水土保持绿化工程、土地复垦工程等。

（二）环保工程的主要内容

（1）生态破坏治理、恢复与优化工程。

（2）噪声控制工程。

（3）水污染和环境风险控制工程。

（4）固体废物污染控制工程。

（5）环境空气污染控制工程。

（三）坡面土保持生物措施

1. 常用的坡面土保持生物措施

生物措施主要有人工播种、铺草皮、植生带护坡、土工格室植草、藤本植物护坡、液压喷播、客土喷播等。

2. 客土喷播

客土喷播是在岩石边坡等场地整备后，将土壤和种子等混合物喷植于场地表面的生态恢复工程，适用于不同风化程度的岩石边坡或其他难以采用常规种植技术施工的场地。

多种材料的混合物中，团粒剂使客土形成团粒化结构。加筋纤维在其中起到类似植物根茎的网络加筋作用，从而造就有一定厚度的具有耐雨水、风侵蚀、牢固透气，与自然表土相类似或更优的多孔稳定土壤结构。

3. 绿化工程验收基本要求

（1）绿地表面平整，排水良好，杂草处于有效控制之内。

（2）乔、灌木的成活率应达到 95% 以上，珍贵树种和孤植树应保证成活。

（3）坡面或边坡草地覆盖率按年度要求，不应小于 70% 或相关设计要求。

（4）苗木、草坪无明显病害。

（5）植物整形修剪应符合设计要求。

（6）中央分隔带的苗木修剪后的高度应为 1.4 ~ 1.6m，栽植的株、行距合理，应满足防眩功能的要求，不得影响交通安全。

四、环境保护工程评价与验收

（一）环境影响评价

影响评价指对规划和建设项目实施后可能对环境造成的影响进行分析、预测、评估，提出预防或减少不良影响的对策与措施，并进行跟踪监测的方法和制度。法律中规定了规划环境影响评价和建设项目环境影响评价两项基本内容。交通建设项目环境影响评价属于建设项目环境影响评价的范畴。

（二）环境影响评价的审批时间

建设单位应当在交通建设项目可行性研究阶段报批交通建设项目环境影响评价文件。经交通环境保护机构审核，并经有权审批的环境保护行政主管部门同意，可在初步设计完成前报批交通建设项目环境影响评价文件。如果不需要进行可行性研究的交通建设项目，建设单位应当在交通建设项目开工前报批交通建设项目环境影响评价文件。

建设单位应当在报批建设项目环境影响评价报告书前，举行论证会、听证会、公示或采取其他形式，征求有关单位、专家和公众意见。

交通建设项目环境影响评价文件经批准后，建设项目的性质、规模、地点、采用的施工工艺发生重大变动或者超过五年后开工建设的，应当重新办理报批手续。

（三）环境保护的验收条件

对环境保护验收条件的规定，主要包括以下方面：

（1）建设前期审查、审批手续完备，技术资料与环境保护、水土保持档案资料齐全。

（2）环境保护设施、水土保持设施及其他措施等已按批准的环境影响评价文件、水土保持文件和设计文件的要求建成或者落实。

（3）环境保护设施安装质量符合国家和有关部门颁发的专业工程验收规范、规程和检验评定标准。

（4）具备环境保护设施工常运转的条件，包括：经培训合格的操作人员、健全的岗位操作规程及相应的规章制度、原料、动力供应落实、符合交付使用的其他条件。

（5）污染物排放符合环境影响评价文件中提出的标准及核定的污染物排放总量控制指标的要求。

（6）各项生态保护措施按环境影响评价文件规定的要求落实，项目建设过程中受到破坏并可以恢复的环境已按规定采取了恢复措施；水土保持指标满足水保要求。

（7）环境监测项目、点位、机构设置及人员配备，符合环境影响评价文件和有关规定的要求。

（8）环境影响评价文件提出需对环境保护敏感点进行环境影响验证、施工期环境保护措施落实情况进行工程环境监理的，已按规定要求完成。

（四）环境保护的验收范围

（1）与交通建设项目有关的各项环境保护设施，包括为防治污染和保护环境所建成或配备的工程、设备、设施和监测手段以及各项生态环境保护设施；与交通建设项目有关的各项水保设施。

（2）环境影响评价文件和有关项目设计文件规定应采取的其他各项环境保护措施，水土保持文件和有关项目设计文件规定应采取的各项水土保持措施。

（五）环境保护的验收规定

（1）交通建设项目竣工后，建设单位应当向审批该建设项目环境影响报告书、环境影响报告表或者环境影响登记表的环境保护行政主管部门，申请该建设项目需要配套建设的环境保护设施竣工验收。

（2）环保设施竣工验收，应当与主体工程竣工验收同时进行。需要进行试生产的建设项目，建设单位应当自建设项目投入试生产之日起3个月内，向审批该建设项目环境影响报告书或者环境影响报告表的环境保护行政主管部门，申请该建设项目需要配套建设的环境保护设施竣工验收。

（3）进行试生产的项目，建设单位应当自试生产之日起3个月内，向有审批权的环境保护行政主管部门申请该建设项目竣工环境保护验收；对试生产3个月却不具备环保验收条件的项目，建设单位应当在试生产的3个月内，向有审批权的环境保护行政主管部门提出该建设项目环境保护延期验收申请，说明延期验收的理由及拟进行验收的时间。经批准后业主方可继续进行试生产，试生产的期限最长不超过1年。

参考文献

[1] 王兆奎.公路工程施工项目精细化管理研究 [M].沈阳：沈阳出版社，2018.

[2] 王秀敏，葛宁.公路工程施工组织与管理 [M].天津：天津大学出版社，2018.

[3] 李宽.公路工程项目管理 [M].武汉：华中科技大学出版社，2018.

[4] 史建峰，陆总兵，李诚主.公路工程与项目管理 [M].北京：九州出版社，2018.

[5] 严战友，崔冬艳，夏勇.山区高速公路施工安全与管理 [M].成都：西南交通大学出版社，2018.

[6] 杨涛，周银红，韩春景.公路工程建设项目工地试验室建设与管理 [M].北京：北京理工大学出版社，2018.

[7] 王劲松.公路工程项目财务运作实务 [M].贵阳：贵州大学出版社，2018.

[8] 马洪生.通信建设企业管理人员安全生产培训教材 [M].石家庄：河北人民出版社，2018.

[9] 张少华.公路桥梁工程与项目管理 [M].北京：北京理工大学出版社，2019.

[10] 丁雪英，陈强，白炳发.公路桥梁建设与工程项目管理 [M].长春：吉林科学技术出版社，2019.

[11] 龚剑，吴小建.地下工程施工安全控制及案例分析 [M].上海：上海科学技术出版社，2019.

[12] 马乐，沈建平，冯成志.水利经济与路桥项目投资研究 [M].郑州：黄河水利出版社，2019.

[13] 崔艳梅，叶亚丽.公路工程施工合同与成本管理 [M].北京：人民交通出版社，2019.

[14] 朱红兵.公路工程 [M].武汉：武汉理工大学出版社，2019.

[15] 李涛，冯虎，王理民.公路施工与养护管理基础工作研究 [M].长春：吉林科学技术出版社，2019.

[16] 王明华.公路施工及后期养护研究 [M].北京工业大学出版社，2019.

[17] 吴继峰.公路工程管理 [M].北京：人民交通出版社，2019.

[18] 邓勇.BOT 模式高速公路工程施工总承包管理实务 [M].北京：科学出版社，2019.

[19] 俞素平.公路工程施工招标文件示例 [M].北京：人民交通出版社，2019.

[20] 周天茂，林淑强.公路工程质量管理研究 [M].延吉：延边大学出版社，2019.

[21] 陈开群 . 高速公路建设项目设计与施工管理 [M]. 北京：中国商务出版社，2020.

[22] 葛明元 . 公路建设与项目管理 [M]. 长春：吉林科学技术出版社，2020.

[23] 杨飞 . 公路桥梁施工与隧道工程 [M]. 天津：天津科学技术出版社，2020.

[24] 张建娟 . 公路施工组织与概预算 [M]. 徐州：中国矿业大学出版社，2020.

[25] 郭媛媛 . 当代公路经济管理解析 [M]. 天津：天津科学技术出版社，2020.

[26] 张铭 . 公路工程管理与实务一次通关 [M]. 北京：中国建筑工业出版社，2020.

[27] 胡嘉 . 公路工程造价 [M]. 北京：北京理工大学出版社，2020.